Hamburg: 20 thematische Spaziergänge

JUNIUS

Inhalt

Vorwort

Hamburg, die jahrhundertealte norddeutsche Metropole, ist geprägt vom Handel und ihrem weltstädtischen Anspruch. Diese Tradition und ihre zahlreichen Eigenheiten machen Hamburg zu einer ganz besonderen deutschen Stadt, sicherlich aber zu einer der schönsten.

Der Geschichte und Gegenwart Hamburgs, seiner Kultur und Natur kann man sich natürlich auf ganz unterschiedliche Weise nähern. Dieses Buch lädt dazu ein, dies zu Fuß und jeweils unter einem thematischen Aspekt zu tun. Denn ein mäßiges Tempo und die Konzentration auf einen Gegenstand erlauben es dem Fußgänger, Wege zu gehen, die uns bei der motorisierten Stadterkundung verschlossen bleiben, und sich die Dinge genauer anzusehen.

Dieses Buch richtet sich sowohl an Touristen, die Hamburg kennenlernen möchten, wie an Einheimische, die ihre Stadt neu entdecken wollen. Im Gegensatz zu einfachen Routenplänen entsprechen die Texte eher geführten Rundgängen, bieten fundiertes Expertenwissen und lenken das Interesse auf charakteristische Hamburger Themen. Gleichzeitig erschließen sich auf diese Weise die unterschiedlichen Stadtviertel. Alle Touren sind als eigenständige Erkundungen angelegt, die in der Zusammenschau jedoch einen schlüssigen Gesamteindruck der Besonderheiten Hamburgs geben und zu weiterer Lektüre und eigenen Streifzügen anregen. Zu diesem Zweck finden sich am Ende des Buchs ein Literaturverzeichnis mit grundlegender Hamburg-Literatur und im Autorenverzeichnis zahlreiche Tipps für weitere von Experten geführte Stadtrundgänge.

Jedem Spaziergang sind ferner Informationen zur Erreichbarkeit mit öffentlichen Verkehrsmitteln bzw. deren Nutzung während der Tour sowie Angaben zur ungefähren Dauer vorangestellt. In der Regel nehmen die Spaziergänge ein bis zwei Stunden in Anspruch, einige können durch ausführliche Abstecher aber auch zu längeren Touren ergänzt werden. Hierfür eignet sich, wie im Fall des Elbvororte-Spaziergangs, auch das Fahrrad. Eine Karte verzeichnet die Strecke und die im Text erwähnten Stationen, historisches und aktuelles Bildmaterial illustriert die Artikel. In manchen Rundgängen finden sich außerdem Tipps für die Kaffeepause.

Wir wünschen viel Spaß beim Entdecken und freuen uns über alle konstruktiven Rückmeldungen zu diesem für die vierte Auflage gründlich überarbeiteten Buch!

Die Autoren und der Verlag

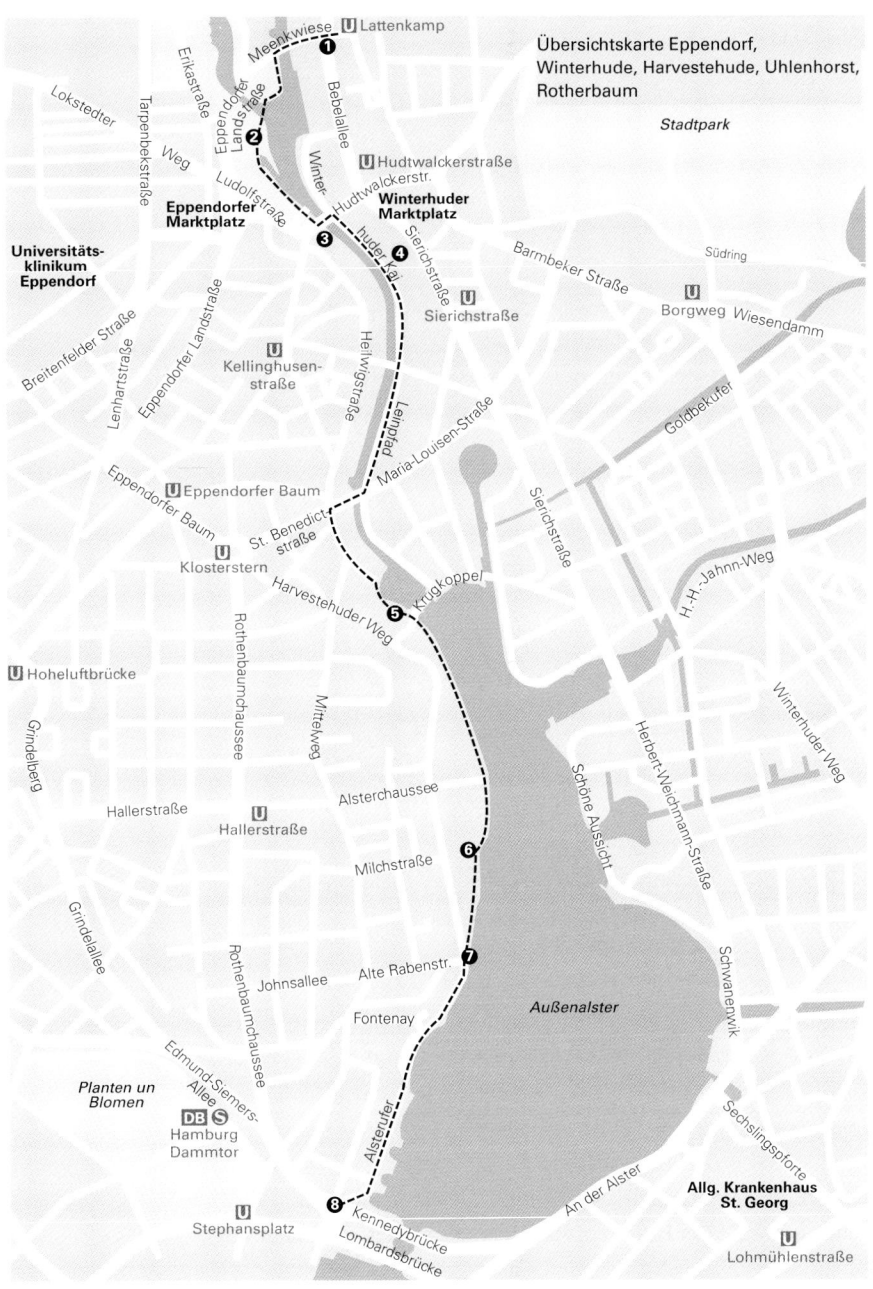

Übersichtskarte Eppendorf,
Winterhude, Harvestehude, Uhlenhorst,
Rotherbaum

Alster-Spaziergang

Jörn Tietgen

Startpunkt: Meenkwiese (U-Bahn-Station Lattenkamp / U 1)
Endpunkt: Alsterufer / Kennedybrücke
(S-Bahn-Station Dammtor / S 11, S 21, S 31)
Dauer: ca. 2,5 Stunden

Lattenkamp / Alsterlauf ❶

An der Meenkwiese, in der Nähe der U-Bahn-Station Lattenkamp, wo dieser Spaziergang beginnt, hat der Alsterlauf den größten Teil seines etwa 56 Kilometer langen Wegs bereits zurückgelegt. Die Alster schlängelt sich von Henstedt-Ulzburg aus durchs südliche Holstein, ehe sie sich von Duvenstedt aus durch Hamburger Gebiet bewegt.

In den ersten Jahrhunderten der Hamburger Geschichte war die Alster das wichtigste Gewässer für die wirtschaftliche und städtebauliche Entwicklung der Stadt. Insbesondere für den Transport von Holz und Kalkstein wurde der Fluss spätestens seit dem 16. Jahrhundert genutzt. Einige Jahrzehnte existierte in jener Zeit sogar eine Kanalverbindung zur Trave und damit nach Lübeck. Auf ihrem Weg wird die Alster von zahlreichen Nebenflüssen gespeist und durch Schleusen reguliert. An dieser Stelle fließt sie bereits als begradigter und kanalisierter Wasserlauf.

Zwischen Winterhude und Fuhlsbüttel wurde die Alster zwischen 1914 und dem Ende der 1920er Jahre kanalisiert und für eine wassernahe Villenbebauung und Gartengestaltung erschlossen.

Dies geschah unter der Federführung des Hamburger Oberbaudirektors Fritz Schumacher und des Gartendirektors Otto Linne. Bereits seit den 1870er Jahren hatte es Bemühungen gegeben, den stark mäandernden Fluss zu begradigen und so besser für die Schifffahrt und den Transport von Waren, z.B. zum Gefängnis in Fuhlsbüttel, nutzbar zu machen. Die Alster war zu jener Zeit noch ein ländlicher Bach mit moorigen Uferbereichen. Doch schon während der jahrelangen Planungen wurde die Kanalisierung des Alsterlaufs zu einem Projekt der systematischen Stadterweiterung nach Norden mit dem Ziel, entlang des Wassers gehobene Wohnquartiere zu realisieren, was zum Teil auch gelang.

Folgen wir dem Alsterlauf nun nach Süden in Richtung Stadt. Über die Mündung eines kleinen Nebenflusses gelangen wir so zunächst in den Hayns Park.

❷ Hayns Park

Zwischen Meenkwiese und Hayns Park haben wir soeben die Mündung des Tarpenbek überquert. Über viele Jahrhunderte wurde dessen Wasser an dieser Stelle durch eine Mühle geleitet und bildete so nach Norden hin den Eppendorfer Mühlenteich. Dort beziehen heute die berühmten Alsterschwäne (Abb. 1) alljährlich ihr eisfrei gehaltenes Winterquartier. Zwei alteingesessene Bootsverleiher haben an der Flussmündung ihren Standort.

Der Mündungsbereich des Tarpenbek mit der an dieser Stelle recht breiten Alster stellt auch den Eingangsbereich für die sich nördlich anschließende Kanalisierung dar. Als Auftakt des Kanallaufs ragt hier die von einer Art Bastion eingefasste Meenkwiese festungsgleich in den Fluss hinein. An den Ufern stehen landschaftlich gestaltete Bereiche auf der Eppendorfer Seite und das architektonisch mit Stadthäusern und Villen gestaltete Ufer auf der Winterhuder Seite einander spannungsreich gegenüber. Gerade der Unterlauf der Alster sowie die Ufer der Außenalster wurden schon vor der Kanalisierung nach Norden zu bevorzugten Wohngebieten vornehmer Bürger. Der heutige Hayns Park geht zurück auf den Landsitz des Kaufmanns und Senators Max Theodor Hayn, der hier 1873 ein landwirtschaftliches Gelände erworben hatte, das aber vermutlich bereits parkartig gestaltet war. Das Grundstück

1 Alsterschwäne (1894)

wurde dann in den 1920er Jahren von der Stadt erworben. Durch den Verkauf von Bauland zur Straße hin konnte der Park erhalten bleiben und in der Folge mit großzügigen Wegen und Freiflächen umgestaltet werden. Ein besonderes Kleinod stellt der kleine klassizistische Rundtempel (Abb. 2) dar, der noch aus dem alten Haynschen Garten stammt. Es handelt sich um einen sogenannten „Monopteros", ein in englischen und französischen Gärten beliebtes dekoratives Baumotiv. Dem Senator diente der Tempel als „Kaffeestube".

2 Rundtempel im Hayns Park

Spaziert man den Flusslauf weiter nach Süden entlang, so gelangt man zur nächsten Straßenbrücke nahe der Kirche St. Johannis (Abb. 3).

Eppendorfer St.-Johannis-Kirche / Winterhude

Die Alster bildet eine natürliche Grenze zwischen heutigen Stadtteilen. Rechter Hand befindet sich Eppendorf. Der Ort „Eppentorp" wurde 1140 erstmals erwähnt. „Ep" ist ein altes Wort für Fluss oder Wasser. Der Name könnte sich aber auch vom Männernamen „Ebbo" ableiten. Fast fünf Jahrhunderte gehörte der Ort zum

3 St.-Johannis-Kirche in Eppendorf mit Pastorat und Fachwerkhaus aus dem 18. Jahrhundert, Aufnahme um 1930

Kloster Herwardeshude bzw. seit der Reformation zur Stiftung St. Johannis, bevor er 1832 von der Hamburgischen Verwaltung als Landgebiet übernommen wurde. Zu jener Zeit war Eppendorf noch ein Bauerndorf, und es lebten hier etwa 1.000 Menschen. Außerdem hatten bereits zahlreiche Hamburger Kaufleute in Eppendorf ihre Landsitze bezogen.

Für städtische Nutzungen wurde das Dorf dann vor allem in der zweiten Hälfte des 19. Jahrhunderts erschlossen. Dies lag zum einen an der Industrialisierung, die für starkes Bevölkerungswachstum in den Städten sorgte, und zum anderen an der Aufhebung der Hamburger Torsperre 1860/61. Zuvor wurden die Hamburger Stadttore bei Dämmerung geschlossen. Wer noch passieren wollte, musste eine Sperrgebühr entrichten. Die Gegenden direkt vor den Stadttoren waren deshalb für Hamburger, die in der Stadt selbst arbeiteten, bis dahin wenig attraktive Wohngebiete.

Eppendorf wurde nun systematisch bebaut. Es entstanden vor allem bürgerliche Etagenmietshäuser, aber im nördlichen Eppendorf auch Arbeiterquartiere. Um 1920 lebten dann schon fast 20.000 Menschen hier, und 1925 gab es bereits 86.000 (!) Eppendor-

4 Winterhuder Fährhaus, Postkarte von 1916

fer. Über die Ludolfstraße und die Heinickestraße gelangt man in westlicher Richtung nach wenigen hundert Metern zum Eppendorfer Marktplatz und zur Eppendorfer Landstraße, der Haupteinkaufsmeile des in den letzten Jahrzehnten immer schicker gewordenen Stadtteils.

Die Eppendorfer St.-Johannis-Kirche nahe dem Alsterlauf steht hier seit über 800 Jahren und ist damit eine der ältesten Kirchen Hamburgs. Das Kirchspiel Eppendorf umfasste bis 1768 zahlreiche Dörfer des Hamburger Umlands, deren Bewohner für einen Kirchbesuch oft weite Wege absolvieren mussten. Der Turm der Kirche von ca. 1200 ist im Kern ein Feldsteinturm, der 1751 ummantelt wurde. Das Langhaus wurde als Fachwerksaal 1622 errichtet und ist mit zahlreichen Kunstwerken ausgestattet. Das benachbarte Pastorat stammt, ebenso wie das gegenüberliegende Fachwerkwohnhaus an der Ludolfstraße 43, aus dem 18. Jahrhundert. Beide Häuser versprühen noch ein wenig ländliche Atmosphäre.

Wenn wir nun über die Winterhuder Brücke auf das östliche Alsterufer wechseln, befinden wir uns in Winterhude. Hier steht, wo sich seit 1865 das Ausflugslokal Winterhuder Fährhaus (Abb. 4)

5 Wiesenlandschaft an der Alster zu Beginn des 20. Jahrhunderts

befunden hatte, seit den späten 1980er Jahren ein Theater für leichtere Komödienkost. Wenige hundert Meter weiter in Richtung Osten liegt der Winterhuder Marktplatz, das ehemalige Dorfzentrum.

Auch Winterhude war ursprünglich ein Dorf in der Nähe Hamburgs, das bereits 1250 zum ersten Mal erwähnt wurde. Ein „Hude" ist im Niederdeutschen ein „geschützter Ort", und so könnte der Name des Dorfs von einer Winterweide (Abb. 5) für Vieh oder auch von einem winterfesten Lagerplatz für Alsterkähne herrühren. Bis weit ins 19. Jahrhundert blieb Winterhude landwirtschaftlich geprägt. Nachdem es wie Eppendorf seit 1832 zu Hamburg gehörte, begann in der Folgezeit der Wandel zu einem Industrie- und Arbeiterstadtteil – allerdings mit exklusiveren Wohngegenden nahe der Alster. Hatte das Dorf 1838 nur knapp 400 Einwohner, so waren es Ende des 19. Jahrhunderts bereits weit über 10.000. Die von der Alster weiter südlich nach Osten laufenden Kanäle dienten den Industrien des Stadtteils als Transportwege für Rohstoffe und fertige Produkte vom und zum Hafen.

❹ Leinpfad / St. Johannis
Weiter geht es nun den Alsterlauf entlang nach Süden. Der Straßenname „Leinpfad" verweist noch auf die Fahrten der Lastkähne auf dem alten Alsterlauf. Diese „Alsterböcke" genannten Schuten wurden „gestakt" bzw. mithilfe einer Leine entlang des Uferpfads

6 Villen in der Heilwigstraße

7 St.-Johannis-Stift

„getreidelt", also von Hand oder per Pferd flussaufwärts gezogen.

Gegenüber befinden sich die Villen der Heilwigstraße mit ihren großen zum Wasser gelegenen Gärten (Abb. 6). Eine besonders großzügige, an norddeutsche Klöster und englische Landhäuser erinnernde Anlage fällt zwischen den beiden U-Bahn-Viadukten ins Auge (Abb. 7). Sie wurde 1914 für das St.-Johannis-Stift errichtet. Bei diesem evangelischen Damenstift handelt es sich um die Nachfolgeinstitution des Klosters Herwardeshude, dem weite Teile des westlichen Alsterufers zeitweilig gehörten. Dieses Kloster war jedoch 1531 im Zuge der Reformation aufgelöst worden. Im ehemaligen Dominikanerkloster St. Johannis auf dem Gelände des heutigen Rathausmarktes wurde sodann das Damenstift gegründet. Es diente, wie vordem auch das Kloster, der Unterbringung unverheirateter Hamburger Bürgerstöchter.

An der Heilwigstraße (Nr. 114) liegt auch die ehemalige Bibliothek Warburg, die der Kunsthistoriker und Kulturwissenschaftler Aby Warburg hier aufgebaut hatte. 1933, vier Jahre nach Warburgs Tod, wurden die Bestände vor dem Zugriff der Nazis gerettet und nach London gebracht.

Eichenpark / Krugkoppelbrücke ❺

Überquert man an der Maria-Louisen-Straße die Alster wieder nach Westen, so gelangt man links durch die Heilwigstraße in den kleinen Eichenpark. In diesem ehemaligen Weideland des Klosters erinnern zwei Kunstwerke an berühmte Hamburger. Zunächst passiert man „Die Ätherwelle", ein Werk, das hier 1994 zum Gedenken an den Physiker Heinrich Hertz (1857–1894), den Entdecker der Radiowellen, aufgestellt wurde. Mehr als sechzig Jahre zuvor war es von dem Hamburger Künstler Friedrich Wield entworfen, in der Nazizeit jedoch aufgrund von Hertz' jüdischer Herkunft nicht aufgestellt worden.

Nahe dem Harvestehuder Weg befindet sich ferner ein Gedenkstein für den Dichter Friedrich von Hagedorn. Von Hagedorn (1708–1754) und sein Freundeskreis bildeten das Zentrum der philosophischen Aufklärung in Hamburg. Sie trafen sich in Kaffeehäusern und in den Ausflugslokalen an der Alster. Hagedorns Denken und Schaffen war sehr der Welt und ihren Freuden zugetan und von einer unbeschwerten und vernünftigen Weltbejahung geprägt. Er verfasste Gedichte, Fabeln und Lieder, die für die damalige Zeit sehr wenig schwülstig, sondern leicht und anmutig wirken. Einige von Hagedorns Gedichten thematisieren die Hamburger Heimat des Schriftstellers. In einem 1744 veröffentlichten Gedicht liefert er eine Charakterisierung der Alster:

Beförderer vieler Lustbarkeiten,
Du angenehmer Alsterfluß!
Du mehrest Hamburgs Seltenheiten
Und ihren fröhlichen Genuß.
Dir schallen zur Ehre,
Du spielende Fluth,
Die singenden Chöre,
Der jauchzende Muth.

Der Elbe Schiffahrt macht uns reicher;
Die Alster lehrt gesellig seyn!
Durch jene füllen sich die Speicher;
Auf dieser schmeckt der fremde Wein.
In treibenden Nachen
Schifft Eintracht und Lust,
Und Freiheit und Lachen
Erleichtern die Brust. [...]

Ertönt, ihr scherzenden Gesänge,
Aus unserm Lustschiff um den Strand!
Den steifen Ernst, das Wortgepränge
Verweist die Alster auf das Land.
Du leeres Gewäsche,
Dem Menschenwitz fehlt,
O fahr in die Frösche;
Nur uns nicht gequält!

Hier lärmt, in Nächten voll Vergnügen,
Der Pauken Schlag, des Waldhorns Schall;
Hier wirkt bei Wein und süßen Zügen
Die rege Freyheit überall.
Nichts lebet gebunden,
Was Freundschaft hier paart.
O glückliche Stunden!
O liebliche Fahrt!

Direkt neben dem Eichenpark befand sich das Kloster Herwardeshude, das dem heutigen Stadtteil den Namen gegeben hat und das als Zisterzienserinnen-Kloster 1247 am Hamburger Berg, dem heutigen St. Pauli, gegründet worden war. Da die Lage an der Elbe aber durch Flusspiraten und Sturmfluten gefährlich war, zog das Kloster 1295 hierher an die Alster. Es stand unter dem Schutz der Stadt und verpflichtete sich gleichzeitig, die Gegend nicht stark zu bebauen. In der Folge wurde es im 14. Jahrhundert zum größten Landbesitzer nördlich von Hamburg. Die Bauern der Gegend unterstanden der Äbtissin. Mit der Reformation jedoch änderte sich alles: 1530 weigerten sich die Nonnen, ihr Kloster zu räumen. Daraufhin zerstörten die Hamburger – immerhin ihre Schutzherren! – die Gebäude. Das Kloster wurde mit dem ehemaligen Dominikanerkloster St. Johannis zusammengelegt (vgl. 4. Station), und die Ländereien wurden in eine lutherische Stiftung überführt. Anstelle der Abtei wurde ein Wirtshaus gebaut, die Ländereien wurden verpachtet und von Hamburg aus verwaltet. Nach der Reformation entstand so ein Dorf mit Acker- und Gartenbau, und ab dem 17. Jahrhundert siedelten sich hier, begünstigt durch eine

8 Anleger Krugkoppelbrücke

Schankerlaubnis und die Naturschönheiten der Gegend, viele Ausflugslokale und zahlreiche Lustgärten an.

Wir verlassen nun den Eichenpark nach Süden in der Nähe der Krugkoppelbrücke (Abb. 8), die Winterhude und Harvestehude seit 1892 miteinander verbindet und den Übergang vom Alsterfluss zum Alstersee bildet. Die alte Holzbrücke wurde 1927/28 von der heutigen Brücke ersetzt. Geradeaus über die Ampel gelangen wir auf den Spazierweg am westlichen Ufer der Außenalster.

❻ Harvestehude / Höhe Milchstraße

Mit der Alsteraufstauung auf Höhe des heutigen Jungfernstiegs im 13. Jahrhundert entstand der Alstersee als etwas groß geratener Mühlenteich außerhalb der Stadt. Aufgrund der relativ gleichmäßigen Geländehöhe der Umgebung wuchs der See schnell in die Länge und Breite, ist aber ein sehr flaches Gewässer mit maximal viereinhalb Metern Tiefe.

Viele Jahrhunderte befanden sich rund um die heutige Außenalster nur kleine Siedlungen. Im 18. Jahrhundert entstanden zunächst nur saisonal bewohnte Sommerfrischen und Landhäuser wohlhabender Hamburger Bürger entlang des Harvestehuder Wegs. Erst um 1850 ließen sich erste Kaufleute dauerhaft in Harvestehude nieder, wofür sie zunächst weithin Unverständnis ernteten. Der Kaufmann Arthur Lutteroth schilderte dies später wie folgt:

> *Als mein Vater und Herr Sloman 1848 ihre Villen am Harvestehuderweg bauen ließen mit der Absicht, sie auch im Winter zu bewohnen, schüttelten viele ihrer Freunde den Kopf, denn es galt bei jeglichem Mangel an dem heute gewohnten selbstverständlichen Komfort für ein gewisses Wagnis, den Winter in solcher Entfernung von der Stadt, außerhalb der Tore mit ihrer Torsperre, zuzubringen.*

Mangels regelmäßiger Verkehrsmittel bedeutete diese Wohnlage auch, dass man zweimal am Tag zu Fuß ins Kontor in die Innenstadt marschierte. Im weiteren Verlauf des 19. Jahrhunderts wurde das westliche Alsterufer jedoch zur exklusivsten innenstadtnahen Wohnlage Hamburgs.

Erst für die Internationale Gartenbauausstellung 1953 wurde aus dem Alstervorland ein öffentlicher Park. Zuvor reichten hier die einzelnen Gartengrundstücke der Villen bis an den See. Das Kernstück des Parks, der mit seinen großen Wiesenräumen an die Weite des ehemaligen, überschwemmungsgefährdeten Vorlands anknüpfte, stellte eine Fläche für fünfzig Plastiken bekannter zeitgenössischer Künstler dar, von denen heute allerdings keine mehr an dieser Stelle steht (Abb. 9).

9 „Die Kniende" (1962), Plastik von Gustav Seitz

Auf dem Weg entlang der Alster in Richtung Innenstadt lohnt sich immer wieder ein Abstecher an den Harvestehuder Weg und die Straße Alsterufer, an denen zahlreiche eindrucksvolle Villen liegen (Abb. 10–12).

10 Villa Alsterufer, Badestraße 30

Hier haben beispielsweise mehrere Konsulate ihren Sitz. Die größte Villa an der Alster ist das ehemalige „Budge-Palais" (Harvestehuder Weg 12 / Ecke Milchstraße). Es wurde 1877 von dem berühmten Hamburger Architekten Martin Haller entworfen, der auch einer der Rathausbaumeister war. Ab 1903 lebte hier der in Amerika reich gewordene Bankier Henry Budge mit seiner aus Hamburg stammenden Frau Emma. Budge ließ das Gebäude umfangreich umbauen. Es verfügte u.a. über einen neoklassizistischen Festsaal sowie eine Kegelbahn im Keller und wurde zu einem Zentrum des

11 Harvestehuder Weg 5/6 (ehemalig Sloman/
Lutteroth)

12 Harvestehuder Weg 13

kulturellen Lebens in Hamburg. Hier gaben z.B. Enrico Caruso und Paul Hindemith Konzerte für Budge und seine Freunde. Nach Emma Budges Tod 1937 wurde die Villa von den nationalsozialistischen Machthabern in Besitz genommen, und der Reichsstatthalter Karl Kaufmann residierte hier. Heute befindet sich die Hochschule für Musik und darstellende Kunst in diesem Bau.

Geht man nach Westen die Milchstraße hinauf in Richtung Mittelweg, so gelangt man nach „Pöseldorf". „Pöseldorf" war nie eine offizielle Ortsbezeichnung. Schon um 1680 hatte der Pächter Johann Böckmann zwischen der heutigen Milchstraße und der Alten Rabenstraße eine große kommerzielle Gärtnerei angelegt. Im 18. Jahrhundert folgten weitere kleinere Gärten, deren Bewohner hier „vor sick hin pöselten". „Pöseln", „pusseln" oder „püttjern" bedeutet soviel wie „kleine unwichtige Arbeiten emsig und mühsam verrichten". Im 19. Jahrhundert wurden die Straßen zwischen Milchstraße und Alsterchaussee dann zum „Kleine-Leute"-Viertel in einer ansonsten bürgerlichen Gegend. Hier lebten und arbeiteten Handwerker und Händler, bei denen die Hamburger Bürgerelite einkaufte und Dienstleistungen bezog. Seit den 1960er Jahren wurde hier viel saniert, abgerissen und neu gebaut. Zeitweilig wurde die Gegend zu einer Art Szeneviertel, ehe sie sich in den folgenden Jahren dem umgebenden Schick immer mehr anpasste.

13 Hamburg vom Harvestehuder Weg aus gesehen (1853)

Höhe Alte Rabenstraße

❼

Am Harvestehuder Weg 5/6 steht noch heute die erste, bereits im Zitat von Arthur Lutteroth erwähnte und ursprünglich aus zwei Häusern bestehende Villa in dieser Gegend. Sie ist mit Turm, Zinnen und gotischen Formen ein schönes Beispiel des von englischen Vorbildern inspirierten romantischen Historismus (Abb. 11).

Mit dem Anleger Alte Rabenstraße befindet sich hier eine der Anlegestellen der Alsterschiffe. Bereits 1857 wurde die Dampfschifffahrt auf der Alster, wenngleich zunächst mit geringem Erfolg, aufgenommen (Abb. 14). Ein erstes Schiff versank sofort, ein zweites war zu groß und lief auf Grund. Doch ab 1859 etablierte sich ein erfolgreicher Betrieb. Zeitweilig wurden die Alsterdampfer sogar zu wichtigen Massenverkehrsmitteln für den Arbeitsweg aus den Wohngebieten in die Innenstadt, wohingegen sie heute vornehmlich Ausflugsfahrten bieten.

Die Wasserqualität der Alster ist mittlerweile so gut, dass es immer wieder ernsthafte Überlegungen gegeben hat, wie einst eine öffentliche Badeanstalt im See zu errichten. Eine solche Badeanstalt befand sich z.B. am gegenüberliegenden Alsterufer beim Schwanenwik bis 1945. Ergoss sich früher bei starken Regenfällen regelmäßig ein Teil der Abwässer in die Alster, so geschieht dies durch verbesserte Kanalisationssysteme heute kaum noch. Mehr als dreißig Fischarten bevölkern das Gewässer, u.a. Aale, Karpfen, Hechte, Zander und Barsche.

8 Südende der Außenalster

Auf dem Weg zur Kennedy- und Lombardsbrücke (Abb. 15) liegen rechter Hand drei Straßen, die den Namen „Fontenay" tragen. Sie erinnern an einen Privatpark mit Landhäusern, den der Schiffsmakler John Fontenay hier für sich und seine Familie ab 1818 angelegt hatte. Bis 1912 reichte auch dieses mit Mauern und großen Toren abgeschlossene Privatgrundstück bis an die Alster.

Außerdem passiert man hier das US-amerikanische Generalkonsulat (Alsterufer 27/28), das jedoch voraussichtlich 2016 in die Hafencity umziehen wird. Das Gebäude wurde um 1880 ebenfalls von Martin Haller erbaut und hat seitdem wechselvolle Nutzungen erlebt. Hier lebte z.B. der Gründer der Esso-Deutschland, ab 1933 wurde die Doppelvilla von der Gauleitung der NSDAP genutzt, ehe sie nach dem Zweiten Weltkrieg zum Konsulat wurde.

Direkt am Alsterufer spaziert man an den Clubhäusern zweier der ältesten Ruderclubs der Welt vorbei. Schon 1836 gründeten englandbegeisterte junge Kaufleute den „Hamburger Ruder Club", um auf der Alster Wettkämpfe auszutragen. Die Clubhäuser vom „Hamburger und Germania Ruderclub" und „Favorite Hammonia" sind beide eine reine Männerangelegenheit und halten diese Tradition bis heute aufrecht.

Am Ende der Außenalster befinden sich die beiden Brücken, die die zentralen Verkehrsverbindungen über die Alster bilden und gleichzeitig die Grenze zwischen Binnen- und Außenalster markieren. Die Trennung des Sees in diese beiden Teile vollzog sich mit dem Bau einer massiven Festungsanlage zwischen 1616 und 1628. Mittels dieser durch den niederländischen Festungsbaumeister Johan van Valckenburgh entworfenen Anlage vermochte sich Hamburg im Dreißigjährigen Krieg effektiv gegen feindliche Angriffe zu schützen. Zusammen mit der von Hamburg praktizierten Neutralitätspolitik führte dies dazu, dass die Stadt in diesen unruhigen und gewalttätigen Jahrzehnten ein vergleichsweise sicherer Ort war. Anfang des 19. Jahrhunderts wurde mit dem Umbau der militärisch überflüssig gewordenen Wallanlagen zu

14 Anleger Alte Rabenstraße (1894)

15 Lombardsbrücke (1862)

umfangreichen Landschaftsgärten begonnen. Doch während der „Franzosenzeit" 1813/14 wurden die Festungsanlagen teilweise neu errichtet. Die französischen Besatzer Hamburgs in der napoleonischen Zeit sorgten auch dafür, dass die Gegenden vor den Toren der Stadt wieder zu einem „Glacis" wurden, einem freien Schussfeld vor den Befestigungen, auf dem sich kein Feind verschanzen können sollte. Für die Landstriche entlang der Außenalster bedeutete dies, dass alle Häuser abgerissen und Bäume gefällt wurden. Auch Harvestehude mit seinen bürgerlichen Landsitzen wurde komplett zerstört. Nach Napoleons Niederlage verließen die Franzosen auch Hamburg, und die Entfestigung der Stadt wurde erneut in Angriff genommen. Die Wallanlagen wurden in der Folge zum Ort staatlicher und kultureller Einrichtungen wie Museen und Gerichten. Doch auch die Eisenbahn wurde entlang der alten Wallanlagen über die Alster geführt. Seit 1866 befand sich hier die Trasse der Verbindungsbahn zwischen Hamburg und Altona mit dem nicht weit entfernten Dammtorbahnhof.

Zu jener Zeit hatte die Aufhebung der Hamburger Torsperre bereits dazu geführt, dass das Wohnen an der Alster „vor dem Dammtor" zur Normalität geworden war. Einer Normalität, die aufgrund der innenstadtnahen Lage am beschaulichen Alstersee geradezu zu einem Muss der Hamburger Oberschicht wurde, die sich hier mit ihren Villen und Gärten der Enge der immer dichter besiedelten Innenstadt standesgemäß entziehen konnte.

Beatles-Spaziergang

Jörn Dobert

Startpunkt: Heiligengeistfeld (U-Bahn-Station Feldstraße / U 3)
Endpunkt: Große Freiheit
(S-Bahn-Station Reeperbahn / S 1, S 3)
Dauer: ca. 1,5 Stunden

Übersichtskarte St. Pauli

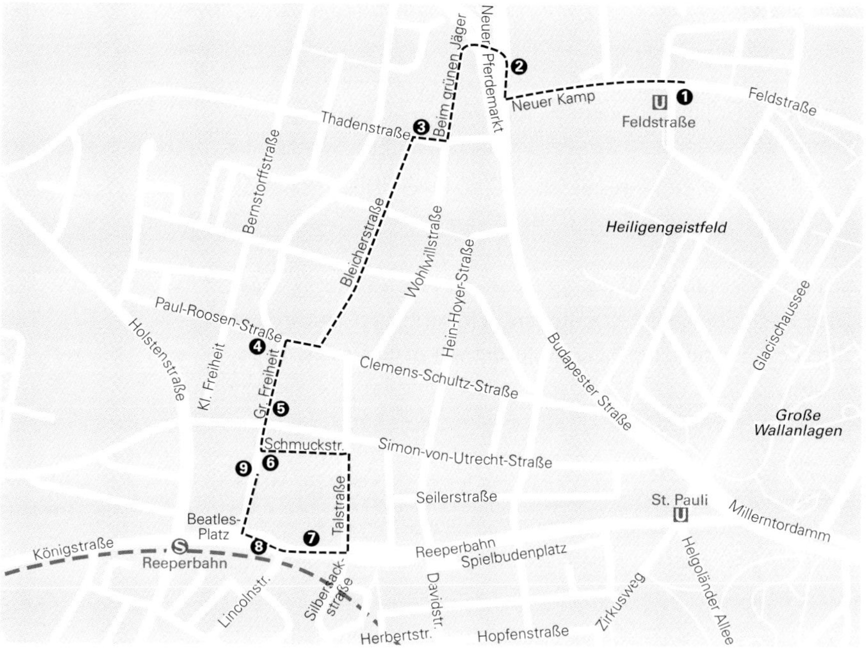

1 Die (noch fünf) Beatles auf dem Heiligengeistfeld (1960)

Heiligengeistfeld neben der U-Bahn-Station Feldstraße ①

„Ich bin in Hamburg erwachsen geworden, nicht in Liverpool."
So hat sich John Lennon an die Hamburger Zeit der *Beatles* Anfang der 1960er Jahre erinnert, als die Band auf St. Pauli prägende
Erfahrungen sammelte. Hier wurden sie zu einer professionellen
Liveband und hier lernten sie, ihr Publikum zu begeistern. Auch
modisch war Hamburg für die *Beatles* eine wichtige Station: Beein-
flusst von ihren „Exi"-Freunden (eine Gruppe sich existenzialis-
tisch gebender junger Leute, vgl. Station 6), legten sie sich einen
neuen Haarschnitt zu, der später als „Pilzkopf" berühmt werden
sollte. Eine Freundin der Bandmitglieder war in dieser Zeit die Fo-
tografin Astrid Kirchherr, die auf dem Heiligengeistfeld die ersten
professionellen Fotos der *Beatles* machte (Abb. 1). Die Aufnahmen
entstanden im November 1960 und zeigen die *Beatles* in der ursprünglichen Besetzung mit Pete Best (Schlagzeug), George Harrison (Gitarre), John Lennon (Gitarre), Paul McCartney (Gitarre) und
Stuart Sutcliffe (Bass). Hier sind sie noch ganz die Rock'n'Roller,
mit Schmalztolle und Lederjacken. Am Ende ihrer Zeit in Hamburg, Silvester 1962, werden sie nicht nur eine neue Frisur haben,

sondern auch eine neue Besetzung: Stuart Sutcliffe steigt aus, Pete Best wird durch Ringo Starr ersetzt. Auch die Musik hat sich inzwischen verändert. Während die Band anfangs ausschließlich Coverversionen spielte, sind 1962 im Star-Club schon erste eigene Kompositionen im Repertoire.

❷ Hotel Pacific

Im Hotel Pacific wohnten die *Beatles* bei ihrem letzten Hamburger Engagement im Dezember 1962. Eine ganze Etage hatte der Star-Club im Hotel gemietet, nicht nur für die *Beatles*, sondern für alle Musiker, die im Club in der Großen Freiheit auf der Bühne standen. Die Unterkunft im Hotel war ein kleines Privileg und ein Zeichen, dass die *Beatles* auf dem Weg zu einer gewissen Berühmtheit waren. Die erste Single „Love me do" war veröffentlicht und stieg in den britischen Charts nach oben.

Ganz anders war die Situation zwei Jahre zuvor: Jung und unbekannt war die Band im Sommer 1960 nach strapaziöser Fahrt mit Bus und Fähre in Hamburg angekommen. Auch in Liverpool waren die *„Silver Beatles"*, wie sie sich zu dieser Zeit nannten, noch völlig unbekannt. Von anderen Liverpooler Bands, die bereits vor den *Beatles* Engagements in Hamburg hatten, wurden sie argwöhnisch beäugt: *Derry and the Seniors*, eine Combo, die heute niemand mehr kennt, beschwerten sich beim *Beatles*-Manager Allan Williams, die *Beatles* zerstörten den guten Ruf britischer Bands. Kein Wunder, hatten die Jungs doch bisher kaum Auftrittserfahrung. Schlagzeuger Pete Best stieß erst unmittelbar vor der Abfahrt nach Hamburg zur Band. Er war willkommen, da er ein nagelneues Schlagzeug besaß. Gemeinsame Proben hatten so gut wie nicht stattgefunden. Wie sollte die Band unter diesen Umständen auf der Bühne bestehen?

❸ Lederladen – Thadenstraße 6

Als die fünf *Beatles* 1960 nach Hamburg kamen, trugen sie lila Jacken und Mützen im Pepita-Look. Diese Jacken aus dickem Stoff waren unpraktisch und passten nicht recht zum Image von Rockern. Eine Lederkluft musste her. Hier im Haus gab es einen Schneider, der Lederhosen und Lederjacken anfertigte und die

Beatles bald zu seinen Kunden zählte. Rocker hatten in der Öffentlichkeit einen zweifelhaften Ruf. Sie galten als unangepasst und aufrührerisch. Nachdem es am Rande eines Konzerts von *Bill Haley* 1958 in der Ernst-Merck-Halle zu Ausschreitungen gekommen war, gab es jahrelang kein größeres Rock'n'Roll-Konzert in Hamburg. Ein Ladenschild am Kellereingang des Hauses erinnert noch an eine Lederschneiderei, die bis zuletzt die Maschinen jener Werkstatt nutzte, bei der die Beatles Maß nehmen ließen.

Ehemaliges Bambi Kino – Paul-Roosen-Straße 33

Es ist kaum zu glauben, dass sich in diesem kleinen Haus (Abb. 2) Anfang der 1960er Jahre ein Kino befand. Das Bambi-Kino gehörte Bruno Koschmider, dem Betreiber der Clubs Indra und Kaiserkeller, in denen die *Beatles* in ihrem ersten Jahr in Hamburg auftraten. Hier wohnten (oder besser gesagt hausten) John, Paul und Co. während der ersten Wochen in Hamburg im Sommer 1960. Der Komfort war bescheiden: Es gab Doppelstockbetten wie in einer Jugendherberge, und als Waschgelegenheit diente die Kinotoilette, die auch von den Zuschauern benutzt wurde. Alle fünf Bandmitglieder schliefen in einem Zimmer.

Auch wenn dies nach ärmlichen Verhältnissen klingen mag, verdient haben die *Beatles* in Hamburg recht gut. Es war nicht zuletzt das Geld, das sie nach Hamburg gelockt hatte. Angesichts der Tatsache, dass alle Bandmitglieder später Millionäre wurden, ist eine Gage von dreißig DM pro Kopf und Nacht vielleicht lächerlich gering. Aber die *Beatles* verdienten damit immerhin mehr als ein Lehrer in England zu dieser Zeit. Trotz bisweilen widriger Umstände lohnten sich die Engagements also.

An dem Haus erinnert heute ein Foto daran, dass die *Beatles* dort schliefen. Es zeigt sie breit grinsend mit Preludin-Röhrchen in der Hand (Abb. 3). „Prellies", wie sie auch genannt wurden, waren Aufputschmittel, die es der Band ermöglichten, die ganze Nacht hindurch auf der Bühne zu stehen. Dies waren die ersten Drogenerfahrungen der Gruppe, lange bevor sie Marihuana und LSD ausprobierten. Brian Epstein, seit 1962 Manager der *Beatles*, sorgte lange Zeit dafür, dass die Preludin-Fotos nicht veröffentlicht wurden. Sie hätten das Image der Band als brave Jungs gefährdet.

2 Ehemaliges Bambi-Kino

3 Foto der Beatles
am ehemaligen Bambi-
Kino mit „Prellies"

4 Ehemaliger Kaiserkeller

⑤ Indra – Große Freiheit 64

Am 17. August 1960 standen die *Beatles* im Indra zum ersten Mal auf
einer Hamburger Bühne. Das Indra war ein Club mit langer Tradition, wo schon in den 1920er Jahren am Rande des Chinesenviertels
ein buntes Nachtleben stattgefunden hatte. 1960 allerdings war der
Club ziemlich tot. Der Kaiserkeller, nur ein paar Meter weiter in
Richtung Reeperbahn gelegen, lief hingegen sehr gut, nicht zuletzt
dank britischer Bands wie *The Jets* mit *Tony Sheridan*.

Bruno Koschmider, der Betreiber beider Clubs, wollte das Indra
so erfolgreich machen wie den Kaiserkeller. Das war die Aufgabe
der fünf Jungs aus Liverpool. Vom ersten Tag an mussten die *Beatles*
fünf Stunden pro Nacht auf der Bühne stehen. Da ihr Repertoire allerdings für höchstens eine Stunde reichte, wurden die Songs end-
los in die Länge gezogen. Anfangs waren sie auf der Bühne steif und
unsicher und wurden vom Hamburger Publikum eher argwöhnisch
betrachtet. Koschmider war unzufrieden und feuerte die Band an:
„Mach Schau, Beatles". Und die *Beatles* machten „Schau". Sie spielten wilder, lauter, warfen sich auf den Boden und machten verrückte
Späße. Mit Erfolg! Musikalisch entwickelten sich die *Beatles* weiter –
und das Publikum blieb im Indra. Insgesamt 48 Nächte spielten die
Beatles hier, dann wechselten sie nach nebenan in den Kaiserkeller.

⑥ Kaiserkeller – Große Freiheit 36

Der Kaiserkeller, der heute noch als Club existiert (Abb. 4), sah

1960 nicht so aus, wie man sich einen Club mit jungen wilden Rock'n'Roll-Bands vorstellt. Das Interieur bestand aus rustikalem Seemannsmobiliar, die Bänke waren in halbe Schiffe eingebaut, als Tische dienten Fässer. Das Publikum galt als ungehobelt, Schlägereien waren an der Tagesordnung: Der Kaiserkeller war ein typischer Rockerkeller. Eine dunkle Höhle, in die sich jemand wie Klaus Voormann, ein junger Grafiker, der zu Hause klassische Musik und Jazz hörte, nicht hineingetraut hätte. Wie vom Blitz getroffen sei er allerdings stehen geblieben, als er eines Abends die Geräusche aus dem Kaiserkeller hörte, berichtet Voormann in seiner Autobiografie. Das war Musik, wie er sie noch nie gehört hatte! Er wagte sich in den dunklen Keller und war so begeistert, dass er am nächsten Tag seine Freundin Astrid Kirchherr und den Fotografen Jürgen Vollmer in den Kaiserkeller schleppte.

Diese jungen Leute unterschieden sich eklatant vom Stammpublikum. Sie waren vom französischen Existenzialismus inspiriert und nannten sich „Exis". Dunkle Rollkragenpullover und Haare, die sie glatt in die Stirn gekämmt trugen, gehörten zu ihren Erkennungszeichen. Die Exi-Clique um Voormann, Kirchherr und Vollmer freundete sich schnell mit den *Beatles* an. Astrid Kirchherr und Stuart Sutcliffe, der Bassist der *Beatles*, verliebten sich ineinander. Sie übten einen entscheidenden Einfluss auf den Stil der *Beatles* aus. Erst Sutcliffe, dann auch die anderen, schnitten sich die Haare so, wie sie es von Voormann und Vollmer kannten. Besonders Voormann blieb den *Beatles* noch lange verbunden. Er gestaltete das legendäre Cover des Revolver-Albums von 1966 und spielte später als Bassist auf den Soloalben von John Lennon und George Harrison.

Musikalisch bedeutete das Engagement im Kaiserkeller einen Aufstieg. Das Repertoire der *Beatles* wurde immer größer, die Band lernte, ganze Alben von *Chuck Berry* und *Gene Vincent* nachzuspielen. Zwischen zehn und zwölf Stunden pro Nacht standen die *Beatles* auf der Bühne, wobei sie sich stündlich mit *Rory Storm and the Hurricans* abwechselten. Heute hängt ein altes Plakat aus dieser Zeit an der Tür zur „Großen Freiheit 36". Es lässt darauf schließen, dass Rory Storm und seine Band damals wesentlich bekannter waren als die *Beatles*. Berühmter als *Rory Storm* selbst wurde später allerdings der Schlagzeuger seiner Band, der damals als bester Schlagzeuger Liverpools galt: Ringo Starr.

Das Engagement im Kaiserkeller endete abrupt. Peter Eckhorn hatte auf der Reeperbahn das Top Ten eröffnet, einen Club, der größer und moderner war als der Kaiserkeller. Die *Beatles* wollten dort spielen, doch noch hatten sie bei Koschmider einen Vertrag zu erfüllen. Verärgert über Koschmider, der ihr Engagement im Top Ten Club verhindern wollte, zündeten sie im Notausgang des Bambi-Kinos ein Kondom an. Zwar passierte nichts, doch Koschmider zeigte die Band bei der Polizei an. Wegen Brandstiftung verbrachten Paul McCartney und Pete Best eine Nacht auf der Davidwache und wurden am nächsten Tag aus Deutschland ausgewiesen. Vorher hatte schon George Harrison das Land verlassen müssen. Er war bei einer Ausweiskontrolle aufgeflogen. Mit seinen 17 Jahren hätte er keine Arbeitserlaubnis erhalten. Das war kurios, denn um 22 Uhr ging in den Clubs das Licht an, und alle Jugendlichen unter 18 Jahren mussten den Saal verlassen. George Harrison, selbst noch keine 18, aber spielte auf der Bühne weiter seine Gitarre.

❼ Ehemaliger Top Ten Club – Reeperbahn 136

Nach dem Rausschmiss aus Hamburg spielte die Band zunächst im Liverpooler Cavern Club. Ein paar Monate später gelang es ihr dann, erneut ein Engagement in Hamburg zu bekommen. Im März 1961, George Harrison war mittlerweile 18 geworden, begann die Zeit im Top Ten Club (Abb. 5). 98 Nächte standen die *Beatles* hier auf der Bühne, so häufig wie in keinem anderen Hamburger Club. Der Top Ten Club war größer als der Kaiserkeller und zog mit seiner prominenten Lage mitten auf der Reeperbahn ein jüngeres Publikum an, das sich nicht in die dunklen Seitenstraßen der Reeperbahn wagte. Der große Star im Top Ten war *Tony Sheridan*. Als seine Bandmitglieder nach England zurückkehrten, wurden die *Beatles* seine neue Begleitband.

In die Zeit des Top-Ten-Engagements fielen auch die ersten Schallplattenaufnahmen der Gruppe, die im Juni 1961 in der Friedrich-Ebert-Halle in Hamburg-Harburg stattfanden. Auf dem Cover der Schallplatte „My Bonnie" wird die Begleitband von *Tony Sheridan* fälschlicherweise als „Beat Brothers" bezeichnet. Die Platte

5 Ehemaliger Top Ten Club

war nicht besonders erfolgreich, hatte aber Folgen: Im Liverpooler Plattenladen von Brian Epstein wurde wiederholt nach dieser Schallplatte verlangt. So wurde Epstein auf die Band aufmerksam – und einige Monate später ihr Manager.

Am Ende des Engagements im Top Ten Club verließ Stuart Sutcliffe die *Beatles*. Er fühlte sich mehr als Künstler denn als Musiker und nahm ein Stipendium der Stadt Hamburg für ein Studium an der Kunsthochschule am Lerchenfeld an. Die *Beatles* waren von nun an zu viert, und Paul McCartney wechselte von der Gitarre an den Bass. Stuart Sutcliffes musikalischer Einfluss auf die Band war wahrscheinlich nicht besonders groß, aber sein Einfluss auf Mode und Haarschnitt der Gruppe ist nicht zu unterschätzen. Im Laufe des Jahres 1961 ließen sich alle *Beatles* die Haare so schneiden, wie er es vorgemacht hatte: glatt in die Stirn gekämmt und für damalige Verhältnisse ziemlich lang. Nur Pete Best blieb mit Schmalztolle und Lederklamotten äußerlich ein Rock'n'Roller.

Der Top Ten Club existierte noch bis Ende der 1980er Jahre, zuletzt als reine Diskothek ohne Livebands. Trotz zahlreicher Versuche hat sich an diesem Ort kein neuer Club etabliert. Am Eingang erinnert eine alte freigelegte Inschrift an ein Hippodrom, das sich vor langer Zeit hier befunden hat (vgl. Vergnügungsviertel-Spaziergang). An den Top Ten Club erinnert nichts.

Beatles-Platz ❽

Während sich in Liverpool an jeder zweiten Hauswand eine Hinweistafel auf die *Beatles* findet, wurde in Hamburg lange vergessen, welche Bedeutung die Stadt für die Entwicklung der Band hatte und mit welchem touristischen Pfund sich hier hätte wuchern lassen. Eine Ausnahme ist der Gedenkstein beim ehemaligen Star-Club, zu dem wir gleich kommen.

Im Sommer 2006 fand eine große Ausstellung über die *Beatles* im Hamburg Museum statt: ein Zeichen, dass sie genauso zur kulturellen Geschichte der Stadt gehören wie Johannes Brahms. Was allerdings bislang fehlte, war ein öffentlicher Ort, an dem an die Geschichte der *Beatles* in Hamburg erinnert wird. Durch die Initiative eines privaten Radiosenders entstand schließlich die Idee eines *Beatles*-Platzes an der Einmündung der Großen Freiheit auf

6 Beatles-Platz

7 Das gelbe U-Boot markierte den Eingang des Museums „Beatle-mania"

die Reeperbahn. 2005 fand ein Wettbewerb zur Gestaltung des Platzes statt, den das Hamburger Architekturbüro Dohse + Stich gewann. Im September 2008 wurde der Platz (Abb. 6) eröffnet und feierlich eingeweiht. Mit *King Size Taylor* und *Lee Curtis* waren ehemalige Star-Club-Musiker dabei, und der Bürgermeister hielt eine Eröffnungsrede. Paul McCartney und Ringo Starr fehlten am Eröffnungstag leider. Der Platz hat die Form einer Vinyl-Schallplatte, auf der fünf Metallfiguren stehen. Eine der Figuren hält sich etwas abseits und stellt Stuart Sutcliffe dar. Die fünf Figuren sind inzwischen zu beliebten Fotomotiven geworden. Siebzig Songtitel sind auf dem Platz eingraviert, von denen einige bei der Eröffnung noch falsch geschrieben waren, was für allerlei Spott in der Lokalpresse sorgte. Die Fehler sind aber mittlerweile korrigiert worden. Zudem residierte von 2009 bis 2012 am Nobistor die „Beatlemania" (Abb. 7), ein Museum, das die Band auf mehreren Etagen umfangreich würdigte, sich aber letztlich nicht trug.

Der Blick in die Große Freiheit sah Anfang der 1960er Jahre noch deutlich anders aus als heutzutage: Im Hintergrund leuchtete ein Elefant über dem Eingang des Indra. Der heutige Elefant gehört zum

Safari, einem der letzten verbliebenen Sex-Varietés. In der Straße befand sich noch ein Hippodrom, wie wir es aus den Filmen mit Hans Albers kennen. Und auf der rechten Seite befand sich die Jungmühle, wo Frauen halbnackt im Schlamm miteinander kämpften (vgl. Vergnügungsviertel-Spaziergang). Geblieben ist die Kneipe Gretel und Alfons, direkt neben dem Star-Club. Bei den Musikern war sie auch deshalb so beliebt, weil sie dort in den Konzertpausen Alkohol bekamen, den ihnen der Star-Club verwehrte, damit sie nicht betrunken auf der Bühne standen. Alte Fotos und ein bezahlter Schuldschein von Paul McCartney erinnern in der Kneipe an diese Zeiten.

Auch Anfang der 1960er Jahre war St. Pauli rund um die Reeperbahn stark vom Sexgeschäft geprägt. Für die fünf Jungs aus Liverpool war das eine völlig neue und ungewohnte Umgebung. Paul McCartney erinnert sich:

Es war ein Sexschock. Es gab die Mädchen von der Reeperbahn und dann gab es noch andere Mädchen, die am Wochenende kamen und um zehn Uhr abends gehen mussten, weil die deutsche Polizei eine ‚Ausweiskontrolle' machte. Es gab noch ein paar andere, die etwas mehr ‚Reeperbahn' an sich hatten, und dann gab es noch die Stripteasetänzerinnen, und plötzlich hattest du eine Stripperin zur Freundin.

Ehemaliger „Star-Club" – Große Freiheit 39 ❾

„Die Not hat ein Ende! Die Zeit der Dorfmusik ist vorbei!" So kündigte auf leuchtend roten Plakaten der Star-Club (Abb. 8) seine Eröffnung am 13. April 1962 ziemlich prahlerisch an (Abb. 9). Weiter unten sind die Bands aufgezählt, die bei der Rock'n'Twist-Parade mit von der Partie waren. Die *Beatles* sind noch immer so unbekannt, dass sie nur als eine von vielen Bands genannt werden, neben *The Graduates*, *The Bachelors*, *Roy Young* und *Tex Roberg*. Immerhin feiert das Plakat diese Gruppen als „eine Ballung der Spitzenklasse Europas".

Die Entstehungsgeschichte des Star-Clubs ist kurios: Letztlich verdankte er seine Existenz der Tatsache, dass Manfred Weissleder einen Notausgang benötigte. Weissleder betrieb eine Reihe von Lokalen auf St. Pauli, von denen die meisten zum Rotlichtmilieu gehörten. Neben dem Stern-Kino lag der Paradieshof, in dem sich ein Laden von Weissleder befand. Da der Paradieshof nur durch eine schmale Tordurchfahrt zu erreichen war, bestand die Baupolizei auf einem Notausgang. Weissleder kaufte das Haus Große Freiheit 39 und machte aus dem Stern-Kino den Star-Club. Für den Notausgang war nun gesorgt, da der Star-Club einen Hinterausgang hatte.

Schon bald beschloss Weissleder, dem Top Ten Club und dem Kaiserkeller Konkurrenz zu machen. Er fuhr nach England, besuchte die Clubs von Liverpool und London und engagierte die Bands, die ihm gefielen, aus erster Hand. Der Star-Club hatte schnell einen guten Ruf, und für die Bands war es eine Ehre, dort zu spielen. Die Auftritte im Star-Club ließen sie sich bescheinigen, weil dies eine Empfehlung für Engagements in anderen Clubs bedeutete. Und tatsächlich: Wenn man heute die Namen auf dem Star-Club-Gedenkstein (Abb. 10) liest, der im Hinterhof des Gebäudes steht, dann war dort wirklich die musikalische Spitzenklasse der 1960er Jahre vertreten: *Bill Haley*, *Ray Charles*, die *Liverbirds*, *Jimi Hendrix* und viele andere mehr.

In Verbindung gebracht wird der Star-Club bis heute allerdings vornehmlich mit den *Beatles*. Hier traten sie auf, kurz bevor sie berühmt wurden. Drei Engagements hatte die Band dort im Laufe des Jahres 1962. Sie waren bei der Eröffnung im April dabei, kamen im November noch einmal und spielten zuletzt in der zweiten Dezemberhälfte des Jahres. Silvester 1962 war das letzte Konzert der *Beatles*. Im Laufe dieser drei Engagements erhöhte sich die wöchentliche Pro-Kopf-Gage von 500 DM auf 600 DM und schließlich 750 DM im Dezember. Die *Beatles* kamen nun nicht mehr mit Bus und Fähre, sondern flogen mit dem Flugzeug von der Insel ein. Auch äußerlich hatten sie sich verändert: Manager Brian Epstein feilte am Brave-Jungs-Image der Band, steckte sie in Anzüge und verbat ihnen wildes Gebaren auf der Bühne. Auch Rauchen, Essen und Trinken während der Auftritte waren nun nicht mehr erwünscht. Ringo Starr löste Pete Best als Schlagzeuger der *Beatles* just in jener Zeit ab. Pete Best schien mit seiner Elvis-Tolle schon rein äußerlich nicht mehr zu den *Beatles* zu passen. Im Mai des Jahres unterschrieben die *Beatles* ihren Plattenvertrag bei der EMI. Vor dem letzten Engagement im Star-Club hatten sie ihre erste LP „Please Please Me" aufgenommen,

8 Der Star-Club 1964

9 Eröffnungsplakat des Star-Clubs

die im Januar 1963 veröffentlicht wurde. Das letzte Konzert am Silvesterabend 1962 wurde mitgeschnitten und Ende der 1970er Jahre auf Schallplatte veröffentlicht. Die Tonqualität ist nicht besonders hoch, doch die Aufnahmen vermitteln einen guten Eindruck, wie die Band kurz vor dem Start ihrer Weltkarriere geklungen hat.

Die Zeit des sich anbahnenden Erfolgs im Star-Club war vom tragischen Tod Stuart Sutcliffes überschattet. Der fünfte Beatle starb unmittelbar vor den ersten Auftritten in dem neuen Club im Alter von 22 Jahren an einem unentdeckten Gehirntumor.

Die *Beatles* kamen erst 1966 wieder nach Hamburg. Von dem Konzert in der Ernst-Merck-Halle dürften die meisten Besucher kaum etwas gehört haben, so laut war das Kreischen der Fans. Von einem Besuch des Star-Clubs sahen sie aus Sicherheitsgründen ab. Kurz danach hörten die *Beatles* auf, Konzerte zu geben, und widmeten sich lieber den immer komplexer werdenden Möglichkeiten im Aufnahmestudio.

10 Gedenkstein vor dem Star-Club

Der Star-Club existierte noch bis 1969. Finanziell war er nie erfolgreich. Außerdem war wohl am Ende des Jahrzehnts die psychedelische Musik vom Plattenteller im benachbarten Grünspan erfolgreicher als Livekonzerte. In das Haus zog das Sex-Theater Salambo, das 1983 abbrannte. Heute erinnert der Star-Club-Stein an die Zeiten, in denen die *Beatles* in Hamburg eine lokale Größe waren.

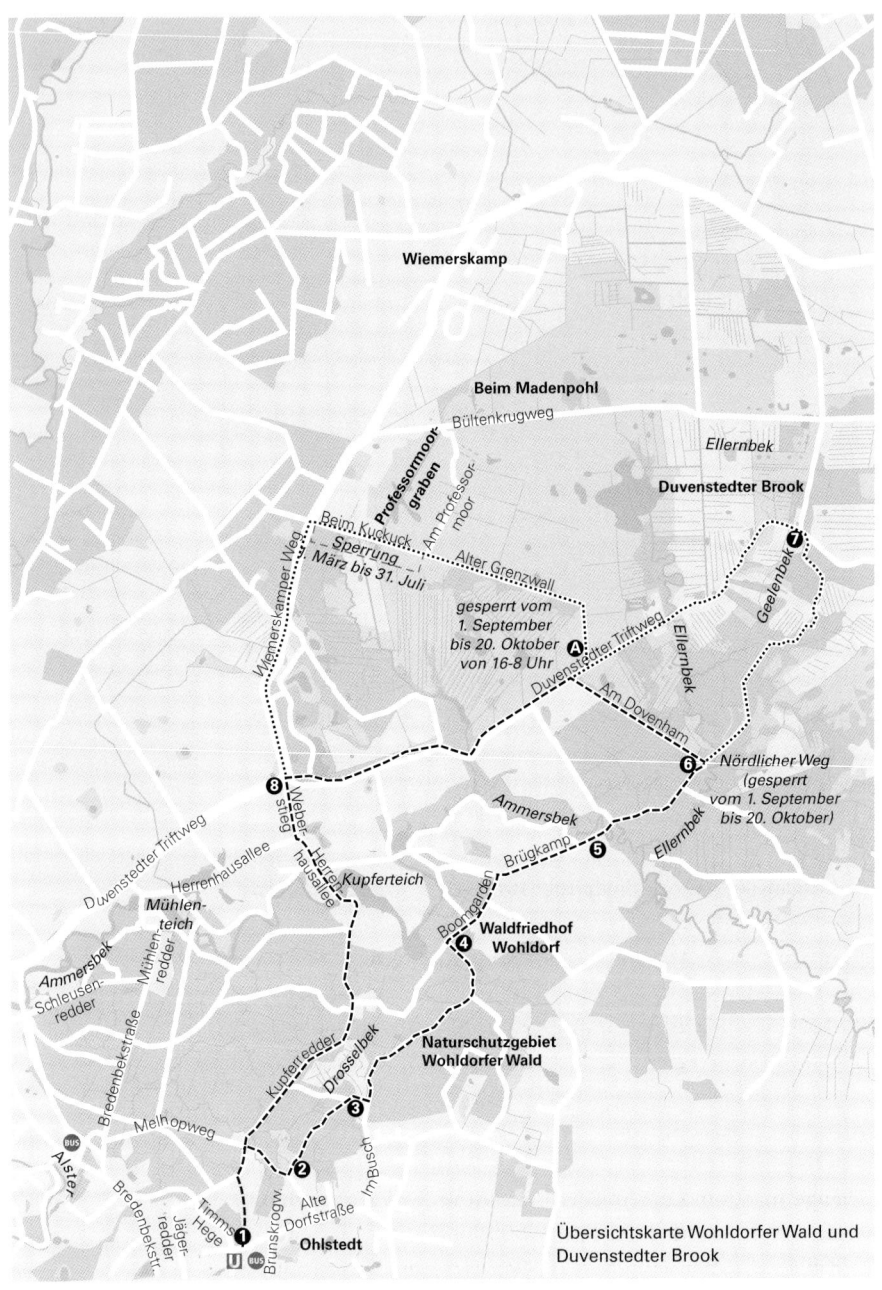

Wiemerskamp

Beim Madenpohl

Bültenkrugweg

Ellernbek

Professormoor-graben

Am Professor-moor

Duvenstedter Brook

Beim Kuckuck

Alter Grenzwall

Sperrung März bis 31. Juli

Wiemerskamper Weg

gesperrt vom 1. September bis 20. Oktober von 16-8 Uhr ⒶNY

Duvenstedter Triftweg

Ellernbek

Geelenbek

❼

Am Dovenham

Nördlicher Weg (gesperrt vom 1. September bis 20. Oktober)

❻

❽

Weber-stieg

Herren-hausallee

Herrenhausallee

Ammersbek

Brügkamp

❺

Ellernbek

Duvenstedter Triftweg

Kupferteich

Mühlen-teich

Mühlen-redder

Boongarden

Waldfriedhof Wohldorf

❹

Ammersbek-Schleusen-redder

Bredenbekstraße

Kupferredder

Drosselbek

Naturschutzgebiet Wohldorfer Wald

❸

Melhopweg

Im Busch

BUS

Alster

Bredenbekstr.

Timms Hege

Jäger-redder

Brunskrogw.

❷

❶

Alte Dorfstraße

Ohlstedt

U BUS

Übersichtskarte Wohldorfer Wald und Duvenstedter Brook

Botanischer Spaziergang

Horst Bertram

Start- und Endpunkt: Ohlstedt
(U-Bahn-Station Ohlstedt / U 1; HVV-Buslinie 276)
Dauer: ca. 3 Stunden

Eines der schönsten Wandergebiete für Naturfreunde im Norden Hamburgs ist der Wohldorfer Wald mit dem Duvenstedter Brook. Für die Orientierung ist das Faltblatt „Naturschutzgebiete Duvenstedter Brook / Wohldorfer Wald" des Naturschutzamtes Hamburg sehr zu empfehlen. Es bietet vor allem eine sehr übersichtliche und handliche Wanderkarte und ist im Brook-Hus erhältlich.

Ausgangspunkt und Endpunkt kann der U-Bahnhof Ohlstedt sein. Es geht dann eine halbe Stunde durch den Wohldorfer Wald, bis man den Duvenstedter Brook erreicht.

Der Mai ist die schönste Jahreszeit für diesen Spaziergang, dessen Länge nach Belieben zu variieren ist. Aber auch im Sommer, Herbst und Winter gibt es für den Naturfreund viel zu sehen.

Vom Bahnhof in den Wohldorfer Wald ❶

Vom U-Bahnhof Ohlstedt gelangen wir über den Parkplatz und das Schulgelände zum Kupferredder, dem wir nach rechts folgen, um wiederum rechts in den Melhopweg einzubiegen. Wir tauchen dann bald in den Schatten von *Eichen* und *Hainbuchen* des Naturschutzgebietes Wohldorfer Wald ein. An den alten Bäumen trommeln Buntspechte, Kleiber turnen kopfüber an den Stämmen.

Rechts des Wegs steht ein Stück weiter das blanke Wasser im Wald, was den Bäumen allerdings überhaupt nicht schadet. Der *Erlenbruchwald* braucht ganzjährig hohe Wasserstände. Auch die *Sumpfschwertlilie*, die gelbblütige Charakterpflanze, bildet dort große Bestände und fühlt sich hier richtig wohl, ihre schwertartigen Blätter geben der Pflanze ein merkwürdig starres Aussehen und strukturieren die Vegetation.

❷ **Wald und Forst**

Bald öffnet sich der Wald, wir biegen vom Melhopweg nach links ab und gehen an einer verwilderten Feuchtwiese entlang in nördlicher Richtung. Aus den braunen *Seggenblättern* leuchtet hier und da das Gelb der *Sumpfdotterblume* hervor.

Der Waldweg führt uns weiter durch einen *Buchenwald*. So natürlich er aufgebaut zu sein scheint, so sehr ist die Staffelung der verschieden alten Bäume doch das Ergebnis waldbaulicher Sägearbeit und natürlicher Verjüngung. Vor vierzig Jahren wurde im Wohldorfer Wald noch im Kahlschlagbetrieb gearbeitet. Dabei sägte man die Bäume auf einer bestimmten Waldfläche alle zur gleichen Zeit herunter, so dass der Boden kahl dalag, bis die in Reih und Glied nachgepflanzten Baumsetzlinge allmählich herangewachsen waren. Das ist aber keine naturgemäße Waldbewirtschaftung. Die Phase des Umbaus ist also noch recht jung, wenn man Wald mit dem Zeitmaßstab von Baumaltern misst.

Die *Rotbuche*, die wir im zarten Maigrün oder im Oktober im kupfernen Herbstlaub sehen, wird uns im Wohldorfer Wald überall da begegnen, wo es nicht zu nass ist. Hier kann sie sich zu der von Natur aus vorherrschenden und alle anderen Bäume verschattenden Hauptbaumart entwickeln. Eine Charakterpflanze der Buchenwälder ist der *Waldmeister* mit seinen im Quirl stehenden Blätterkränzen.

Wo es der *Rotbuche* zu nass wird, tritt gern die *Esche* an ihre Stelle. Wir finden sie in staunassen Senken am Weg. Mit der trockenheitsverträglichen *Eberesche*, die auch *Vogelbeere* genannt wird, hat die *Esche* wenig gemeinsam, außer dass beide gefiederte Blätter besitzen. Die *Esche* mit ihren dicken schwarzen Knospen treibt erst

1 Breitblättriges Knabenkraut
(Dactylorhiza majalis)

2 Sumpfdotterblume (Caltha palustris)

spät aus, Eschenbestände lassen das Licht daher noch lange auf den Waldboden fallen. Viele der Eschen leiden seit einigen Jahren unter dem Eschentriebsterben, das durch einen mikroskopisch kleinen Pilz ausgelöst wird. Man kann nur auf resistente Eschen-Exemplare hoffen, die sich auf längere Sicht entwickeln und durchsetzen werden.

Waldwiesen

❸

Der Pfad steigt sanft an, wir biegen rechts ein, beiderseits dehnen sich bald Wiesenflächen. Wir genießen den Blick über die große *Sumpfdotterblumenwiese* (Abb. 2), deren Artenreichtum einmal ein Hauptgrund für die Ausweisung des Naturschutzgebietes gewesen ist; weißrosa schimmert hier das *Wiesenschaumkraut*, das aus den landwirtschaftlich intensiv genutzten Wiesen nahezu geschwunden ist. In der zweiten Maihälfte können wir vielleicht noch einige der purpurnen Blütenstände des *Breitblättrigen Knabenkrautes* (Abb. 1), einer streng geschützten Wiesenorchidee, sehen. Seine Blätter zeigen dunkle Flecke wie beim *Gefleckten Knabenkraut*, des-

3 Wechselblättriges Milzkraut (Chrysosplenium alternifolium)

sen Blütezeit 14 Tage später liegt. Es fühlt sich auf feuchten und ungedüngten Wiesen wohl, die durch das Mähen von höherwüchsigen Stauden freigehalten werden.

Am Waldrand wenden wir uns nach links und haben durch den Waldmantel den Durchblick auf die Wiese. Am Wegrand finden wir im Mai in großen Tuffs die letzten weißen *Buschwindröschen*, die in milden Märzwochen schon zur Blüte kommen.

Wir folgen dem Hauptweg in nordöstlicher Richtung und lassen uns von Abzweigungen nicht ablenken. Der Wohldorfer Wald ist ein kuppiges und zertaltes Gebilde, auf dessen kleinem Raum sich ganz unterschiedliche Waldtypen finden. Die kleinen, rein weißen Blüten am Boden in diesen schattigen Senken gehören meistens dem *Bitteren Schaumkraut*, dem nächsten Verwandten des *Wiesenschaumkrauts*; die *Buschwindröschen* mögen keine nassen Füße.

Wo der Weg einen tiefen Graben quert, sind wir mitten in einem *Eschenwald*, es quillt an allen Enden und Ecken, hier wachsen die gelben *Milzkräuter* (Abb. 3) auf quelligen Standorten.

Ein Stück Feldmark mit Bio-Landwirtschaft ❹

Rechts in den Weg „Ole Boomgarden" einbiegend, erreichen wir bald den Wohldorfer Waldfriedhof, den es hier seit 1864 gibt, als es den Siedlern im Norden Hamburgs zu mühsam geworden war, ihre Toten auf dem Bergstedter Kirchenfriedhof beizusetzen, wie es weit über 600 Jahre Brauch gewesen war. Dann biegen wir von „Ole Boomgarden" nach rechts in den Brügkamp ein. Von hier wandert der Blick über eine weite Ackerfläche rechter Hand. Die inzwischen unter dem Borkenkäfer leidenden Nadelhölzer auf dem Hügel in ihrer Mitte waren einmal dazu bestimmt, die ständigen Sandverwehungen der Ackerkrume zu verhindern.

Auf der linken Seite dehnt sich Grünland, das am Horizont durch eine flussbegleitende Baumkulisse begrenzt wird. Die Wiesen und Ackerflächen werden vom Bio-Betrieb Wohldorfer Hof genutzt. Kunstdünger- und Pestizid-Einsatz findet also hier nicht mehr statt, seit die Stadt Hamburg entschieden hat, ihre ehemaligen Staatsgüter an ökologisch wirtschaftende Pächter zu vergeben. Fruchtwechsel und bunte Futtermischungen in den Ansaaten erweisen sich als eine Verbesserung gegenüber konventionellen Monokulturen. Reh-, Rot- und Damwild äst dann auch gern in der Dämmerung in den Feldern.

In den Gebüschen am Brügkamp blühen im April neben den weißblütigen *Schlehen* und den gelben (männlichen) und grünlichen (weiblichen) Kätzchen der *Salweiden* auch einige *Apfelbäume* mit rosafarbenen Blüten. Hier finden Bienen und Hummeln im Frühjahr reichlich Nahrung.

Naturschutzgebiet Duvenstedter Brook ❺

Das alte Holzschild, das am Waldrand steht, markiert den Südwestrand des Naturschutzgebiets Duvenstedter Brook. Wie bei kaum einem anderen Schutzgebiet zeigt ein Rückgang in die Geschichte des Brooks den Wandel einer uralten Kulturlandschaft. Seit das 780 Hektar große Gebiet 1958 unter Naturschutz gestellt wurde, hat sich die früher intensive forst- und landwirtschaftliche Nutzung gewandelt. An ihre Stelle ist Landschaftspflege getreten, die die Vielfalt der Lebensräume entwickeln und erhalten soll. Entwässerung des Waldes, Düngung oder intensive Holzeinschläge gibt es nicht mehr.

Hinter den *Buchen* am Waldrand fällt der Blick auf ein dunkles, von *Erlen* umsäumtes Gewässer, die Ammersbek. Die wasserliebende *Schwarzerle* steigt mit ihren Wurzeln unter den Wasserspiegel hinunter und festigt mit ihnen die Uferböschung, die damit eine natürliche Sicherung erhält. In den Wurzel-Zwischenräumen finden Krebse und Fische Unterschlupf. Im Winter bieten die *Erlen* mit den kleinen schwarzen rundlichen Zapfen eine dekorative Silhouette, besonders wenn sich Schwärme von Erlenzeisigen die Samen aus den Erlenzapfen picken. Aus der Nähe betrachtet fällt dieser Baum durch seine violette Knospenfarbe auf.

An der Brücke über den kleinen Fluss hören wir ein Plätschern, das aus einem Holzgebäude kommt. Hier durchfließt Flusswasser eine automatische Mess-Station der Hamburger Umweltbehörde zur Kontrolle der Wassergüte.

Wenn man im Weitergehen die Ammersbek betrachtet, kann man leicht die Übersicht über ihren Lauf verlieren. Sie wendet sich nämlich in so scharfen Mäandern hin und her, dass sie teilweise in die Gegenrichtung fließt. Dass sie niemals begradigt und ausgebaut wurde, liegt wohl daran, dass sie im Bereich der Kreisgrenze zu Stormarn fließt und außerdem die Stadt Hamburg auch im Nachbarkreis teils Flächeneigentümerin ist. So dürfen sich *Weidenurwälder* an ihren Ufern entwickeln, an denen vielleicht auch der Fischotter wieder heimisch werden könnte. Moosbedeckte Weidenstämme neigen sich mit ihren Kronen über den Bach, hier und da fallen Stämme quer über das Wasser. Die Ammersbek fließt von der Stadtgrenze Ahrensburgs innerhalb der stormarnschen Naturschutzgebiete Ammersbek-Niederung und Hansdorfer Brook, bis sie die hamburgischen Schutzgebiete Duvenstedter Brook und Wohldorfer Wald erreicht. So besteht Aussicht, dass sich das Gewässer ungestört entwickeln kann.

Von der Brücke aus kann man im Sommer die Blauflügeligen Prachtlibellen über dem Wasser tanzen sehen, und auch den Eisvogel kann man mit etwas Glück beobachten. In der Strömung winden sich bandförmige Blätter, denen sich nicht ansehen lässt, dass sie zu einer Pflanze gehören, die am Ufer pfeilförmige Blätter und weiße dreizählige Blüten ausbilden kann: das *Pfeilkraut*.

Ein kleiner Abstecher nach links soll nur bis zum nächsten Rohrdurchlass (und wieder zurück) führen. An der Stelle, wo ein Rohr aus einem verfallenen Waldgraben in Richtung Ammersbek ausmündet, zeigen sich im zeitigen Frühjahr die rosaroten Blütenstände der *Gemeinen Pestwurz*, die im Sommer Blätter entfaltet, welche in der Größe an Elefantenohren erinnern.

Abstechertipp

Wir drehen nun wieder um, schwenken sanft nach links und gehen am Ammersbek-Auenwald entlang und weiter durch schattigen Wald. Die Wegränder scheint jemand umgepflügt zu haben. Hier hat das Schwarzwild auf der Suche nach Würmern oder Wurzelstöcken den Boden aufgerissen.

Auch wenn das in Maßen dem Wald eher nützt als schadet, können dadurch ohnehin schon seltene Pflanzenarten doch gänzlich ausgelöscht werden. So ist beispielsweise der Bestand der *Grünlichen Waldhyazinthe*, einer seltenen weißblütigen Waldorchidee, stark rückläufig.

Vor fünfzig Jahren war Schwarzwild im Duvenstedter Brook nicht zu finden. Diese Wildart hat durch die immer üppigere Ernährungslage auf gut gedüngten Äckern so stark zugenommen, dass Wiesen im Naturschutzgebiet teils kaum noch zu mähen sind. So ist es verständlich, dass auch in diesem Naturschutzgebiet die Jagd – innerhalb klarer Grenzen – stattfindet.

Im Weitergehen entdecken wir verschiedene Nadelbäume. Hier gibt es *Lärchen*, *Kiefern* und *Sitka-Fichten* aus früheren forstwirtschaftlichen Pflanzungen. Nadelhölzer beeinflussen den Waldboden durch die Streuschicht ihrer Nadeln ungünstig, so dass am Waldboden nicht viel an Blüten zu sehen ist. Diese Anpflanzungen sollen nach und nach natürlichen Waldbildern weichen. Dafür muss der Bestand an Rot- und Rehwild durch die Jagd begrenzt werden.

❻ Über den Naturpfad am Bach entlang

Wir wenden uns vom Hauptweg nicht ab und stoßen schließlich an einer Einmündung links auf einen Sperrbalken, hinter dem Radfahrer unsere Ruhe nicht mehr stören dürfen.

Hinweis: In der Zeit vom 1. September bis 20. Oktober ist der Weg auch für Fußgänger gesperrt, dann bitte hier nach links einbiegen und direkt zum Duvenstedter Triftweg gehen, wo man etwa gegenüber der Abzweigung zum Alten Grenzwall ankommt. Als Entschädigung bietet sich in dieser Zeit der weiter unten beschriebene „Grenzwallweg" an.

Hier beginnt der sogenannte „Naturpfad". Ein kleiner windungsreicher Waldbach plätschert unter uns. Vom Brückengeländer schaut man in das Gewirr von *Farnen* und *Waldgräsern* der Bachaue.

Dann geht es wieder durch trockenen *Fichtenwald*, an einer Wiese vorbei, und wieder wird es feuchter. Hier stehen dennoch keine *Erlen* oder *Eschen*, sondern *Birken*. Die Birken kennen wir eigentlich als Sand-Liebhaber – das wäre die *Sand-* oder *Hängebirke* mit dem sauber schwarz-weiß-rissigen Stamm. Aber hier stehen *Moorbirken* mit rauchgrauer, fast glatter Borke, die nährstoffärmere Standorte lieber mögen als *Erlen* oder *Eschen*.

Sanft senkt sich der Pfad ab, und schon verlassen wir die Sandauflage und queren eine Niedermoorsenke. Hier begrüßt uns die hellgelbe *Schlüsselblume* (*Hohe Schlüsselblume* oder *Waldprimel*). Sie liebt nährstoffreiche Lehmböden. Außerhalb von Naturschutzgebieten wurde sie in und um Hamburg leider meistens abgepflückt oder ausgegraben.

Einige urige *Apfelbaumgestalten* an einer kaum merkbaren Anhöhe (mit harten und winzigen Früchten im Herbst) sind als verwilderte Nachkommen einer längst vergessenen Anpflanzung zu deuten und erinnern uns an die alte Kulturlandschaft. Vor mehr als einhundert Jahren hat es hier zeitweise eine Torffabrik gegeben.

Der Pfad quert einen Bach und läuft streckenweise daran entlang. An den *Erlen*wurzeln entlang des Ufers tauchen im zeitigen Frühjahr die blassrosa Triebe eines Wurzelparasiten auf. Das ist die

4 Bachnelkenwurz (Geum rivale)

5 Kuckuckslichtnelke (Silene flos-
cuculi)

Schuppenwurz, die von den aufsteigenden Saftströmen ihres Wirtes profitiert, was es der Pflanze erlaubt, sehr früh aus dem Boden
zu kommen, weil sie auf fremde Reserven zurückgreifen kann. Der
größte Teil der Pflanze befindet sich unter der Erde – in Form eines
wie aus Schuppen aufgebauten Wurzelstockes. Wo der Bach weniger stark strömt, wachsen in seinem Bett die großen Fiederblätter
des *Breitblättrigen Merks*, der seine weißen Blütendolden im Sommer trägt.

Auch die Wiesen links und rechts des Pfades, die wir bald erreichen, wurden schon immer landwirtschaftlich genutzt. Wenn im
Hochsommer die Trecker mit dem Mähwerk im Naturschutzgebiet
über die Wiesen brummen, dient das der Erhaltung einer größeren
Vielfalt an Pflanzen und Tieren. Oft genug ist es aber so nass, dass
die Bergung des Mahdgutes schwierig wird. Ohne das Abmähen
und Abfahren des Grasschnitts würde sich allerdings eine verfilzende Streuschicht ansammeln, die *Kräutern* und zarten *Gräsern*
das Lebenslicht nähme – und schließlich würde das Grünland verbuschen und zu Wald werden.

6 Sumpfhornklee (Lotus uliginosus), Kuckuckslichtnelke (Silene flos-cuculi)
und Sumpfvergissmeinnicht (Myosotis laxa)

Vielleicht sieht man an einem sonnigen und windstillen Maitag
einen weißen Falter mit orangenen Flügelspitzen über dem Grünland. Das könnte dann der Aurorafalter sein, dessen Raupe als Fut-
terpflanze das *Wiesenschaumkraut* benötigt, das wir hier blühend
finden. Zikaden, Heuschrecken, Schwebfliegen, Bienen und Hummeln – sie alle profitieren von der Vielfalt der Wiesenpflanzen. Der
Kleine Baldrian in Zartrosa, die *Bachnelkenwurz* in Braungelb (Abb. 4),
die *Kuckuckslichtnelke* in Rosarot (Abb. 5 und 6), das blaue *Sumpfvergissmeinnicht* (Abb. 6) und das *Zittergras*, sie alle kommen auf dieser Wiese vor und bieten Nektar und Pollen zur Entlohnung ihrer
Bestäuber, die für die Pflanzenvermehrung unentbehrlich sind. Wo
es Kleintiere gibt, greifen auch Vögel gern zu. Aber auch das Wild
findet hier vielfältige Äsung. Vom nahen Beobachtungsschirm lassen sich Rehe und Hirsche vor allem im Herbst in Augenschein nehmen, wenn der Weg, den wir gekommen sind, gesperrt ist.

7 Trockene Bleichmoose im Hochsommer

Über den Duvenstedter Triftweg

Bald erreichen wir den Duvenstedter Triftweg und wenden uns nach links. Der Blick schweift rechts weit über die Wiesenlandschaft. Hier lassen sich nicht selten Kraniche blicken oder hören. Nur in der Brutzeit ist ihr lauter typischer Ruf kaum zu hören, da sind sie aus guten Gründen sehr heimliche Tiere. Mit Rücksicht auf ihre Jungenaufzucht sind von März bis Ende Juli einige Wege gesperrt.

Wir passieren die Betriebsgebäude des Försters. Sie sind die Überbleibsel eines größtenteils abgerissenen Gebäudekomplexes, den sich der Hamburger Gauleiter Karl Kaufmann im „Dritten Reich" als Privatjagdsitz bauen ließ. Daneben steht eine öffentlich zugängliche Beobachtungshütte hinter einem wegnahen Teich.

Der Triftweg erlaubt nach Norden einen weiten Blick über die steppenartig wirkenden Grasbestände. Es ist freilich nicht ein Rasengras, sondern das auf torfigen Böden wachsende *Pfeifengras*, zwischen dessen Bulten es richtig nass sein kann. Im Herbst überzieht ein kupferfarbener Schimmer diese Pfeifengrasbestände, der erst im Dezember einem Gelbgrau weicht, wenn die verwelkten Blätter allmählich ihre Herbstfärbung verlieren.

Nach links blickend, fallen uns die weißen Flocken des Wollgrases in einer Moorsenke ins Auge. Es hat die Blütezeit längst hinter sich und prangt mit seinen Früchten.

Die Wanderstrecke folgt jetzt dem Duvenstedter Triftweg bis zum Info-Haus. Für ganz Eilige bietet sich der erste Weg links an, der wieder zur Ammersbek und auf den Anfangsweg zurückführt.

Abstechertipp **Umweg über den Alten Grenzwall ...**

Für wanderlustige Naturfreunde mit Appetit auf mehr gibt es einen großartigen Umweg, der eine zusätzliche Wegstunde ergibt. Dafür bitte rechts abbiegen auf den „Alten Grenzwall" (Abb. 7; *er ist für Fahrräder gesperrt und darf im Herbst von 16 Uhr bis 8 Uhr morgens nicht begangen werden*).

... durch Heide ...

Von diesem Weg aus kann man sehr schön erkennen, wie mühsam es ist, die Heideflächen in ihrer Vielfalt zu erhalten. Es sollen ja nicht nur die *Besenheide* (Abb. 8, auf den trockenen Flächen) und die *Glockenheide* (Abb. 9, wo es moorig ist) gedeihen, sondern es sollen sich hier auch Sandlaufkäfer, Feuerfalter und Heuschrecken wohlfühlen. Daher hat das Naturschutzamt vor einigen Jahren mit einer Planierraupe Teile der vergrasten Fläche abschieben lassen. Auf den behandelten Flächen haben sich die Heidepflanzen jetzt sehr gut entwickeln können. Der Unterschied zu den nicht behandelten Flächen ist auffallend.

... durch Moor ...

Über einen Knüppeldamm geht es in rechtem Winkel nach links auf den „Alten Grenzwall". Auf der rechten Seite dehnen sich weite Moorflächen, die von *Birkenwäldern* gesäumt oder durchsetzt werden. Auch *Schilf*bestände kommen in den Blick. Von hier lassen sich Rotwild und viele Vogelarten gut beobachten. Am Beginn

8 Die Besenheide (Calluna vulgaris) hat sich auf der abgeschobenen Fläche optimal verjüngt.

9 Glockenheide (Erica tetralix)

des Damms lohnt sich ein Blick in die Böschung. Seit Jahrzehnten wächst hier ein Exemplar des seltenen *Königsfarns*, der im Herbst durch seine goldene Färbung auffällt.

Man tut gut daran, trotz der Naturschönheiten auf den stark mit Baumwurzeln durchsetzten Weg zu achten. Der wegbegleitende Graben ist fast zugewachsen, dichte Decken von Torfmoosen, die das Regenwasser lange speichern können, überziehen die Wasseroberfläche. Sie vertragen aber auch sommerliche Austrocknung und sehen dann fast weiß aus, weswegen man sie auch *Bleichmoose* genannt hat. Zur Linken herrschen teils urig gewachsene *Kiefern* vor, die aus einer alten Aufforstung stammen. Alte Karten weisen hier *Heide* aus, die heute teilweise wieder zu erkennen ist, wo man den Kiefernaufwuchs zurückgedrängt hat. Der Boden ist sandig, nährstoffarm und sauer, wie es für Heideböden typisch ist.

... eine zeitweilige Umleitung ...

Bei der nächsten Abzweigung wird man in der Zeit vom 1. März bis

31. Juli auf einen weiteren Umweg nach Norden verwiesen. Dieser ist sehr zu empfehlen, weil er durch die *Moorbirkenwälder* des sogenannten Professormoores führt, wofür dreißig Minuten zusätzlich zu gehen sind (am Ende des Moorpfades nach links zur Straße und auf dieser links zum Brook-Hus). In der übrigen Zeit darf man tagsüber geradeaus weiterziehen.

… durch Kiefern-Birkenbruch und eine Nasswiese …

Der lichte *Kiefernwald* wird durch sehr natürlich wirkende *Birkenbruchbestände* abgelöst, zwischen denen immer wieder *Heide*flecken eingestreut sind.

Bald endet der *Birkenwald*, und zwischen den dichten Gebüschen der *Öhrchenweide* überquert man ein oft sehr quelliges Wiesengelände, das auch mit normalem Schuhwerk zu nassen Füßen verhelfen kann. Rechter Hand auf einer Erhebung steht eine malerisch gewachsene einsame *Kiefer*, die bisher allen Stürmen getrotzt hat. Die Wiese wird aufgrund der Nässe nur noch teilweise gemäht. Folge davon ist die Ausbreitung der *Flatterbinse*, die auf den Flächen im Norden weite Bereiche erobert hat. Hier werden sich allmählich *Weidengebüsche* ansiedeln und die Umwandlung in einen Bruchwald einleiten.

Der Weg endet an der Straße (Wiemerskamper Weg), auf dem man nach links zum Naturschutzinformationshaus und damit auf den unten beschriebenen Rückweg gelangt.

❽ Auf dem Duvenstedter Triftweg zum Brook-Hus und nach Ohlstedt

Der Duvenstedter Triftweg wird auf seiner Südseite von einem mit alten *Eichen* bestandenen Knickwall begleitet. Auch im Winter ist auf der beschatteten Nordseite an verschiedenen Stellen ein immergrüner Farn zu sehen, der *Tüpfelfarn*. Man wundert sich, wie diese Pflanze in den sommertrockenen sandigen Knickwällen der Trockenheit standhalten kann.

Nach Überquerung der Röthbek sind wir bald am Info-Haus angelangt. Von dort wandern wir links den Weberstieg entlang zwischen den Pferdeweiden links über die Herrenhausallee durch den Wohldorfer Wald.

Der Park an der Kreuzung Brügkamp/Herrenhausallee ist im April eine Augenweide, wenn auf den baumbestandenen Rasenflächen die rosa Tupfen des *Gefingerten Lerchensporns* und die gelben Flecken der *Schlüsselblumen* und *Narzissen* leuchten. Wenige Minuten weiter stehen wir auf einer Brücke und sehen links den Kupferteich, der durch den Aufstau der Ammersbek entstanden ist, um eine Kupfermühle zu betreiben (Gebäude gegenüber, mit Info-Tafel, heimatkundlicher Lehrpfad).

Auf dem Kupferdamm mit seinem alten Kopfsteinpflaster gelangen wir wieder in das Naturschutzgebiet Wohldorfer Wald und passieren die Revierförsterei. Durch die Bäume auf der linken Seite schimmert die Feuchtwiese, die wir auf dem Hinweg gequert haben. Nach einiger Zeit taucht am Waldrand rechts eine nasse Senke auf, die mit dichtem Pflanzenwuchs überzogen ist. Glänzend-frischgrüne Blätter leuchten uns entgegen und im Juni auch die weiße Blütenumhüllung, die einen kleinen Kolben in sich verbirgt. Das ist die *Sumpfcalla*, die ihr Vorkommen dem Verschließen alter Entwässerungsgräben zu verdanken hat, wie dies an etlichen Stellen in den beiden von uns besuchten Naturschutzgebieten im Laufe der Jahre geschehen ist. Wenig später erreichen wir wieder unseren Ausgangspunkt.

Elbvororte-Spaziergang

Ralf Lange

Startpunkt:
Variante 1: Övelgönne (Fährstation Museumshafen /
Neumühlen / Hafenfähre 62) oder Variante 2: Anfang der Elb-
chaussee (Bushaltestelle Susettestraße / HVV-Buslinie 36)
Endpunkt:
Treppenviertel Blankenese (S-Bahn-Station Blankenese / S 1, S 11
oder verschiedene Haltestellen der HVV-Buslinie 48)
Dauer: ca. 4 Stunden

Übersichtskarte Blankenese bis Ottensen

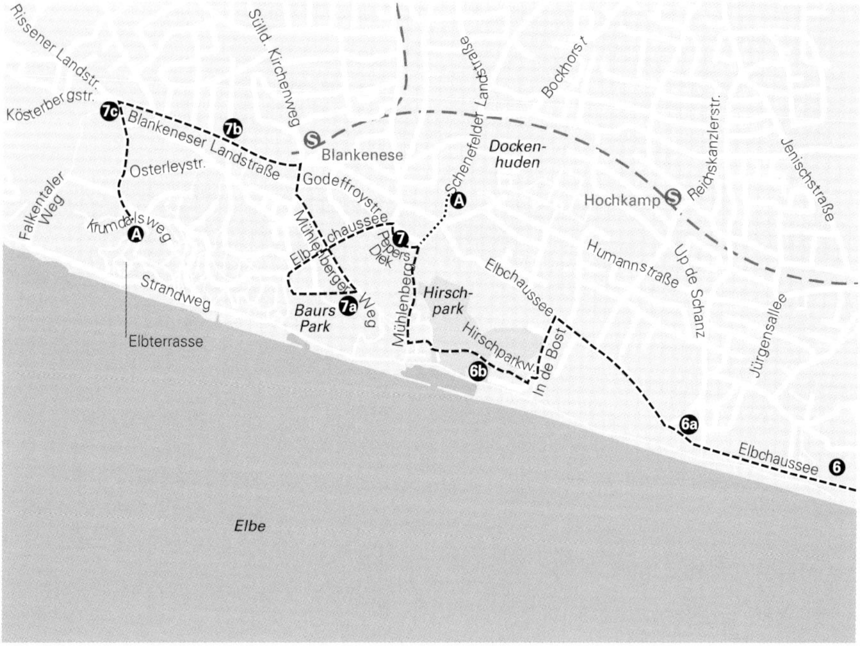

Rissener Landstr.

Süld Kirchenweg

Schenefelder Landstraße

Bockhorst

Kösterberg.str.

7c Blankeneser Landstraße 7b

S Blankenese

Docken-
huden

Reichskanzlerstr.

Jenischstraße

Falkentaler Weg

Osterleystr.

Godeffroystr.

A

Hochkamp S

Krumdalsweg

A

Mühlenchaussee

7

Humannstraße

Up de Schanz

Strandweg

Elbterrasse

Elberbergstr.

Pape Diek

Baurs Park 7a Weg

Mühlenberg Weg

Hirsch-
park

Elbchaussee

Jürgensallee

Hirschparkw

In de Bost

6b

6a

Elbchaussee 6

Elbe

Hinweis:

Für diese Tour gibt es zwei mögliche Ausgangspunkte: in Övelgönne (Variante 1) oder in Ottensen am Anfang der Elbchaussee
(Variante 2). Da sich diese Tour über etwa zehn Kilometer erstreckt, empfiehlt es sich, entweder das Fahrrad zu nehmen oder
einzelne Abschnitte mit dem HVV-Schnellbus 36 zu bewältigen,
der die Elbchaussee nahezu auf ihrer gesamten Länge befährt und
am Wochenende im 15-Minuten-Takt verkehrt.

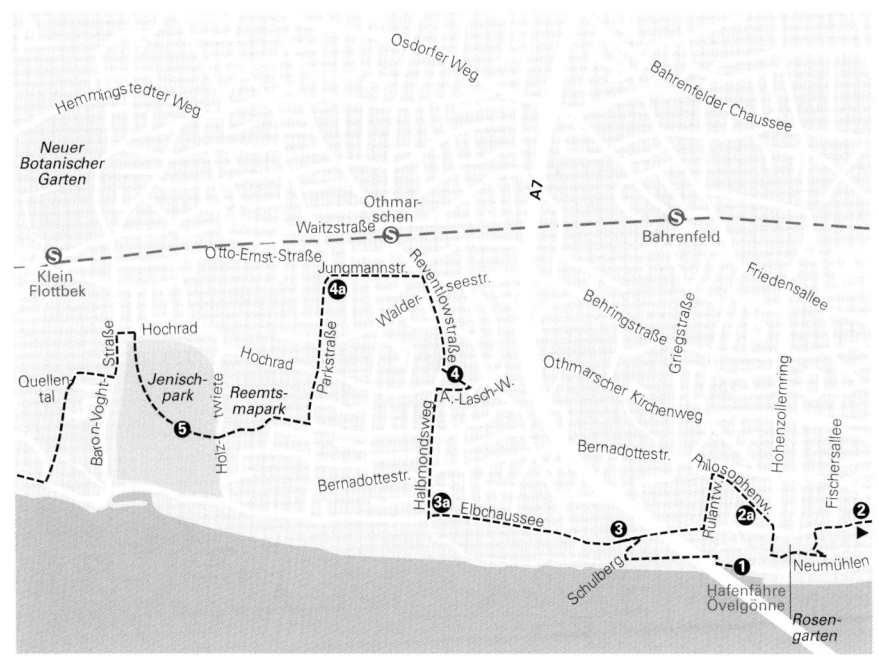

1 Övelgönne

Zu den Elbvororten werden diejenigen Hamburger Viertel gerechnet, die sich westlich von Ottensen entlang des Elbufers reihen, also Othmarschen, Nienstedten, Blankenese und Rissen. Außerdem zählt Iserbrook dazu, weil es 1951 als eigenständiger Stadtteil aus Blankenese gelöst wurde – paradoxerweise, denn es liegt weit im Hinterland des Elbufers. Nicht zu den Elbvororten gehören dagegen Groß Flottbek und die Villenkolonie Hochkamp im Süden von Osdorf, die mit den zuvor genannten Vierteln zwar längst zusammengewachsen sind, aber nun einmal nicht an die Elbe grenzen. Wie dem auch immer sei: Unser Spaziergang führt nur durch die klassischen Elbvororte. Außerdem gibt es einen Abstecher nach Ottensen. Rissen bleibt dagegen außen vor, weil es als relativ junges Siedlungsgebiet nur wenige Bauten von allgemeinem Interesse zu bieten hat.

Die Elbvororte gehörten ursprünglich zur Herrschaft Pinneberg, die 1640 durch Erbteilung an das dänische Königshaus gefallen war und 1867 in einen preußischen Kreis umgewandelt wurde. Zu einem Hamburger Territorium wurden sie erst durch das Groß-Hamburg-Gesetz von 1937. Dazwischen gab es noch ein kurzes Altonaer Intermezzo, d.h., die Elbvororte wurden 1927 in die preußische Großstadt eingemeindet. Nur Othmarschen gehörte bereits seit 1890 zu Altona. Der Aufschwung der Elbvororte kam um 1800. Die Hamburger und Altonaer Oberschicht zog in der wärmeren Jahreszeit nun bevorzugt an das Elbhochufer und ließ sich dort bedeutende klassizistische Landhäuser errichten. Zu einer ganzjährigen Wohnadresse entwickelten sich die Elbvororte, zumindest für die bürgerlichen Kreise, dagegen erst ab der Gründerzeit, begünstigt durch die Eröffnung der Eisenbahnstrecke nach Blankenese 1867.

❶ Övelgönne und Neumühlen (Variante 1)
Das malerische Fischer- und Lotsendorf Övelgönne (Abb. 1), das im Osten nahtlos in Neumühlen übergeht, bietet sich als Ausgangspunkt für einen Ausflug in die Elbvororte an. Es empfiehlt sich, Övelgönne auf dem Wasserweg anzusteuern, und zwar mit der Hafenfähre 62, die auch am Wochenende alle 15 Minuten ab St. Pauli-Landungsbrücken in Richtung Finkenwerder fährt (Fahrräder kann

man mitnehmen). Wenn man als Startpunkt den Anleger Sandtorhöft im Westen der Speicherstadt wählt, kann man sogar das gesamte Panorama des Elbufers zwischen der U-Bahn-Station Baumwall und dem Museumshafen von Övelgönne genießen, wo man die Fahrt beenden sollte. Dort steht der Klinkerkoloss des Wohnstifts Augustinum von v. Gerkan, Marg + Partner (1991/93), der sich äußerlich an dem abgebrochenen Kühlhaus Neumühlen von Elingius & Schramm und Heinrich W. Müller (1924/25) orientiert.

Die beiden ehemals selbständigen Dörfer Neumühlen und Övelgönne, heute zu Ottensen bzw. Othmarschen gehörig, bestehen aus kaum mehr als einer Häuserreihe, die sich über einen Kilometer parallel zum Elbufer erstreckt. Gleich hinter den Häusern ragt der Geesthang empor. Statt einer Straße gibt es nur einen Fußweg, auf dem sich Radfahrer und Passanten an den Wochenenden bisweilen einen harten Konkurrenzkampf liefern. Das einzigartige Flair von Övelgönne ist schwer zu beschreiben: Ein Hauch New Orleans – wegen der vielen gusseisernen Veranden, die früher von Sommerfrischlern genutzt wurden – paart sich hier mit einer gewissen skandinavischen Lässigkeit. Und wenn man bei Sonnenschein auf einer der Caféterrassen sitzt – was man hier übrigens auch im Winter unter Heizpilzen tut –, fühlt man sich fast wie am Mittelmeer.

Die meisten Häuser sind relativ schlichte Putz- oder Backsteingebäude mit höchstens zwei Geschossen. Es gibt aber auch etliche Fachwerk- oder Stuckfassaden und ein paar wenige, gut angepasste Nachkriegsbauten. Die ältesten Häuser stammen aus dem 18. und frühen 19. Jahrhundert: Neumühlen 33, 34 und 44/45, Övelgönne 13, 40–42, 47/48, 49, 57/58, 65/66, 72–75, 88/89 und 99/100. Der schmucklose Backsteinbau Neumühlen 16–20 (1802) wurde von dem Altonaer Kaufmann Johann Daniel Lawaetz als „Tempel der Tätigkeit" gestiftet. Hier war ursprünglich eine Manufaktur für Wollzeug, Segeltuch und Leinen untergebracht, in der arbeitsfähige Arme eine Beschäftigung fanden. Ein Aufstieg zur Elbchaussee bietet sich am Schulberg an, wo das ehemalige Schulhaus von Övelgönne (Nr. 6) steht (1743). Ist man auf dem Geesthang angelangt, kann man den Rundgang mit Haus Brandt, Elbchaussee 186, fortsetzen.

❷ Elbchaussee in Ottensen und Philosophenweg in Othmarschen (Variante 2)

Der alternative Ausgangspunkt dieser Tour ist Ottensen. Das ehemalige Industrie- und Arbeiterviertel gehört zwar nicht zu den Elbvororten, hier beginnt aber die berühmte Elbchaussee. Die opulente Villa Elbchaussee 54 von Schaar & Hintzpeter (1904), ein neobarocker Putzbau mit einem Spiegelsaal im Rokokostil, markiert den Auftakt der großbürgerlichen Bebauung. Schräg gegenüber (Nr. 31) steht ein klassizistisches Gartenhaus (1832), das, ebenso wie der umgebende Park, ein Relikt des Landhauses des Bankiers Salomon Heine ist, des Onkels von Heinrich Heine. Die westlich des Heineparks anschließende Gruppe von Klinkervillen aus den 1920er Jahren erinnert daran, dass etliche der großbürgerlichen Anwesen an der Elbchaussee nach dem Ersten Weltkrieg in kleinere Grundstücke aufgeteilt wurden. Zum Glück gelang es der Stadt Altona damals, zumindest einen Teil dieser Flächen als öffentliches Grün zu erhalten. Reizvolle Ausblicke bietet der Schopenhauerweg, der vom Heinepark bis zum Rosengarten an der Hangkante entlangführt.

2 Landhaus Gebauer mit Schnitt und Grundriss

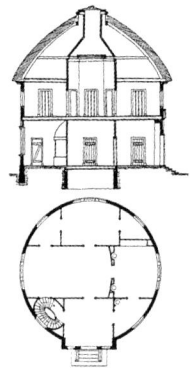

Über diesen Pfad am Rosengarten angelangt, gehen wir in den Philosophenweg (in der Karte Punkt 2a), der von der Kreuzung Elbchaussee und Hohenzollernring abzweigt. Dort steht das Landhaus Gebauer (Nr. 18, Abb. 2), das von Christian Frederik Hansen stammt (1806). Der zylindrische Bau widerspricht allerdings allen Klischees von nobler klassizistischer Architektur. Ursprünglich hatte das Gebäude ein Kegeldach aus Reet; erst seit der Aufstockung 1871 sieht es wie eine weiß verputzte Röhre aus. Über die Gründe für diesen extravaganten Entwurf kann man nur spekulieren. Hansen war durch die strenge französische Revolutionsarchitektur inspiriert, die stereometrische Baukörper bevorzugte. Vielleicht wollte er mit der klaren Grundform und dem rustikalen Dach aber auch Assoziationen an eine Hütte hervorrufen – allerdings nicht im Sinne einer primitiven Unterkunft, sondern quasi als idealtypisches Urbild aller menschlichen Behausungen: der „Urhütte".

Am Ende des Philosophenwegs gelangen wir über den Rulantweg in die Elbchaussee zurück. Die Reihenhäuser Rulantweg 2–12, die von Gustav Oelsner stammen (1927), erinnern daran, dass Altona bis 1933 ein wichtiges Zentrum der modernen Architektur war.

Landhaus Weber, Elbchaussee 153, von Franz Gustav Forsmann (1836/37) ist bis auf die Rückseite, die sich mit zwei übereinanderliegenden Säulenloggien zum Elbpanorama öffnet, relativ schlicht geraten. Geradezu verschwenderisch gegenüber diesem biedermeierlichen Bau präsentiert sich dagegen Haus Brandt, Elbchaussee 186.

Othmarschen (Fortsetzung beider Varianten) ❸

Das Haus Brandt ist ein Entwurf von Axel Bundsen (1820), der, wie sein ungleich berühmterer Landsmann Christian Frederik Hansen, an der Kopenhagener Akademie studiert hatte. Der Entwurf erinnert nicht nur von ungefähr an das Weiße Haus in Washington: Wie bei dem Amtssitz des amerikanischen Präsidenten ist hier einem kubischen Baukörper eine zweigeschossige halbrunde Säulenhalle vorgelagert, wobei die Säulen im Erdgeschoss sogar in einer Doppelreihe angeordnet sind. Beide Häuser wurden übrigens in den 1930er Jahren, wie viele großbürgerliche Anwesen, in Wohnungen aufgeteilt. Nach der Inflation und der Weltwirtschaftskrise gab es kaum noch Eigentümer, die derartige Häuser halten konnten.

Das dritte bedeutende klassizistische Gebäude in Othmarschen, das direkt an der Elbchaussee steht, ist das Stallgebäude „Halbmond" (Abb. 3), Elbchaussee 228 – so benannt aufgrund der beiden im Halbrund angeordneten Seitenflügel. Der „Halbmond" gehörte ursprünglich zu dem Landhaus Thornton von Christian Frederik Hansen, das auf der gegenüberliegenden Straßenseite stand und 1914 durch die heute noch existierende Villa von Paul Schöß ersetzt wurde (Nr. 215). Der heutige Bau stammt vermutlich von Hansens Neffen Johann Matthias Hansen, der den Komplex 1820 wohl in Anlehnung an den Entwurf seines Onkels nach einem Brand wiederaufgebaut hatte. Die Elbchaussee trifft hier auf den Halbmondsweg (in der Karte Punkt 3 a), in den wir nun einbiegen. Über den Halbmondsweg gelangt man nach etwa 500 Metern zum Agathe-Lasch-Weg, der rechter Hand in den Halbmondsweg einmündet.

Das „Hinterland" von Othmarschen ❹

Am Agathe-Lasch-Weg – offizielle Adresse Roosens Weg 28 – liegt das geistliche Zentrum von Othmarschen, die Christuskirche (Abb. 4), die Albert Petersen nach angelsächsischem Vorbild als

3 Stallgebäude „Halbmond"　　　　　　　4 Christuskirche

malerischen Gruppenbau aus einer neogotischen Kirche und einem Gemeindehaus gestaltet hat (1898–1900). Etwas weiter östlich steht der Röperhof, Agathe-Lasch-Weg 2, der eines der letzten Relikte des dörflichen Othmarschen ist (1759). Die übrigen historischen Höfe wurden der westlichen Autobahnumgehung geopfert. Der Röperhof ist ein sogenanntes Kreuzhaus: An den zweigeschossigen Wohntrakt schließt rückwärtig ein eingeschossiger Wirtschaftsteil in traditioneller Zweiständerbauweise an, d.h. mit zwei innen liegenden Stützenreihen. Diese Sonderform des norddeutschen Bauernhauses, das in der Regel eingeschossig ist, deutet auf einen wohlhabenden Bauherrn oder eine Sondernutzung hin, z.B. ein Landhaus in Verbindung mit einem landwirtschaftlichen Betrieb. Viehställe gibt es hier allerdings längst nicht mehr.

Tipp　Der Röperhof dient heute als gleichnamiges Restaurant. Die idyllische Gartenterrasse kann man für eine Kaffeepause einplanen.

Um die Tour fortzusetzen, kehren wir an die Kreuzung Halbmondsweg zurück. An der dort beginnenden Reventlowstraße stehen gleich drei bemerkenswerte Häuser, deren schlichte rote Backsteinfassaden, sparsam akzentuiert durch traditionalistische Details und weiße Sprossenfenster, beispielhaft für die um 1910 aktuelle Architektursprache sind, die sich wieder an „bodenständigen" norddeutschen Vorbildern, aber auch am britischen Landhausstil orientierte: Haus Möller (Nr. 5) von Frejtag & Elingius (1911), Haus Dormann (Nr. 21) von Eugen Fink (1913) und Haus Seip (Nr. 24) von Frejtag & Wurzbach (1908). Vergleichbare Häuser findet man an der Jungmannstraße, die im Norden von der Reventlowstraße abzweigt: Haus Zadik (Nr. 1, Abb. 5) und Haus Bondy (Nr. 3), die beide von Hans und Oskar Gerson stammen und zu dem Besten zählen, was die Hamburger Architektur vor dem Ersten Weltkrieg überhaupt hervorgebracht hat (1913/14 bzw. 1908/09).

5 Haus Zadik mit Grundriss

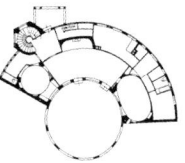

Die Reventlowstraße und die Jungmannstraße gehörten zur Villenkolonie Neu-Othmarschen, die ab 1883 von einem Spekulantenkonsortium unter der Führung von Ferdinand Ancker, der später auch Hochkamp ins Leben rief, im Umkreis des Bahnhofs Othmarschen angelegt wurde. Das Projekt war erfolgreich, wozu nicht nur die verkehrsgünstige Lage beitrug, sondern auch die gute Infrastruktur, von der Othmarschen als Vorort von Altona profitierte. 1895 erhielt der Stadtteil sogar ein eigenes Elektrizitätswerk. Eine Reihe der schönsten Villen steht an der Jungmannstraße, z.B. das neogotische Haus Carsten (Nr. 41) von Albert Winkler (1890). Am westlichen Ende trifft die Jungmannstraße auf die Parkstraße (in der Karte Punkt 4a), die durch eine überwiegend jugendstilige Villengruppe von Fernando Lorenzen und Eduard Stehn geprägt wird (Nr. 25, 28–32, 36, 40, 1906–12). Haus Reemtsma von Martin Elsaesser (1930–32), Parkstraße 51, ist dagegen ein beeindruckendes Beispiel für die Moderne: ein umfangreicher Komplex aus kubischen Trakten mit Fensterbändern und Flachdächern (Abb. 6).

Klein Flottbek

❺

Ein Teil des Reemtsmaparks ist öffentlich zugänglich, d.h., auf seiner Südseite führt ein öffentlicher Fußweg von der Parkstraße zur Holztwiete. Dort liegt der Jenischpark, den der Hamburger Kaufmann und Senator Martin Johan Jenisch von dem Gärtner Johann Heinrich Ohlendorff im Stil eines englischen Landschafts-

6 Haus Reemtsma

parks anlegen ließ. Das Jenisch Haus (Abb. 7) ist ein Hauptwerk von Franz Gustav Forsmann (1831–34). Allerdings hatte auch Karl Friedrich Schinkel einen gewissen Anteil an dem Bau, den Jenisch zu Rate zog, weil er mit Forsmanns Entwürfen nicht zufrieden war. Forsmann ist vor allem die kompakte Würfelform des Gebäudes zu verdanken; außerdem hat er den Altan mit den dorischen Säulen angefügt, der bereits in seinen ursprünglichen Plänen vorgesehen war.

Tipp   Auf eine Besichtigung der prächtig ausgestatteten Innenräume, die heute als Außenstelle des Altonaer Museums öffentlich zugänglich sind, sollte man nicht verzichten. Hier wird die Lebenswelt des Hamburger Großbürgertums in der ersten Hälfte des 19. Jahrhunderts anschaulich.

Unweit des Jenisch Hauses steht das Ernst Barlach Haus (Abb. 8) von Werner Kallmorgen (1961/62, 1997 erweitert), ein kubischer weiß geschlämmter Ziegelbau, den Kallmorgen für die Barlach-Sammlung von Hermann Reemtsma quasi maßgeschneidert hat. Mehrere Säle und Kabinette gruppieren sich abwechslungsreich um ein Atrium; auch dank der unterschiedlichen Lichtquellen – Kunstlicht, Seitenlicht, Oberlicht – konnte jedem Exponat ein optimaler Standort zugewiesen werden. Vom Ernst Barlach Haus gehen wir zum Hochrad. Dort liegt der ehemalige Dorfkern von Klein

7 Jenisch Haus

8 Ernst Barlach Haus, Aufnahme um 1962

Flottbek, das mit dem Groß-Hamburg-Gesetz von 1937 auf Othmarschen, Nienstedten, Osdorf und Groß Flottbek aufgeteilt wurde.
Das Hufnerhaus Biesterfeld, Hochrad 69, wurde 1814 errichtet. Es
ist ein sogenanntes Kreuzhaus (vgl. Röperhof, S. 56). Weitere historische Relikte von Klein Flottbek sind das ehemalige Handwerker-
haus, Hochrad 35, und die beiden Kleinkaten, Ohnsorgweg 7–9, die
alle drei aus der ersten Hälfte des 19. Jahrhunderts stammen.

Vom Hochrad aus geht es in die Baron-Voght-Straße. Dort stehen noch zwei Gebäude, die an das Gut des Barons Caspar von Voght
erinnern: die Instenhäuser (Nr. 52–72, 1786–98) und das klassizistische Herrenhaus (Nr. 63), das wie ein Südstaatenhaus mit Säulenve-
randen anmutet und von Johann August Ahrens stammt (1794–97,
1798 erweitert). Für sein Gut ließ Voght große Teile der Gemarkung
von Klein Flottbek, die sich bis zum heutigen Botanischen Garten
erstreckte, nach englischem Vorbild in eine „ornamented farm"
umwandeln: eine Parklandschaft, in die auch die Wirtschaftsflä-
chen eingebettet wurden. Voght war ein Mann der Aufklärung und
zudem ein Philanthrop, der nicht nur erfolgreich mit verbesserten
Anbaumethoden experimentierte und neue Kulturfrüchte ein-
führte, sondern sich auch für das Armenwesen engagierte. Weitere Instenhäuser, die bereits aus der Zeit von Martin Johan Jenisch
stammen, der das Gut 1828 übernahm, stehen an der Jürgensallee,
die die Baron-Voght-Straße quert. Von hier aus gehen wir wieder
zurück.

9 „Elbschlösschen" mit Schnitt

❻ Nienstedten

Die Baron-Voght-Straße markiert seit 1937 die Stadtteilgrenze, so dass auch Haus Vorwerk (Nr. 19) von Franz Gustav Forsmann (1841–43) heute zu Nienstedten gehört. Das spätklassizistische Gebäude ist von der Straße aus jedoch kaum zu sehen, so dass man sich den weiteren Weg durch die Baron-Voght-Straße sparen und gleich in die Straße Quellental einbiegen kann, um durch den ehemaligen Westerpark direkt zu Haus Wesselhoeft (1826) zu gehen, das an der Einmündung der Christian-Frederik-Hansen-Straße in die Elbchaussee steht (offizielle Adresse Elbchaussee 325). Auf dem gleichen Weg gelangt man auch zum Haus Baur, Christian-Frederik-Hansen-Straße 19, ein Hauptwerk von Christian Frederik Hansen (1804–06). Wie bei der berühmten Villa „La Rotonda" (ca. 1566–69) von Andrea Palladio ist in das Zentrum des kubischen Baukörpers eine runde Kuppelhalle eingefügt, die mit Pilastern, Reliefs und Skulpturennischen geschmückt ist. Der Park wurde 1882 mitsamt dem Landhaus – dem „Elbschloß" (Abb. 9) – an die Elbschloß-Brauerei verkauft, woran der rote Backsteinbau, das ehemalige Mälzereigebäude (1892), erinnert. Heute ist das Gelände mit exklusiven Wohnungen und einer Seniorenresidenz (Abb. 10) bebaut, wobei die Brauerei-Gaststätte von Esselmann & Gerntke (1927/28) zumindest in Teilen erhalten blieb. Auch der westlich angrenzende Internationale Seegerichtshof (1996–2000) des Architekturbüros von Branca, Am Internationalen Seegerichtshof 1 (Abb. 11), setzt ei-

10 Elbschloss-Residenz   11 Internatonaler Seegerichtshof

nen neuen Akzent in diesem Gebiet. Er umfasst die Villa Schröder (um 1871, 1887 durch Martin Haller erweitert).

Die nächste Station an der Elbchaussee ist das Landhaus Roosen (Nr. 388, um 1798), ein zweigeschossiger Fachwerkbau mit Bretterverschalung, Säulenaltan und Dreiecksgiebel. Das Gebäude wurde noch als traditionelles Kreuzhaus mit einem rückwärtigen eingeschossigen Wirtschaftstrakt errichtet. Derartige Landhäuser, die den Sommersitz eines Stadtbürgers mit einem bäuerlichen Betrieb verbanden, waren bis weit in das 18. Jahrhundert hinein vor allem in den Marschgebieten, z.B. Billwerder, die Regel. Um 1800 bildeten sie aufgrund der sich verfeinernden Sitten jedoch bereits die Ausnahme. Etwas weiter westlich an der Elbchaussee steht die Kirche von Nienstedten, ein Entwurf von Otto Johann Müller (1750/51), gefolgt von dem 1814 eröffneten Friedhof. Die Liste der hier Bestatteten liest sich wie ein „Who's Who" der Hamburger Gesellschaft: von Voght, Sieveking, Godeffroy, Rücker-Jenisch, ... Die Kapelle (1929) stammt von Raabe & Wöhlecke.

Kaffee und Kuchen mit Elbblick kann man auf der berühmten Lindenterrasse des Hotels und Restaurants Louis C. Jacob, Elbchaussee 401–403, genießen, das seit fast 230 Jahren hier ansässig ist.   Tipp

Bis Blankenese hat die Elbchaussee nun nicht mehr viel Interessantes zu bieten. Wir biegen deshalb nach etwa 600 Metern – von der

61

Nienstedtener Kirche (in der Karte Punkt 6 a) aus gerechnet – in die Straße In de Bost ein, die zum Elbhochufer führt. Haus Berwanger (1922/23), In de Bost 10, ist ein Entwurf von Walther Baedeker. Kurz vor der Hyperinflation des Jahres 1923 wurde hier noch mit dem Bau einer großbürgerlichen Villa im Maßstab der Kaiserzeit begonnen – inklusive Gärtnerhaus –, als ob der Bauherr die Zeichen der Zeit nicht zu deuten gewusst hätte. Das Haupthaus ist allerdings nur vom Hirschparkweg aus zu sehen, wo auch Haus Bouncken steht (Nr. 1, 1922), das von dem berühmten Berliner Architekten Hermann Muthesius stammt. Mit Haus Weidtmann (1931), Hirschparkweg 15, hat Richard Ernst Oppel eines der seltenen Beispiele für die Vorkriegsmoderne in den Elbvororten realisiert: einen kubischen Baukomplex mit weißen Putzfassaden (wogegen die anderen beiden Häuser mit Klinker verblendet sind).

Unterhalb des Hirschparkwegs führt ein Weg an der Hangkante entlang zum Hirschpark (in der Karte Punkt 6 b), von dem aus man auf das Dach des Landhauses R. Godeffroy (1836) von Arthur Patrick Mee, In de Bost 39, blicken kann (mehr ist auch kaum von dem Gebäude zu sehen). Im Hirschpark, so benannt aufgrund der in den 1860er Jahren angelegten Wildgehege, steht das Landhaus von Johann Cesar IV Godeffroy (1789–92), ein weiteres Hauptwerk von Christian Frederik Hansen, das vom Grundriss her noch an barocke Lustschlösser erinnert, d.h., an einen dominanten Mittelbau schließen zwei niedrigere Seitentrakte an.

Tipp Weitaus verlockender ist für die meisten Spaziergänger jedoch das gegenüberliegende Restaurant „Witthüs" , das sich im sogenannten Kavaliershaus (1802) befindet. Dort kann man bei Tee und einer Portion „Qualle auf Sand" – Napfkuchen mit Schlagsahne und frischen Früchten – wieder Kräfte schöpfen (vorausgesetzt, man ergattert einen freien Tisch).

❼ Blankenese

Der Hirschpark grenzt im Westen an Blankenese, wo wir über den Mühlenberg und die Straße Pepers Diek wieder an die Elbchaussee gelangen (die dort allerdings nur noch eine unspektakuläre Nebenstraße ist). Am Pepers Diek 8, am Ende einer längeren Auffahrt und

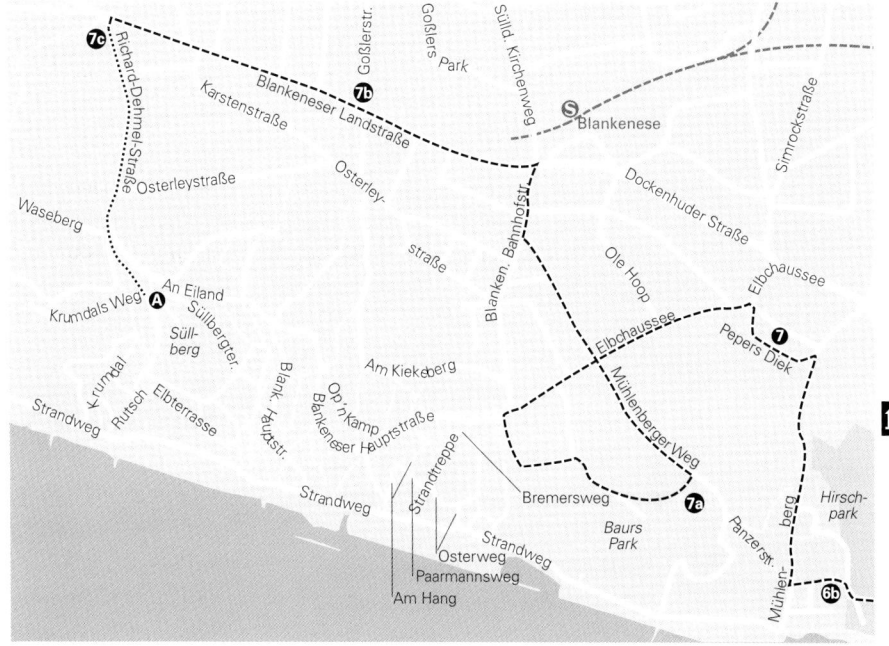

Detailkarte Blankenese

etwas verdeckt durch Hecken, verbirgt sich Haus Overmann (1911), ein bemerkenswerter Entwurf von Walther Baedeker.

Alternativ bietet es sich an, zunächst einen Abstecher vom Mühlenberg nach Norden zur Schenefelder Landstraße 5 zu machen,
wo die katholische Kirche Maria Grün von Clemens Holzmeister
steht (1928–30). Der zylindrische Klinkerbau ist ein herausragendes Beispiel für die Sakralarchitektur der Weimarer Republik. Die
expressiven Glasmalereien der Fenster hat Heinrich Campendonk
entworfen.

Abstechertipp

Der Hirschpark und der östliche Teil von Blankenese bildeten
ursprünglich das Territorium von Dockenhuden, das 1919 nach
Blankenese eingemeindet wurde (das seinerseits einen Teil des

12 Ehemaliges Landhaus Blacker („Goßlerhaus")

13 Häuser Mönckeberg-Kollmar und Dr. Gärtner,
Aufnahme um 1930

14 Ehemalige Apotheke

Gebietes 1937 an Nienstedten abtreten musste). Dank der Kaufmannsfamilie Godeffroy begann Dockenhuden aufzublühen. Auch Peter Godeffroy, der Bruder von Johann Cesar IV, ließ sich dort ein Landhaus von Hansen bauen: das „Weiße Haus", Elbchaussee 547 (1798–92). Die ehemalige Apotheke (Abb. 14), Elbchaussee 564, ist dagegen ein Entwurf von Hansens Neffen Johann Matthias Hansen (um 1836). Ein weiterer wichtiger Neubürger war der Altonaer Kaufmann Georg Friedrich Baur, der 1802 das erste Grundstück am Mühlenberger Weg kaufte (in der Karte Punkt 7a, Baurs Park) und dort später auch ein Landhaus errichten ließ (Nr. 33), das ebenfalls von Hansens Neffen stammt (mit Ole Jörgen Schmidt, 1829–36). In gegenläufiger Richtung, am Mühlenberger Weg 64–68, steht die neogotische Kirche von Dockenhuden, ein Entwurf von Ernst Ehrhardt (1895/96), um die herum sich bis zum Ersten Weltkrieg ein reizvolles Villenviertel entwickelt hat.

Der Mühlenberger Weg mündet in die Blankeneser Bahnhofstraße, der man in nördlicher Richtung bis zur Blankeneser Landstraße folgt, wo sich das ehemalige Landhaus Blacker (Nr. 34, in der Karte Punkt 7b) auf einer Anhöhe erhebt – ein weiterer bedeutender Entwurf von Christian Frederik Hansen (1794/95). 1897 ließ John Henry Goßler das eingeschossige Gebäude, das ursprünglich wie ein dorischer Tempel wirkte, durch Martin Haller aufstocken (Abb. 12). 1901 brannte der hölzerne Bau ab und wurde massiv rekonstruiert. 1924 erwarb die Gemeinde Blankenese das Anwesen und parzellierte einen Teil des Parks als Bauland. Aus dieser Zeit stammt die reizvolle Gruppe von Klinkerhäusern an Goßlers Park, z.B. Haus Martens (Nr. 10) von Walther Baedeker (1926). Mit den Häusern Mönckeberg-Kollmar und Dr. Gärtner von Bensel, Kamps & Amsinck (1928–30) auf der Westseite des Parks – Goßlerstraße 22–24 – hielt die Moderne Einzug im Zentrum von Blankenese (Abb. 13). Man kann den Weg nun noch nach Westen auf der Blankeneser Landstraße fortsetzen, bis man zur Richard-Dehmel-Straße gelangt (in der Karte Punkt 7 c), wo das Wohnhaus des Dichters Richard Dehmel steht (Nr. 1), das ebenfalls von Walther Baedeker (1911) stammt. Am südlichen Ende der Richard-Dehmel-Straße zweigt Krumdals Weg ab. Haus Hinneberg (Nr. 9) von Cäsar Pinnau (1964 / 65) geriert sich wie ein klassizistisches Herrenhaus in den Südstaaten der USA.

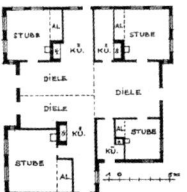

Abstechertipp

Wer nun die Tour noch fortsetzen möchte, dem sei das Treppenviertel empfohlen. Man erreicht das Treppenviertel quasi automatisch, wenn man vom Krumdals Weg in den Stieg mit dem Namen Krumdal einbiegt. Diese malerische Ansiedlung am Elbhang wird hauptsächlich durch Treppen und schmale Hohlwege erschlossen, die zwischen terrassierten Gärten hindurchführen. Hier lohnt es sich, das Viertel auf eigene Faust zu erkunden. Ein besonders attraktives Ziel, schon allein wegen des Ausblicks auf die Elbe, ist die Elbterrasse, wo ein besonders stattliches Fischerhaus steht (Nr. 4–6, um 1800), das sich ursprünglich fünf Haushalte teilten.

Die Bebauung des Treppenviertels stammt überwiegend aus dem 19. und frühen 20. Jahrhundert. Seltenheitswert genießen die traditionellen Fischerhäuser, die aufgrund zweier Großbrände 1804 und 1816 und späterer Erneuerungen stark dezimiert sind: reetgedeckte Fachwerkbauten, in denen mehrere Generationen unter einem Dach lebten (oftmals ist nur noch der Altenteiler erhalten, wogegen die andere Haushälfte abgebrochen und neu errichtet wurde). Folgende Fischerhäuser sind ganz oder teilweise erhalten: Am Hang 1, 13, 14, 22–26 (Abb. 15), Bremers Weg 1, 5a, Elbterrasse 2, 4–6, 7, Krumdal 14, 18, Op'n Kamp 9, 24, 28 (Abb. 16), Osterweg 11–13, Paarmannsweg 1, Rutsch 1, 2, Strandtreppe 18, Strandweg 94 (17. bis frühes 19. Jahrhundert). Weitere malerische Fischerhäuser stehen an der Panzerstraße und am Mühlenberg unterhalb des Hirschparks.

15 typischer ursprünglicher Grundriss eines Fischerhauses (hier: Am Hang 22–26)

16 Fischerhaus Op'n Kamp 28

Film-Spaziergang

Arne Krasting / Marcel Piethe

Startpunkt: Spielbudenplatz (U-Bahn-Station St. Pauli / U 3
oder S-Bahn-Station Reeperbahn / S 1, S 2, S 3)
Endpunkt: Alter Elbtunnel (U-/S-Bahn-Station
Landungsbrücken / U 3, S 1, S 2, S 3)
Dauer: ca. 2 Stunden

Übersichtskarte St. Pauli

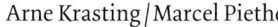

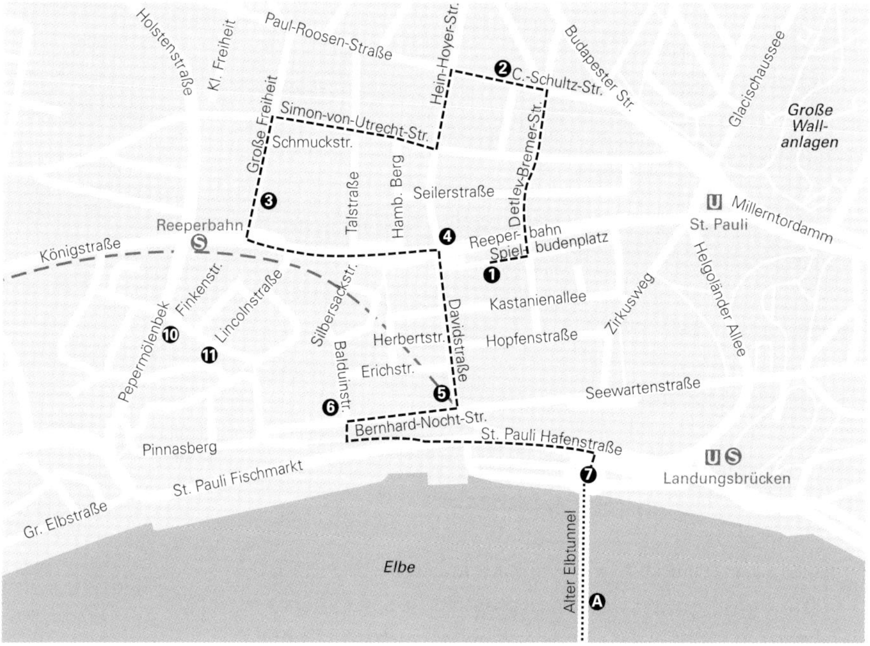

Hein Steinemann, alias Freddy Quinn, war früher Matrose mit einer Wochenheuer von zehn Dollar und hat sein Glück als Schlagersänger in Amerika gemacht. Als ihm aber in Las Vegas sein alter Freund Bob zufällig über den Weg läuft, bekommt der große Junge Heimweh, Heimweh nach St. Pauli – Hamburg. Er beschließt, allen Glamour in der neuen Welt sausen zu lassen, und macht sich auf den Weg in die Heimat. Dort angekommen überfällt ihn nun das wahre Glück, und er ruft vor der bekannten Kulisse von Michel und Hafen aus: „Hamburg ist die schönste Stadt der Welt." Der Vorhang fällt. Für uns aber heißt es: Vorhang auf – zu einer kleinen Entdeckungsreise durch die faszinierende Welt der Filmstadt Hamburg.

1 Szene aus dem Film *Heimweh nach St. Pauli*

Neben Freddy Quinn und seinem *Heimweh nach St. Pauli* (1963, Abb. 1) hat Hamburg noch ganz andere Größen der Kinowelt angezogen. Hamburg, der Hafen und das Rotlichtviertel auf St. Pauli, auch Hagenbecks Tierpark, inspirierten und waren Kulisse und Mittelpunkt der Filmarbeit. Von Helmut Käutner (*Große Freiheit Nr. 7*) über Wim Wenders (*Der amerikanische Freund*) bis zu Fatih Akin (*Gegen die Wand*): Für viele Filmemacher ist Hamburg tatsächlich eine der schönsten und abwechslungsreichsten Filmstädte der Welt. Dort, wo Regisseur Roger Spottiswoode seinen *James Bond* (Pierce Brosnan) durch die Straßen und Lüfte der Hansestadt jagt, suchen – etwas weniger halsbrecherisch – auch „Zwei Münchner in Hamburg" ihr Glück. Denn nicht nur das ganz große Kino hat Hamburg in den letzten Jahrzehnten zur Filmkulisse gemacht, sondern auch landesweit bekannte TV-Serien (*Großstadtrevier*, *Notruf Hafenkante*).

Eine Reise durch die Filmgeschichte Hamburgs ist auch eine Reise durch die Geschichte der Stadt, eine Reise zu ihren Sehenswürdigkeiten. Dazu gehören natürlich auch die Orte, wo man sich die Filme anschaut: die Kinos!

Spielbudenplatz

❶

Und so beginnen wir unsere Reise im Jahre 1901. Da tauchte Hamburg erstmals in die neue, aufregende Welt des Films – und wo sonst als auf St. Pauli! Gastwirt Eberhard Knopf, Besitzer eines Etablissements am Spielbudenplatz 21, präsentierte eines Abends seinen knapp dreißig Gästen eine Sensation: das „lebende Laufbild".

2 Knopf's Lichtspielhaus

Gebannt verfolgten die Zuschauer die Ankunft eines Eisenbahnzugs, eine Einschiffung auf hoher See sowie ein Bauern-Wettreiten. „Himmel, war das aufregend, als langsam alle Leuchtkörper erloschen und, vom rebellischen Schnurren eines geheimnisvoll im Hintergrund verborgenen Apparates begleitet, ein magischer Lichtstrahl auf die ferne Leinwand fuhr", so wurde später über diesen magischen Moment berichtet. Die Leinwand hing übrigens in der Mitte des Raums, was für die Hälfte der Besucher bedeutete, dass sie das Filmvergnügen seitenverkehrt genießen musste (vgl. Vergnügungsviertel-Spaziergang). Dafür war der Eintritt ermäßigt.

Mit „E. Knopf's Theater lebender Photographien" war auch das erste ortsfeste Kino geboren – nicht nur Hamburgs, sondern Deutschlands! Als Gründungsdatum wird zwar das Jahr 1900 genannt, aktenkundig wird das Kino jedoch erst ein Jahr später: Nach einer anonymen Anzeige meldete Knopf sein Gewerbe an. Der Anfang des Kinos lag also in der Illegalität.

Nach den eher improvisierten Vorführungen in seinem Bierlokal eröffnete Knopf 1906 im Nachbarhaus, Spielbudenplatz 19, dann ein richtiges Kino mit immerhin 667 Plätzen (Abb. 2). Doch schnell bekam er Konkurrenz, und der Kiez wurde zum Zentrum des Kinobooms Anfang des 20. Jahrhunderts. Ein Kintopp eröffnete neben dem anderen, dazu gehörten das Tivoli, das Union-

Theater, die Schauburg am Millerntor, das Ferry-Theater und viele mehr. Und mit dem UFA-Palast stand hier um 1930 das damals
größte Kino Europas.

Literarisch findet „Knopf's Lichtspielhaus" übrigens in der
Novelle „Die Entdeckung der Currywurst" von Uwe Timm Er-
wähnung: Hier treffen sich in der Warteschlange für den Film
„Wunschkonzert" die beiden Protagonisten zum ersten Mal. Der
Kinobesuch wird jedoch durch den Einsatz der Luftschutzsirenen
jäh unterbrochen. Tatsächlich wurde ein Großteil der Kinos auf
dem Kiez durch die Bombardierungen der Stadt im Zweiten Weltkrieg zerstört. Das Knopf's überlebte – und durfte sogar schon im
Juli 1945 wiedereröffnen.

Leider machte die allgemeine Kinokrise auch vor diesem Tra-
ditionshaus nicht halt. Das Eros-Cine-Center zog zeitweise ein.
In den 1970er Jahren gab es allerdings eine Renaissance für das
Knopf's: Der noch von Knopf selbst eingerichtete Saal im oberen
Stockwerk wurde restauriert, Stuckverzierungen und Putten erinnern an die alten Zeiten. Das 1974 eröffnete Hollywood-Kino nutzte
diesen wunderschönen Raum bis in die 1980er Jahre. Heute residiert der Club Docks in dem Gebäude, diverse Konzerte und wilde Partys haben dem Club zu einem festen Platz im Hamburger
Nachtleben verholfen. Und ein bisschen kann man auch hier in
Nostalgie schwelgen: In der reich geschmückten und stuckverzier-
ten „Prinzenbar" lebt der Glanz längst vergangener Zeiten weiter …
Von den zahlreichen Kinos, die einst rund um den Spielbudenplatz
standen, ist kein einziges übriggeblieben.

Und so gehen wir vom Spielbudenplatz weiter in Richtung der
Clemens-Schultz-Straße, wo wir die Nr. 96 suchen.

Zoë ❷

Hier befand sich bis zum Umzug an den Neuen Pferdemarkt die
Mutter aller (Hamburger) Sofakneipen: das Zoë (Abb. 3). Launig
und scheinbar mit dem Interieur eines Heinz-Erhardt-Klassikers
bestückt, standen hier unter hohen Stuckdecken die Second-
Hand-Sofas, und alles war leicht herunter- und in die Jahre gekommen. Unprätentiös gab sich diese Szenebar und diente gleich zwei
jüngeren und erfolgreichen Hamburg-Filmen als Drehort. Sebas-

3 Die Mutter aller (Hamburger) Sofakneipen: das Zoë

4 Birol Ünel (links) und Fatih Akin (rechts) bei den Dreharbeiten zum Film *Gegen die Wand*

tian Schipper drehte hier 1999 eine Szene seines melancholischen Road-Movies *Absolute Giganten*, wo Floyd, Rico und Walter, die Helden des Streifens, einen letzten gemeinsamen Abend verbringen, denn Floyd hat sich entschlossen, die Stadt zu verlassen. Echte Männerfreundschaft und Schwermut des Abschieds. Volle zehn Minuten widmet der Regisseur einem grandiosen Tischfußballmatch, bei dem die drei Freunde den Kampf gegen den finstern Hinterzimmerzocker Snake aufnehmen.

Kein Geringerer als Fatih Akin ist der zweite Regisseur, den das Zoë angezogen hat. Im Jahre 2004, damals knapp 30-jährig, feierte der deutsch-türkische Regisseur mit seinem vierten Spielfilm *Gegen die Wand* einen großen Erfolg, der ihm auch internationale Beachtung einbrachte (Abb. 4). Der Film schildert die Liebesgeschichte zwischen Sibel, einer jungen Deutsch-Türkin, und Cahit, einem älteren, alkoholkranken Landsmann. Die beiden gehen eine Scheinehe ein, verlieben sich aber schließlich ineinander. Und das Zoë spielt eine Schlüsselrolle: Hier lässt sich Cahit mehr oder minder gepflegt vollaufen und hier trifft er eine Bekannte, mit der er gelegentlich Beischlaf hält. Und gefeiert wird im Zoë, wenn Cahit dann mit Sibel fröhlich sein möchte – und nicht gerade einen ihrer Liebhaber (im Affekt versteht sich) töten muss ...

Leider ist der schönste Auftritt des Zoë kurz vor der Fertigstellung der Endversion aus dem Film geflogen: Cahit wird nach einer Prügelei vom Wirt aus der Bar geschmissen – auf der Straße strei-

5 Große Freiheit

6 Filmplakat „Große Freiheit Nr. 7"

ten sich die beiden weiter. Schließlich beschwert sich ein Anwohner lauthals, den Kopf zum Fenster hinausgestreckt. Die beiden Streithähne auf der Straße vergessen ihren Zwist und beschimpfen nun gemeinsam den spießigen Nachbarn. Und dies ist kein anderer als das Hamburger Orginal Jan Fedder, bekannter wohl als Polizeimeister Dirk Matthies vom *Großstadtrevier*.

Große Freiheit

Verlassen wir nun die Szene, wenden uns der wohl bekanntesten Straße Hamburgs zu und gehen auf die Große Freiheit. Eigentlich ist sie keine Hamburger Straße, gehörte sie doch zu der bis 1938 selbständigen Stadt Altona. Im Jahr 1610, also lange bevor an Film und Fernsehen zu denken war, angelegt, galten hier, wie der Name es vermuten lässt, andere Regeln als andernorts. Und so nimmt es nicht wunder, dass dies auch in jüngerer Zeit so geblieben ist und die Große Freiheit (Abb. 5) – als Nachbarin der mindestens genauso bekannten Reeperbahn – auch zum Filmstar wurde.

Filmisch am bekanntesten ist sie vermutlich bis heute als Namensgeberin für einen der großen deutschen Filmklassiker: *Große Freiheit Nr. 7* (Abb. 6). Der Streifen wurde von Helmut Käutner noch kurz vor Ende des Zweiten Weltkriegs fertiggestellt und ist einer der ersten deutschen Farbfilme. Hans Albers spielt den Hannes, einen in die Jahre gekommenen Seemann und Weiberhelden, der sich seinen Unterhalt als Sänger im Amüsierlokal Hippodrom auf der Großen Freiheit verdient. Aber: Was von dem Film ist wirklich in dieser Straße entstanden? „Deftiges Seemannsgarn verbindet sich mit nüchternem Realismus und heftigen Gefühlen", befindet später das Lexikon des internationalen Films. Die Dreharbeiten begannen im Mai 1943, doch kurz darauf verwandelten Luftangriffe große Teile Hamburgs in eine Trümmerwüste, so auch den Stadtteil St. Pauli. Daraufhin zog das Filmteam nach Berlin. Als es dann auch dort zu riskant wurde, ging es weiter nach Prag, wo die „Große Freiheit" in den Barrandov-Ateliers als Kulissenstraße aufgebaut wurde. Mehrmals zoomt die Kamera auf das Straßenschild „Große Freiheit", damit auch alle wissen, wo wir uns befinden. Das Indra ist zu sehen, eine Institution des Nachtlebens auf St. Pauli bis heute. Dem Hamburg-Kundigen fällt bei dem Schwenk die Straße entlang allerdings doch etwas auf: Einen Knick, so wie ihn die Filmstraße hat, findet man auf der wirklichen „Großen Freiheit" nicht. Aber für eine Kulisse ist es eben von Vorteil, wenn die Straße durch eine Biegung nicht ins Unendliche läuft.

Der Film selbst kam bei dem obersten Herrn über alle Leinwände und Hörfunkgeräte, Propagandaminister Goebbels, nicht gut an. Ein betrunkener Seemann, leichte Mädchen, pralles, sittenloses Leben – das entsprach nicht den Vorstellungen der „Volksgemeinschaft". Daher wurde der Film erst 1945 von den Alliierten freigegeben.

Was der Krieg noch verhindert hatte, wurde nachgeholt: 1954 drehte Wolfgang Liebeneiner mit dem Film *Auf der Reeperbahn nachts um halb eins* einen weiteren Klassiker des deutschen Films in Hamburg. Neben den populären Melodien lassen vor allem die Orginal-Drehorte Nostalgiegefühle aufkommen. Zwielichtige Bars und freakige Typen des Hafenmilieus – nichts wird hier ausgelassen: Schlammschlacht und Saalschlacht, Schaumbäder und Schaumschlägerei.

Doch was ist geblieben vom Ruhm vergangener Tage? Zumindest eine Lokalität versucht seit 1993, den Mythos aufrecht zu erhalten. „Große Freiheit Nr. 7" heißt das Tanzlokal, das an die Filmerfolge des „Hippodrom" anknüpfen will. Tanz und Stimmungsmusik aus den 1960er Jahren – und natürlich wird jeden Abend das weltbekannte Lied vom „Blonden Hans" Albers hier zelebriert und ist Programm, wenn es heißt: „Auf der Reeperbahn nachts um halb eins".

7 Davidwache

8 Dreharbeiten zum *Polizeirevier Davidswache*

Davidwache

❹

Wenn der Kopf dann wieder etwas entnebelt ist, wendet sich der Besucher – mancher auch unfreiwillig – der Davidwache (Abb. 7) auf der Reeperbahn zu. Auch sie ist ein richtiger Filmstar. Ihren Ruhm verdankt die Wache neben der Lage direkt auf dem Hamburger „Kiez" vor allem den nahezu unzähligen Fernsehfilmen und Serien, Kinofilmen und Dokumentationen, in denen sie eine mehr oder minder tragende Rolle zu spielen hat. Im wirklichen Leben versehen hier die Beamten des Polizeikommissariats 15 ihren Dienst im kleinsten, aber wohl „heißesten" Revier Hamburgs. Ein wahrer Blickfang ist das rote Backsteingebäude mit den reich verzierten Erkern, fotogen und gut in Szene zu setzen.

Das dachten sich auch die Macher des Streifens *Polizeirevier Davidswache* (Abb. 8). Dieser Klassiker des Polizeifilms gewann 1965 den Deutschen Filmpreis. Diebstahl, Einbruch, Totschlag,

Körperverletzung – das ist der Alltag (nicht nur) für den Film-Hauptwachtmeister Glanz (Wolfgang Kieling). Als ein von ihm gefasster brutaler Gangster nach Jahren aus dem Knast kommt, muss Glanz seine eigene Haut retten. Fast alle Aufnahmen wurden auf den Straßen rund um die Davidwache, in der Wache selbst und in verschiedenen Etablissements gedreht. Der Film *Polizeirevier Davidswache* bietet eine beeindruckende Zeitreise in das Hamburger Rotlichtviertel der 1960er Jahre. Das Gebäude selbst hat sich seit den Dreharbeiten – zumindest von außen – kaum verändert. Die Umgebung schon. So befand sich damals schräg gegenüber der Davidwache noch eine „Brathendelei", die später einer amerikanischen Fastfoodkette Platz machen musste.

Bei der Vorbereitung des Films arbeitete Regisseur Jürgen Roland sogar einen Monat lang auf der Polizeiwache, wo sich im Laufe der Zeit für ihn gute Verbindungen zu Milieu und Kiezgrößen ergaben. Wohl nur deshalb konnte Roland direkt in der Herbertstraße Szenen mit originalen „leichten Mädchen" in ihren Schaufenstern drehen. Heute wäre das ein schwieriges Unterfangen, da die Drehgenehmigung direkt mit den Gewerbetreibenden vor Ort abgesprochen werden muss.

Rolands Erfolg fand Nachahmer: Filme wie *Fluchtweg St. Pauli – Großalarm für die Davidswache* (1971) lichteten die Wache kinografisch ab, und auch Jürgen Roland schuf sich und der Davidwache spätestens mit der Fernsehserie *Großstadtrevier* einen Platz in den einschlägigen Lexika. Seit ihrem Start 1985 flimmert die Serie mit großem Erfolg bis heute im Fernsehprogramm in deutsche Wohnstuben.

Im Übrigen sei gesagt: Das Polizeikommissariat 15 ist immer sehr offen und kooperativ, wenn es darum geht, Filmprojekte auf dem Kiez zu realisieren. Einige Rahmenbedingungen müssen dabei allerdings eingehalten werden. So werden Dreharbeiten an Wochenendnächten, wenn sich unzählige Menschen im Epizentrum des Kiez bewegen, eher selten genehmigt.

❺ Washingtonbar
Brachten uns Sex and Crime den in nahezu jeder (cinematografischen) Lebenslage unvermeidlichen Nervenkitzel, so wenden wir

uns nun einer Gegend zu, die dem Betrachter etwas weniger gefährlich erscheint, jedoch nicht minder spannend ist. Kurz hinter der Ecke Bernhard-Nocht-Straße/Davidstraße stoßen wir auf dem Weg zwischen Reeperbahn und Hafen auf die Washingtonbar (Abb. 9). Hier spielte Anfang der 1950er Jahre ein Österreicher namens Franz Eugen Helmuth Manfred Nidl auf einer geborgten Gitarre englische Songs für Gäste. Ein begeisterter Gast war gleichzeitig Talentsucher für die Plattenfirma Polydor: Jürgen Roland, später Regisseur von *Polizeirevier Davidswache*. Und der österreichische Gitarrenspieler sollte eine große Karriere machen: unter dem Namen Freddy Quinn, wir kennen ihn bereits. Als Schlagersänger und Schauspieler wurde er berühmt und lebt noch heute in Hamburg.

In einer ganzen Reihe von Musikfilmen konnte Freddy Quinn seine beiden landläufig bekannten Talente unter Beweis stellen. In Filmen, die überwiegend in Hamburg gedreht wurden, spielte er übrigens fast immer einen Charakter mit dem Vornamen „Freddy".

An diese Zeit erinnert heute noch die plüschig-gemütliche Einrichtung der Washingtonbar: Rote Samtvorhänge, alte Lampenschirme, Blümchenmuster und Hirschgeweihe an der Wand prägen die Ästhetik – alles etwas abseits des turbulenteren Kiezlebens.

9 Washingtonbar

Balduintreppe und Hafentreppe

Von der Washingtonbar ist es nicht weit zum nächsten Ort der Kino- und Fernsehgeschichte. Zwei Treppen führen hinunter zum Hafen: die Balduintreppe (Abb. 11) und hundert Meter weiter Richtung Altona die Hafentreppe.

An der Balduintreppe zeugt ein bunt bemaltes Eckhaus an der Rückseite der Hafenstraße von den Zeiten der links-alternativen Hausbesetzungen. Als Drehbuchautor hatte Fatih Akin mit Regisseur Anno Saul die Balduintreppe als szenischen Hintergrund für die interkulturelle Filmkomödie *Kebab Connection* (Abb. 10) ausgewählt. In diesem Film sieht sich der angehende türkische Jungfilmer Ibo (gespielt von Denis Moschitto) mit der Schwangerschaft seiner deutschen Freundin Titzi (gespielt von Nora Tschirner) konfrontiert. Seine zukünftige Vaterschaft bereitet ihm so eini-

10 Denis Moschitto und Nora Tschirner in *Kebab Connection*

11 Balduintreppe

ge Probleme, und Titzi lässt ihn daher schon einmal vorsorglich mit einem leeren Kinderwagen das Vatersein üben. Dummerweise vertauscht Ibo sein Placebo mit einem Gefährt, in dem tatsächlich Nachwuchs schlummert. Konfrontiert mit der Besitzerin, bekommt dieser Kinderwagen einen unabsichtlichen Stoß und rollt die Balduintreppe hinunter. Ibo hechtet dem Wagen hinterher und erwischt ihn gerade noch an den Hinterrädern, was allerdings zur Folge hat, dass das Baby regelrecht herauskatapultiert wird. Es wäre nun keine Komödie mehr, würde nicht ein reaktionsschneller und glücklicherweise vor Ort befindlicher Freund Ibos das Baby auffangen.

Das Drehbuch von Fatih Akin ist gespickt mit Anspielungen auf unterschiedlichste Filmgenres und mit mehr oder wenig offenen Filmzitaten. Bei der Treppenszene ist das am deutlichsten: Hier stand *Panzerkreuzer Potemkin* von Sergej Eisenstein Pate. In diesem Filmklassiker rollt, als die Stadt von den zaristischen Kosaken beschossen wird, ein Kinderwagen die lange und imposante Hafentreppe von Odessa hinab. Akin und Saul bedienen sich munter dieser berühmten Szene – allerdings mit einem Happy End.

Anno Saul erinnert sich noch heute gern an die begeisterte Stimmung am Filmset. Sogar die einer großen Filmproduktion mit Presserummel eher abweisend gegenüberstehenden Bewohner der Hafenstraßenhäuser wurden integriert. Statt eines Filmcaterings wurde in der Kneipe „Onkel Otto" an der Ecke der Balduintreppe gegessen und getrunken.

Der andere in der Nähe befindliche Drehort, die Hafentreppe, stand bereits sechzig Jahre zuvor im Mittelpunkt eines Films, als die UFA-Stars Hans Albers, Ilse Werner und Hans Söhnker diesen Weg hinunter zu den Barkassen in dem schon erwähnten Film *Gro-ße Freiheit Nr. 7* nahmen. Regisseur Helmut Käutner gelang es, die Zerstörungen der Luftangriffe so gut wie möglich zu überdecken. Bei der Film-Barkassenfahrt durch das Hafengelände sieht man ein völlig intaktes Hafen- und Werftgelände – und übrigens auch kein Hakenkreuz ...

Alter Elbtunnel ❼

Nun sind wir bereits am Hafen angelangt und nähern uns dem Ende unserer Tour. Hier liegt einer der beliebtesten Drehorte in Hamburg: der alte Elbtunnel (Abb. 12). Um den Weg der Arbeiter auf die Werften zu erleichtern, baute man 1911 diesen ersten euro-päischen Unterflusstunnel – eine technische Sensation. Der Tun-nel verbindet die Innenstadt bei den St. Pauli-Landungsbrücken mit der (früheren) Insel Steinwerder. Der quadratische Kuppelbau am Tunneleingang erinnert in seinem klassizistischen Stil an das Pantheon in Rom und steht seit 2003 wie das ganze Gebäude unter Denkmalschutz.

Schon frühe Dokumentaraufnahmen aus Kaiserzeit und Wei-marer Republik zeigen den Fahrstuhl, der die Fußgänger, Kut-schen und Fahrräder von der Hamburger Oberwelt in die Tiefen des Tunnels versenkte. Seine Kinotauglichkeit hat der Elbtunnel auch in dem Film *Der amerikanische Freund* (1976) von Wim Wen-ders bewiesen. In der Rolle des todkranken Jonathan Zimmermann nutzt der Schauspieler Bruno Ganz den Elbtunnel gleich mehrere Male als Weg zu seinem Arzt. Jonathan läuft im Film eine Roll-treppe hinunter, um in den Tunnel zu gelangen. Besichtigt man heute den Elbtunnel, sucht man Rolltreppen vergebens. Wenders hat die Szene aber nicht etwa an anderer Stelle gedreht: 1959 wurden Rolltreppen in den Elbtunnel eingebaut, um die Fahrstühle zu entlasten. Drei Jahrzehnte existierten sie, bis sie 1992, völlig verschlissen, wieder entfernt wurden. *Der amerikanische Freund* legt unbewusst also auch Zeugnis für die alte und etwas belebtere Zeit des Elbtunnels ab.

Geflieste Tunnelwände mit maritimen Reliefs, Hunderte von Glühbirnen zu beiden Seiten, perspektivisch in fast einem Punkt zusammenlaufend: Der Elbtunnel ist wirklich ein faszinierendes Filmmotiv. Viele weitere Filmproduzenten wagten sich hinab in die Tiefe des Elbtunnels: So hat der Regisseur Roland Klick bereits vor Wim Wenders den Helden seines Films *Supermarkt* am Ende durch den Tunnel laufen lassen – zu einer Musik von Marius Müller-Westernhagen.

In Arthur Penns Streifen *Target* gerät Matt Dillon unabsichtlich mit seinem Auto in den Fahrstuhl – fährt aber sofort rückwärts wieder heraus, als er realisiert, dass es hier ganz, ganz tief hinuntergeht.

Sebastian Schipper nutzt den Elbtunnel in seinem Film *Absolute Giganten* für eine markige Verfolgungsjagd, und Til Schweiger legt in *Barfuß* gar einen Sepiafilter (gibt Bildern die Stimmung alter Fotos) über die Elbtunnel-Bilder – selten sah der Elbtunnel schöner aus ...

Kaum ein anderes Hamburger Bauwerk hat so viele große Filmproduktionen angezogen – etwa sechzig Mal wird hier in einem einzigen Jahr gedreht. Vor allem Krimis und Thriller nutzen die manchmal faszinierend-düstere Stimmung des Elbtunnels. Und insofern passt es, dass auch einer der ganz großen Meister des Thrillers, Alfred Hitchcock, sich in dem Tunnel aufgehalten hat. Allerdings nicht für einen Film, sondern für ein Fotoshooting: 1960 stand der Altmeister des filmischen Grusels selbst Modell für den Stern-Fotografen Robert Lebeck.

Abstechertipp   Wer nun noch Zeit hat, kann sich auf die andere Seite des Elbtunnels begeben, 426,5 Meter muss er dafür durch die Tunnelröhre spazieren. Belohnt wird man dann mit einem Blick auf die Silhouette des alten Hamburg und der Hafencity.

12 Alter Elbtunnel

In Blickweite befindet sich mit der Überseebrücke der Ausgangspunkt unserer kleinen Reise durch die Filmstadt Hamburg, bei der wir viele Orte und Geschichten natürlich gar nicht erwähnt haben. Hier kam Hein Steinemann, alias Freddy Quinn, an, als ihn das Heimweh nach Haus zog, und wir möchten uns ihm anschließen und ausrufen: „Hamburg ist die schönste (Film-) Stadt der Welt."

Wer mehr wissen möchte über all die Dinge, die bei diesem Spaziergang nicht erzählt werden konnten, wer wissen möchte, welche Filmgeschichten in der Herbertstraße, am Jungfernstieg, am Grindel oder auch in Bendesdorf und anderswo aufzuspüren sind, der mache sich auf den Weg. Es gibt viel zu entdecken!

Fleet-Spaziergang

Jörn Tietgen

Startpunkt: Jungfernstieg
(U-/S-Bahn-Station Jungfernstieg / U 1, U 2, S 1, S 2, S 3)
Endpunkt: Jungfernbrücke / St. Katharinen
(U-Bahn-Station Meßberg / U 1)
Dauer: ca. 1,5 Stunden

Übersichtskarte Altstadt und Neustadt

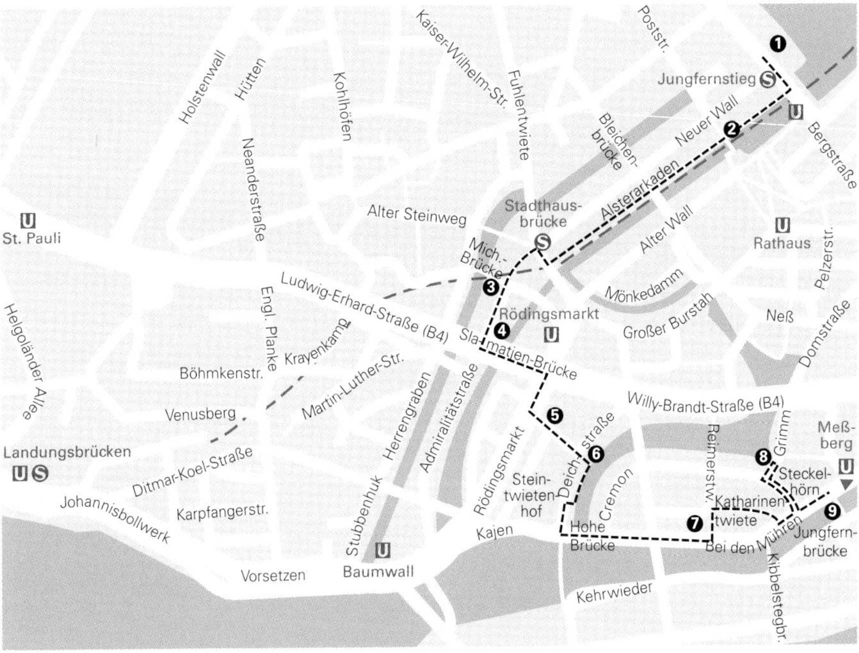

1 Kleine Alster mit Alsterarkaden

Jungfernstieg

Für die historische Entwicklung Hamburgs haben das Wasser
und die Fleete eine charakteristische Bedeutung. Deshalb wird auf
diesem Rundgang besonderes Augenmerk auf die verschiedenen
Funktionen der Fleete und auf die Wasserversorgung und Abwasserentsorgung seit dem späten Mittelalter gelegt. Dabei geht es vor
allem um die Veränderungen des Stadtbilds und die Stadtentwicklung im Zusammenhang mit dem Wasser.

2 Wasserkunst am
Jungfernstieg, erbaut
1620

Der Jungfernstieg, die bekannteste Straße in der Hamburger
Innenstadt, die ihren Namen im Volksmund Ende des 17. Jahrhunderts wegen der hier flanierenden schönen, bürgerlichen jungen
Frauen erhalten hat, markiert den Verlauf eines alten Alsterstau-
damms von 1235. Die Alsteraufstauung diente dazu, eine Wassermühle zu betreiben. Ab 1531 befand sich hier auch eine sogenannte „Wasserkunst", die einen guten Teil zur Wasserversorgung der
Stadt beitrug (vgl. 4. Station) und sich beim Abfluss der Alster am
südöstlichen Ende des Jungfernstiegs befand. Diese wie auch eine
zweite Wasserkunst von 1620 (Abb. 2) wurde beim Großen Brand

3 Blick über die Kleine Alster mit der Wasserkunst um 1809

1842 zerstört. Die Alster fließt an dieser Stelle heute als kanalisierter Flusslauf zunächst als Kleine Alster, im weiteren Verlauf dann als Alsterfleet in Richtung Elbe. In Hamburg heißen alle befestigten Wasserläufe Fleete, egal ob sie künstliche Kanäle oder befestigte, natürliche Flussläufe sind. Das Wort Fleet kommt vom niederdeutschen „fleeten", was einfach „fließen" bedeutet.

❷ Schleusenbrücke

Überquert man den Jungfernstieg und folgt dem Alsterlauf, so gelangt man an die Kleine Alster zwischen Reesendammbrücke und Schleusenbrücke (Abb. 1). Sie ist das kaum noch als solches erkennbare Überbleibsel eines ersten Mühlensees aus dem späten 12. Jahrhundert. Mit ihren Treppen zum Wasser auf der einen und den Alsterarkaden auf der anderen Seite stellt sie heute einen der markantesten Orte der Hamburger Innenstadt dar. Maßgeblich für die heutige Gestalt dieser Gegend war ebenfalls der Große Brand im Mai 1842. Bei diesem Feuer, das in der Deichstraße aus ungeklärter Ursache ausgebrochen war und gut drei Tage wütete, wurde ungefähr ein Drittel der damaligen Stadt zerstört. Rund um die Kleine Alster lag alles in Schutt und Asche (Abb. 4). Hamburg war zu jener Zeit noch eine von mittelalterlichen Fachwerkhäusern und schmalen Gassen geprägte Stadt (Abb. 3). Diese Katastrophe mit zahlreichen Toten, fast 2.000 zerstörten Häusern und rund 20.000 Obdachlosen bot aber auch die Chance zu einer umfassen-

4 Brandruinen Kleine Alster 5 Herrengrabenfleet Ende des 19. Jahrhunderts

den Modernisierung der Stadt. So wurde in den Folgejahren neben einem geordneten Wiederaufbau erstmals eine systematische Wasserversorgung und Abwasserentsorgung für die gesamte Stadt konzipiert (vgl. 6. + 8. Station). Der Rathausmarkt wurde als zentrale Freifläche angelegt und auch das Rathaus zwischen 1886 und 1897 als massives Zeugnis bürgerlichen Selbstverständnisses neu gebaut. An der Kleinen Alster entstand ein bauliches Ensemble am Wasser, das venezianisches Flair versprühen sollte. Doch mit dem Schutt des Großen Brandes wurden auch erstmals Fleete zugeschüttet. In den nächsten gut einhundert Jahren sollte dies mit weiteren Wasserläufen geschehen, so dass Hamburg viel von seinem amphibischen Flair verloren hat.

Fleetinsel

Entlang der erst seit einigen Jahren durchgängigen Promenade am Alsterfleet führt der Weg zur sogenannten Fleetinsel. Am Graskeller gehen wir geradeaus über die Ampel und über den kleinen Platz weiter, bis wir nach rechts zur Michaelisbrücke und an den nächsten Wasserlauf gelangen. Das Herrengrabenfleet wurde um 1500 künstlich geschaffen und ist damit genaugenommen ein Kanal. Bis 1772 war es sogar nur ein Graben. Erst danach konnte es die Elbtide durchspülen (Abb. 5). Die Fleete waren hier in der Gegend in der Regel sehr schlammig. Seinen Namen erhielt das Fleet, weil die Ratsherren hier Fischereirechte besaßen. Diese Gegend lag in

6 Ellerntorsbrücke (1856)

früheren Zeiten am Stadtrand. Erst mit dem Bau einer massiven Festungsanlage von 1616 bis 1628 erweiterte sich die Stadt nach Westen. Die Gegend hier war kein besonderer Ort in der Stadt und hieß vor allem noch nicht Fleetinsel. Diesen Namen erhielt sie erst mit der Ausschreibung zur Neugestaltung in den 1980er Jahren. Zu jener Zeit war hier eine weitgehend freie Ödfläche mit viel Wildwuchs.

Die rechter Hand das Fleet querende Ellerntorsbrücke (Abb. 6) stellt die alte Verbindung von Hamburg in Richtung Altona dar. Hier führte ursprünglich ein alter Handelsweg nach Westen. Heute überbaut der Fleethof (Abb. 7) diese uralte Ost-West-Achse. Linker Hand stehen am Fleet noch einige Speichergebäude. Das älteste davon, der Michaelisspeicher (Abb. 8), wurde – abgesehen von den oberen drei Etagen, die 1911 ergänzt wurden – 1787 errichtet.

Ganz in der Nähe, beim heutigen Burstah, befand sich im Mittelalter auch die einzige Furt durch die Alster. Doch bereits im späten 12. Jahrhundert wurde unweit von hier (Graskeller, Großer Burstah) der Alsterfluss aufgestaut. Auch diese erste Stauung diente dem Betrieb einer Wassermühle.

7 Fleethof

8 Michaelisspeicher

Im 15./16. Jahrhundert endete die westliche Festungsanlage Hamburgs hier. Zuvor waren Alsterfleet und Alter Wall die westliche Grenze. Hier stand das Millerntor, das wegen seines dunklen Tunnels auch „Düsterntor" genannt wurde. Der Name des Millerntors leitet sich übrigens nicht vom „Müller" ab, sondern von der Tatsache, dass es sich um das „mittlere" Tor nach Westen handelte. Beim Festungsbau Anfang des 17. Jahrhunderts wurde das Millerntor dann an den Ausgang zur Vorstadt St. Pauli verlegt.

Wir wenden uns nun zurück zum Alsterfleet. Über eine Treppe kurz hinter der Durchfahrt beim Hotel gelangen wir zurück ans Wasser und gehen weiter elbwärts.

Alsterfleet

Die Wasserversorgung des Großteils der Hamburger Bevölkerung wurde viele Jahrhunderte vor allem von den Fleeten geleistet. Durch die Lage des alten Teils der Stadt in sumpfigem Marschgebiet war der Bau guter Trinkwasserbrunnen kaum möglich. Diese befanden sich meist in den höher gelegenen Geestgebieten, wo man schon in relativ geringer Tiefe auf Grundwasser stieß. Gerade die armen Leute schöpften ihren Wasserbedarf bis weit ins 19. Jahrhundert direkt aus den Fleeten und den wenigen öffentlichen, nicht immer kostenlosen Brunnen. Lediglich reicheren Bürgern war es möglich – gegen Geld –, besseres Wasser zu beziehen. Die Fleete waren stark verdreckt, wurden doch Abwässer und viel Unrat ebenfalls in sie eingeleitet (s. unten). Bis zur Mitte des 19. Jahrhunderts blieb die Wasserversorgung der Privatinitiative überlassen. Dabei gab es für die wohlhabenderen Menschen verschiedene Wege, qualitativ besseres Wasser zu erhalten. Entweder ließen sie es sich von Wasserträgerinnen direkt von Quellen bzw. öffentlichen Brunnen liefern oder es floss über Leitungen direkt ins Haus. Die ersten Leitungssysteme waren mit den sogenannten „Feldbrunnen" bereits spätestens im 15. Jahrhundert entstanden. Aus Brunnen im Geestgebiet wurde Wasser unter Ausnutzung natürlicher Gefälle in Rohrsysteme geleitet. Von diesen Brunnensystemen gab es zwischen dem 15. und späten 19. Jahrhundert vier Stück, die Feldbrunnen wurden genossenschaftlich organisiert und betrieben. Das Wasser lief durch Rohre aus ausgehöhlten Baumstämmen zu den Häusern, wo es rund um die Uhr in eine große Kumme (seemannssprachlich: Schüssel) tropfte. So ein Anschluss war ein absoluter Luxus und nur für einen sehr kleinen Teil der Bevölkerung zugänglich. Er kostete im 17./18. Jahrhundert ungefähr 700 bis 1.000 Hamburger Mark. Das entspricht, auch wenn solche Umrechnungen immer mit großer Vorsicht zu genießen sind, heute um die 25.000 Euro zuzüglich einer jährlichen Gebühr von etwa 2.500 Euro. Um 1800 waren erst 700 Häuser an das 24 Kilometer lange Rohrleitungssystem angeschlossen – bei einer Bevölkerungszahl von 100.000 Einwohnern. Zur Zeit des Großen Brandes 1842 waren ungefähr 500 neue Anschlüsse durch zwei neue Wasserkünste hinzugekommen, so dass zu diesem Zeitpunkt schätzungsweise zehn Prozent der Wohnhäuser mit Leitungswasser versorgt waren.

Ein zweites, ähnlich organisiertes Wassersystem entstand mit den bereits erwähnten Wasserkünsten, die ihr Wasser aus den allerdings stark verschmutzten Flüssen bezogen. Über ein Schaufelrad, ähnlich dem einer Wassermühle, setzte diese Konstruktion ein Pumpgetriebe in Bewegung, das das Wasser auf ein höheres Niveau beförderte. Von dort wurde es in ein Leitungssystem eingespeist und durch den aus dem künstlich geschaffenen Gefälle resultierenden Druck durch die Rohre transportiert (Abb. 9).

Die meisten Menschen mussten ihr Wasser jedoch weiterhin selbst schöpfen oder von Wasserträgerinnen kaufen. Dies waren vielfach arme, meist ältere Frauen und Witwen. Sie holten das

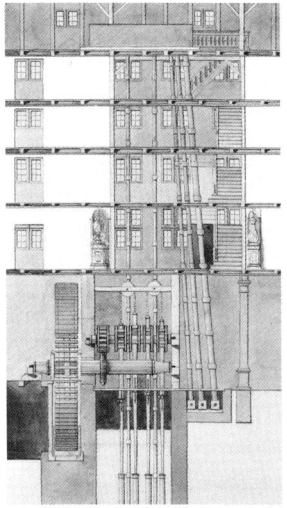

9 Querschnitt der Wasserkunst am Oberdamm / Jungfernstieg (1767)

10 Hummel

Wasser mittels „Wasserdrachten", einer Art Joch mit angehängten Eimern, aus Brunnen oder aus der Alster und verkauften es dann. Der bekannteste Wasserträger ist jedoch ein Mann, der berühmte „Hummel" (Abb. 10).

Er hieß Johann Wilhelm Bentz (1787–1854) und war vor allem in der Neustadt tätig. Bentz war ein echter Griesgram und wurde deshalb von den Kindern der Gegend geneckt und verspottet. Noch dazu trug er eine ungewöhnliche, skurril anmutende Tracht, nämlich einen schwarzen Anzug und einen Zylinder. Der Name Hummel soll sich aus dem Wort „Griephummer", dem plattdeutschen Namen für die Gerichtsdiener, ableiten. Ähnlich wie diese die Straftäter, versuchte Bentz nämlich die Kinder zu greifen (griepen), die ihn verspotteten. Nun schaffte er dies nur selten und rief ihnen deshalb ein „Mors, Mors" hinterher, was soviel wie „Leckt mich am Arsch" heißt. Der Beruf des Wasserträgers erlebte seinen Niedergang, als in Hamburg nach dem Großen Brand eine städtische Wasserversorgung eingeführt wurde. Auch Bentz war nun arbeitslos.

11 Rödingsmarkt um 1900

12 Deichstraßenfleet (1937)

Vom Alsterfleet geht es an der Slamatjen-Brücke nach oben und über die Ludwig-Erhard-Straße und den Rödingsmarkt in die ehemalige Altstadt Hamburgs.

❺ Steintwiete / Steintwietenhof

Ebenso wie in der Straße Rödingsmarkt (Abb. 11) floss auch im Steintwietenhof früher ein Fleet, dessen Verlauf sich anhand der Speicherbebauung noch erahnen lässt. Dieses Fleet war ursprünglich ein Entwässerungsgraben aus dem 13. Jahrhundert, der nach dem Zweiten Weltkrieg zugeschüttet wurde.

Die Fleete hatten für Hamburg immer eine vielfältige Funktion. Sie dienten zum einen der Entwässerung des sehr feuchten Marschlandes in der Hamburger Altstadt, das erst auf diese Weise für die Bebauung erschlossen werden konnte. Die meisten Häuser in Hamburgs Innenstadt stehen deshalb, ähnlich wie die Häuser Venedigs, auf Pfählen, die sich auf dem sumpfigen Grund als stabiler denn normale Fundamente erwiesen haben. Die Häuser wurden zunächst hinter die Deiche gebaut (Binnendeichhäuser), später dann aber zum Wasser hin auch auf das Deichvorland (Außendeichhäuser). Zum anderen ließen sich die Fleete zum Transport von Waren nutzen, die man direkt von der Wasserseite aus an die Außendeichhäuser anliefern konnte. Ferner dienten die Fleete wie geschildert der Wasserversorgung und – gleichzeitig – auch der Abwasserentsorgung. Ebbe und Flut waren dabei reinigende Kräfte. So füllte man die Wassereimer bei auflaufendem Wasser und kippte den Inhalt der Nachttöpfe sowie allen möglichen Unrat bei ablaufendem Wasser hinein. Dies war natürlich denkbar unhygienisch und führte immer wieder zu folgenschweren Epidemien.

Die Versorgung mit gutem Wasser war insbesondere für die vielen Brauereien im Hamburg des späten Mittelalters wichtig, als das Bier der Exportschlager der Stadt war. Fast jedes Haus an einem Fleet beherbergte damals u.a. eine Brauerei. Das Hamburger Bier wurde sehr gerühmt und geschätzt, vor allem weil es so würzig schmeckte. Ein Grund dafür könnten, neben dem als Zutat noch recht neuen Hopfen, auch die „würzigen" Bestandteile des Brauwassers gewesen sein, auch wenn die Brauereien ihr Wasser zum Teil aus Brunnen bezogen. Noch in Krünitz' „Oeconomischer Encyclopädie" von 1775 heißt es zur Qualität des Brauwassers für ein gutes Bier:

13 Wasserholgang Nikolaifleet

Die Erfahrung zeigt öfters, daß zum guten Bierwerden oder zum besten Brauen eben nicht allezeit das reinste und sauberste Wasser erfordert werde. Das häßlichste, dickste und unflätigste Wasser gibt öfters das beste, wohlschmeckendste und nahrhafteste Bier.

Deichstraße (Wasserseite) ❻
Vorbei am hydraulischen Kunstwerk bei der Hamburger Bundesbank-Filiale, das das Auf und Ab von Ebbe und Flut, aber auch die Höhen und Tiefen wirtschaftlicher Kreisläufe symbolisiert, geht es durch den schmalen Wasserholgang (Abb. 13) gegenüber auf den Ponton im Nikolaifleet. Hier lässt sich noch sehen, wie die Außendeichhäuser von der Straße, der Deichkrone, ins Deichvorland gebaut wurden. Die Grundstücke an den Fleeten waren immer sehr begehrt, weshalb sie sehr schmal sind. Am rechten Ufer des alten Alsterlaufs in Richtung der Hohen Brücke sieht man die letzten Kaufmannshäuser aus der Zeit vor 1842, die vom Großen Brand wegen günstiger Windverhältnisse verschont blieben. In diesen

Häusern herrschte eine Einheit von Leben und Arbeiten: Im Erdgeschoss und ersten Stock befanden sich die repräsentative Diele, aber auch Geschäftsräume und die Feuerstelle, im Stockwerk darüber die Wohnräume und bis in den letzten Zipfel unters Dach die Speicherräume. Häufig hatten die Häuser kleine Erker, in denen sich die Toiletten befanden. Durch ein Loch im Boden fielen die Exkremente direkt ins Fleet. Noch für die 1880er Jahre schätzt man, dass fast 5.000 solcher „Abtritte" in Betrieb waren, obwohl ja bereits ein neues Sielsystem gebaut worden war.

Unter maßgeblicher Planung des englischen Ingenieurs William Lindley (1808–1900) war nach dem Großen Brand eine moderne, von der Stadt betriebene Kanalisation und Frischwasserversorgung angelegt worden. Lindley hielt ein zentrales Wassersystem für die allgemeine Gesundheit der Bevölkerung, vor allem der armen Leute für unbedingt erforderlich. Gleichzeitig erachtete er eine Filterung des Wassers, das nun aus der Elbe entnommen wurde, für unnötig. Mit dieser Einschätzung lag er allerdings gründlich falsch. 1848 wurde das neue Wasserwerk in Rothenburgsort eingeweiht, und schon zwölf Jahre später waren etwa achtzig Prozent der Häuser in der Innenstadt und den Vorstädten angeschlossen. Wasser wurde nun auch für ärmere Leute erschwinglich. Das Elbwasser wurde in Rothenburgsort in Ablagerungsbecken geleitet, wo der gröbste Dreck niedersank, ehe es in das Rohrsystem gepumpt wurde. Das Leitungswasser war deshalb allerdings noch lange nicht sauber, wenn es in die Haushalte gelangte. So wurden 1876 18 Tierarten im Trinkwasser nachgewiesen, und 1880 verstopfte ein immerhin 46 Zentimeter langer Aal die Leitung eines Hauses in der Innenstadt! Der Chemiker Ferdinand Wibel vermerkte hierzu 1876, dass das Leitungswasser „sanitär wie gewerblich unbrauchbar und bedenklich" sei, da es „ trübe und gefärbt, häufig geradezu widerlich" sei und allerlei schädliche Organismen und „Krankheitskeime" enthalte. Die Bevölkerung wünschte zwar eine Filteranlage, die Stadt leitete ihre finanziellen Mittel aber vor allem in den Hafenausbau. Erst 1890 beschloss man den Bau einer zentralen Sandfiltrierungsanlage, allerdings zu spät, denn im Spätsommer 1892 suchte eine schwere Choleraepidemie die Stadt heim (vgl. 7. Station).

Zu jener Zeit verloren die alten Fleete allmählich an Bedeutung als Wasserstraßen für den Warentransport (Abb. 12). Mit dem Bau der südlich, im 1888 neu geschaffenen zollfreien Gebiet des Freihafens gelegenen Speicherstadt wurde die Warenlagerung in der alten Stadt immer unattraktiver. War zuvor ganz Hamburg ein eigenständiges Zoll- und Staatsgebiet, so wurden die Fleete und Häuser der alten Innenstadt nun zum Zoll-Binnenland.

Am Ende des Pontons führt ein weiterer Gang wieder zur Deichstraße (Abb. 14). Wir gehen nun nach links bis zur Straße und wieder links über die Hohe Brücke geradeaus weiter bis zur Reimerstwiete.

Reimerstwiete ❼

In der Reimerstwiete (Abb. 15) bekommt man noch einen ganz guten Eindruck, wie es in einem Gängeviertel ungefähr ausgesehen haben muss. Nur muss man sich die Gängeviertel sehr dreckig und heruntergekommen vorstellen (Abb. 16). Die restaurierten Fachwerkhäuser aus dem 18./19. Jahrhundert wurden für Wohn- und Gewerbezwecke genutzt. Schmucklose Fachwerkfronten und Fenster in der gesamten Hausbreite waren typisch für die Mietswohnhäuser der ärmeren Leute. In den Häusern der Gängeviertel, jenen dicht besiedelten Hinterhofwohnungen, die nur durch schmale Twieten und Gänge erreichbar waren, herrschten sehr unhygienische und beengte Wohnverhältnisse. „Twiete" ist übrigens ein niederdeutsches Wort für eine schmale Gasse, die sich „twischen" (zwischen) zwei größeren Straßen befindet und diese miteinander verbindet.

Die Cholera, der 1892 fast 8.600 Hamburger zum Opfer fielen, verbreitete sich in den Gängevierteln besonders leicht. Die seuchenhafte Ausbreitung der Krankheit war maßgeblich auf das ungefilterte Trinkwasser aus der Elbe zurückzuführen. Durch starken Wind hatten sich die bei den Landungsbrücken ungeklärt in die Elbe eingeleiteten Abwässer der Stadt bis zur flussaufwärts gelegenen Entnahmestelle für das Trinkwasser zurückgestaut. Die Cholera war vermutlich über den Hafen in die Stadt eingeschleppt worden und wurde anfangs verharmlost, weil man eine Quarantäne für den Hamburger Hafen und damit Geschäftseinbußen befürchtete. Erst nach einer Woche wurde mit den ersten Desinfizierungen be-

14 Deichstraße

Kleiner Barkhof Steinstr.92.

15 Reimerstwiete heute   16 Gängeviertel (1906)

gonnen. Das Reichsgesundheitsamt schickte den Entdecker des Cholerabazillus, Robert Koch, nach Hamburg, der sich über die Wohnverhältnisse der armen Leute entsetzt zeigte. Von ihm ist die Bemerkung überliefert, er vergesse beim Anblick der Gängeviertel, dass er sich in Europa befinde. Die Choleraepidemie war auch einer der Gründe für den sukzessiven Abriss der Gängeviertel ab 1900. Nun entstand in der Hamburger Innenstadt eine moderne Geschäftscity, die allerdings schon zu dieser Zeit abends ausgestorben war (vgl. Kontorhaus-Spaziergang).

17 Katharinenfleet

Kurz nach der Cholera war die neue Sandfilteranlage für das Trinkwasser auf Kaltehofe einsatzbereit. Perfekte Sauberkeit war auch mit ihr noch nicht zu erzielen. Noch dazu wurde die Elbe in den folgenden Jahren immer dreckiger. Schon bis zum Zweiten Weltkrieg gelang es jedoch, die Hamburger Wasserversorgung zu neunzig Prozent auf Grundwasser umzustellen.

Über die Katharinentwiete, die dem alten Verlauf des nach dem Zweiten Weltkrieg zugeschütteten Katharinenfleets (Abb. 17) folgt (von dessen einstiger Existenz noch einige dem Warenumschlag

18 Steckelhörnfleet mit
Nikolaikirche (1918)

19 Steckelhörnfleet heute

dienende Details an den Häuserfronten künden), gelangt man an
ihrem Ende links zum Steckelhörn, an dessen nördlichem Ende
noch der Rest eines Fleets zu sehen ist (Abb. 18 und 19).

Steckelhörn

8

Auch die Entsorgung von Fäkalien und Dreck war bis nach dem
Großen Brand Privatsache. Ein großer Teil ging immer in die Fleete, ein weiterer Teil wurde gesammelt und auf den sogenannten
„Kummerwagen" als Dünger an die Bauern verkauft. Außerdem
gab es in der Stadt die sogenannten „Hasenmoore". Dabei handelte es sich um eine Art Entwässerungsgräben oder auch befestigte
Gossen, die zum Teil schiffbar waren. Hasenmoore befanden sich
meist hinter den Häusern und mündeten schließlich auch in die
Fleete bzw. die Alster. Johann Jacob Rambach beschrieb die Hasenmoore 1801 folgendermaßen:

Außerdem fließen durch mehrere Gegenden der Stadt [...] schmut-
zige Sumpfgräben, die man Hasenmoore nennt. Sie sind alle mit ei-

ner Reihe von Abtritten garniert, deren Edukte (= Ausscheidungen) in ihnen einen ewigen Schlamm bilden. Ihr Wasser erhalten sie aus den Gossen und Dachrinnen, aber dies dient meistens nur dazu, die Fäulnis zu vermehren. Wenn nach einer langen Dürre ein Gewitterregen erfolgt, so hebt sich die ganze Masse mit einem abscheulichen Gestank und fließt in die Alster, die Elbe oder in ein Fleet.

Darüber hinaus gab es auch schon vor 1842 Siele. Ein besonders altes Siel verlief hier in der Nähe unter der St. Katharinen-Kirche. Die Verunreinigung der Fleete war immer wieder ein Thema. Zahlreiche Verbote und Richtlinien wurden erlassen, die aber wenig Wirkung zeigten, weil sie häufig nicht streng ausgelegt und gehandhabt wurden. Erst 1875 wurde die Entsorgung in die Fleete endgültig verboten, nachdem unter Lindleys Planung das städtische Sielsystem entstanden war. Ende des 19. Jahrhunderts ist Hamburg eine der wenigen Städte mit einer vollständigen Kanalisation, auch wenn noch bis in die 1960er Jahre ein erheblicher Teil der Hamburger Abwässer ungeklärt in die Elbe floss.

20 Fleetenkieker (1896)

Einen besonderen Beitrag zur Müllentsorgung leisteten früher die Fleetenkieker (Abb. 20). Dies waren zunächst von der Stadt angestellte Männer, die für die Schiffbarkeit der Fleete Sorge trugen. Später wurden sie zu einer Art freiberuflichen Lumpensammlern, die bei Niedrigwasser in die schlammigen Fleete stapften, um dort verwertbare Dinge zu suchen, die ins Fleet gefallen waren.

Vorbei an der St. Katharinen-Kirche geht es nun zum Schluss auf die Jungfernbrücke, die in die Speicherstadt führt.

❾ Jungfernbrücke

Die Jungfernbrücke überquert den Zollkanal, der im Zuge des Baus der Speicherstadt (Abb. 21) das ältere Doven- und Mührenfleet ersetzte. Er stellte bis 2002 die gesicherte und bewachte Grenze zum zollfreien Gebiet des Freihafens dar, der zum Jahresbeginn 2013 ganz abgeschafft wurde. Gleichzeitig bildet die Promenade auf dem stadtseitigen Ufer aber auch die Grenze des Sturmflutschutzes zur Innenstadt.

Sturmfluten begleiten Hamburgs Geschichte von jeher. Immer wieder musste deshalb der Flutschutz verbessert werden. Am ver-

21 Die Speicherstadt im Bau (1885)

heerendsten war die Flut im Februar 1962, bei der infolge von sechzig Deichbrüchen und großflächigen Überschwemmungen 315 Menschen ums Leben kamen. Verbesserte Flutschutzmaßnahmen haben
dafür gesorgt, dass selbst schwerere Sturmfluten seither nur Sach-
schäden anrichten konnten. Da die Sturmfluten jedoch tendenziell
immer höher werden, wird das Thema Flutschutz auch in Zukunft
von Bedeutung bleiben. Jenseits des Zollkanals werden Überflutun-
gen in weiten Teilen des Hafens in Kauf genommen. So stehen die
Straßen der Speicherstadt immer mal wieder unter Wasser.

Mittlerweile spielen auch die Fleete in der Speicherstadt keine
ökonomische Rolle mehr. Eine Zuschüttung müssen sie aufgrund
der Einmaligkeit des baulichen Ensembles der Speicherstadt jedoch
nicht fürchten, ein Schicksal, das seit dem Großen Brand immerhin
die Hälfte der Hamburger Fleete ereilt hat. Im Gegenteil wurde die
Speicherstadt 2015 sogar zum UNESCO-Weltkulturerbe erhoben.

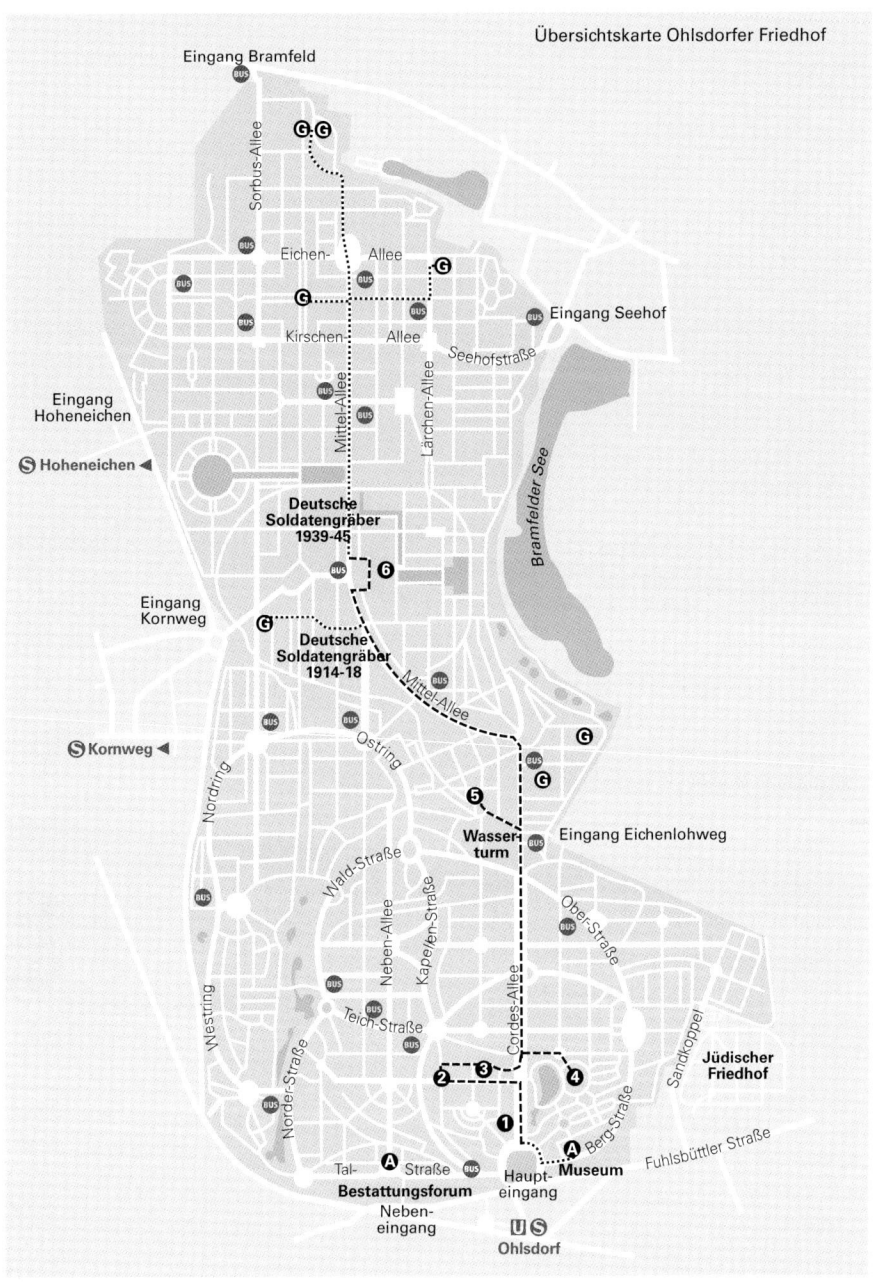

Übersichtskarte Ohlsdorfer Friedhof

Eingang Bramfeld

Sorbus-Allee

Eichen- Allee

Kirschen- Allee

Eingang Seehof

Seehofstraße

Eingang
Hoheneichen

Mittel-Allee

Lärchen-Allee

Ⓢ Hoheneichen ◄

Bramfelder-See

**Deutsche
Soldatengräber
1939-45**

❻

Eingang
Kornweg

**Deutsche
Soldatengräber
1914-18**

Mittel-Allee

Ostring

Ⓖ

Ⓖ

Ⓢ Kornweg ◄

Nordring

❺

Ⓖ

**Wasser-
turm**

Eingang Eichenlohweg

Wald-Straße

Neben-Allee

Kapellen-Straße

Ober-Straße

Westring

Teich-Straße

Cordes-Allee

Norder-Straße

❷ ❸ ❹

Sandkoppel

**Jüdischer
Friedhof**

❶

Berg-Straße

Fuhlsbüttler Straße

Tal- Ⓐ Straße
Bestattungsforum
Neben-
eingang

Haupt-
eingang

Ⓐ **Museum**

Ⓤ Ⓢ
Ohlsdorf

96

Friedhofsspaziergang

Katja Nicklaus

Start- und Endpunkt: Haupteingang Friedhof Ohlsdorf
(U-/S-Bahn-Station Ohlsdorf / U 1, S 1, S 11;
Haltestelle Haupteingang Ohlsdorf / HVV-Buslinien 170, 270)
Dauer: ca. 2 Stunden

Hinweis: Da die Orientierung auf dem Friedhof nicht ganz leicht ist, empfiehlt es sich, einen kostenlosen Friedhofsplan zu besorgen. Diesen bekommt man im Bestattungsforum an der Fuhlsbüttler Straße 758 (Montag bis Freitag, 9 bis 17 Uhr, Samstag und Sonntag April bis Oktober 11 bis 17 Uhr, November bis März 10 bis 15 Uhr) oder über die Homepage www.friedhof-hamburg.de. Die dem Plan entsprechenden Koordinaten werden im Text in Klammern hinter jeder Station angegeben.

> *In allen Wegen und Alleen promenieren Menschen, die zum größten Teil durchaus nicht stilles Sehnen hierher gelenkt hat. Die einen genießen Baum und Blume wie eine Parkanlage, die anderen genießen die Grabmäler und Figuren wie eine Kunstausstellung, die dritten genießen die Inschriften und Erinnerungen wie ein Blatt der Lokalgeschichte.*

Diese allgemeine Beschreibung der Funktionen eines Friedhofs von Fritz Schumacher, der vor über einhundert Jahren zum Leiter des Hochbauwesens und zum Baudirektor in Hamburg berufen

1 Luftaufnahme des Ohlsdorfer Friedhofs um 1930

wurde, gilt insbesondere für Ohlsdorf. Der größte Parkfriedhof der Welt ist Begräbnisstätte für die Toten und Ort des Nachdenkens für die Lebenden. In seiner Größe ist der Friedhof vom Hauptgebäude mit Blick nach Osten nicht überschaubar. Lediglich der Wasserturm (Abb. 9) in der Mitte der Cordesallee wird sichtbar und markiert gleichzeitig die alte Grenze zwischen Hamburg und Preußen, wie sie noch bis 1937 bestand.

Ohlsdorf hat eine Ausdehnung von 395,6 Hektar Fläche. Der Friedhof wurde zunächst 1877 auf nur sechs Hektar eröffnet und wuchs unter der Leitung von Johann Wilhelm Cordes zwischen 1882 und 1914 zu einem Landschaftspark mit einer Fläche von 196 Hektar an. 1914 wurden dann noch einmal 156 Hektar hinzugekauft – etwa so viel Fläche wie heute das Gesamtareal der Hafencity umfasst. In der Amtszeit des zweiten Friedhofsdirektors Otto Linne, 1919 bis 1933, erreichte der Friedhof schließlich eine Größe von 404,6 Hektar (Abb. 1). Zwölf Kapellen (Kapelle 5 ist nicht mehr vorhanden) befinden sich heute auf Ohlsdorf. Der Friedhof teilt sich in zwei deutlich unterscheidbare Gebiete: das westliche und ältere Gelände, das sich durch verschlungene Wege und verstreu-

2 Hauptgebäude

te Kapellen auszeichnet und von Wilhelm Cordes (1840–1917), der zunächst Friedhofsverwalter und dann erster Friedhofsdirektor war, gestaltet wurde. Der jüngere und östliche Teil wurde von Otto Linne (1869–1937) dagegen mit dominanten Zentralachsen und geraden Wegführungen versehen. Wilhelm Cordes und Otto Linne waren jedoch nicht allein maßgeblich für die Anlage des Friedhofs Ohlsdorf. Oberingenieur Franz Andreas Meyer, der von 1872 bis 1901 Leiter des Ingenieurwesens in Hamburg war, legte einen ersten Generalplan für Ohlsdorf vor, der jedoch aus Kostengründen keine Realisierungschancen hatte. Meyers Entwurf sah eine nach italienischem Vorbild gestaltete Campo-Santo-Anlage mit einem zentralen Verwaltungs- und Kapellenkomplex vor, der durch Kolumbarien (Wandnischengräber) eingerahmt werden sollte.

Dass der Parkfriedhof die Besuchenden nachhaltig beeindruckte, spiegelt sich bereits 19 Jahre nach der Friedhofseröffnung im Bericht des Reiseschriftstellers August Trinius wieder: „Das ist kein Gang durch Friedhofsanlagen mehr, vielmehr ein gedankenvolles Dahinschlendern durch tiefsten Waldesfrieden."

❶ Althamburgischer Gedächtnisfriedhof

Ein Spaziergang auf dem Friedhof Ohlsdorf ist aber nicht nur „Dahinschlendern im Waldesfrieden", sondern eben auch, wie Schumacher schrieb, ein Gang durch die Geschichte. Neben musealen Bereichen wie beispielsweise dem Freilichtmuseum der Ämtersteine und dem Museum Friedhof Ohlsdorf finden sich Gedenkorte, die nicht nur Auskunft über Lebenswege der Verstorbenen geben, sondern auch Aufschlüsse über die Erinnerungskultur der Stadt.

Abstechertipp   Bevor man zum Althamburgischen Gedächtnisfriedhof gelangt, ist ein kleiner Umweg zu einem besonderen Ort des Gedenkens lohnenswert: In etwa zehn Minuten Entfernung liegt links vom Hauptgebäude das Mahnmal für die Opfer der NS-Verfolgung (V 4). Diese 1949 erbaute Erinnerungsstätte befindet sich gegenüber dem heutigen Bestattungsforum. Im ursprünglichen Krematorium wurden zunächst auch Häftlinge aus Neuengamme und Fuhlsbüttel verbrannt. Die 105 Urnen des Mahnmals enthalten Asche und Erde aus deutschen Konzentrationslagern.

Ein anderer Gedenkort ist der Ehrenhain Hamburger Widerstandskämpfer (K 5), der in etwa fünf Minuten Entfernung rechts vom Hauptgebäude (Abb. 2) liegt. 1946 wurden hier die ersten Urnen von aktiven Gegnern des Nationalsozialismus beigesetzt.

Vor allem aber wird die Erinnerungskultur Hamburgs deutlich, wenn man sich vom Hauptgebäude (Abb. 2) nach links dem nahe gelegenen Althamburgischen Gedächtnisfriedhof zuwendet (P 6). Dort finden sich Gräber von Personen, deren Wirken für Hamburg bedeutend war. Wer bedeutend wird, darüber entscheidet das Gedächtnis der Stadt, das Staatsarchiv. Auffällig ist, dass die Erinnerung überwiegend Männern gilt, nur weniger Frauen wie der am östlichen Rand liegenden Ida Ehre und der auf Privatinitiative 1995 umgebetteten Anita Rée (im zentralen Rondell des Gedächtnisfriedhofs) wird hier gedacht. Schließlich findet sich am äußeren Ende, in der nordwestlichen Achse des Gedächtnisfriedhofs doch ein Gedenkstein, der mit der Inschrift „Herausragende Frauen" an einige Frauen erinnert. Eine Ergänzung dieser Erinnerungskultur bildet der 2001 eröffnete Garten der Frauen, wohin wir später noch gelangen werden.

 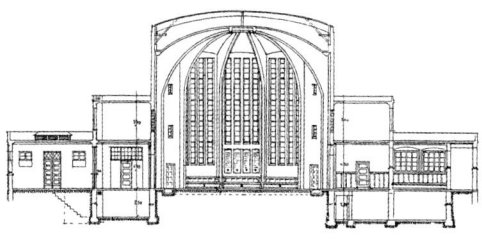

3 Kapelle 13   4 Schnitt der Kapelle 13

Er liegt östlich des Wasserturms und ist Gemeinschaftsgrabstätte
für Frauen und Erinnerungsort an Frauen mit politischem, sozialem
und frauenhistorischem Engagement (P 27). Der Blick macht die Geschichte und bestimmt auch das Gedenken in Ohlsdorf.

Folgen wir der Mittelachse des Hamburgischen Gedächtnisfriedhofs, so gelangen wir zur Grabplatte von Fritz Schumacher.
Der ehemalige Baudirektor hat mit der Gestaltung des Kremato-
riums, des Cordesdenkmals und der Kapelle 13 (Abb. 3 und 4) die
„Kunstausstellung Ohlsdorfer Friedhof" wesentlich mitgestaltet
und dabei auch an die Zweckmäßigkeit gedacht. Sein Einfluss ist
auch, dies wird sich noch zeigen, im zweiten Teil der Friedhofs-
gestaltung spürbar, für die Otto Linne verantwortlich war. Schumacher dürfte den Begriff „Althamburgischer Gedächtnisfriedhof" gut gekannt haben und als Leiter des Hochbauamtes mit
der Aufhebung und beginnenden Räumung der alten Hamburger
Friedhöfe vor dem Dammtor in den 1920er Jahren vertraut gewesen sein. Nach 1926 wurden die dort befindlichen Grabmäler, die
für bemerkenswert erachtet wurden, in Freilichtmuseen auf den
Ohlsdorfer Friedhof verbracht. Die alten Hamburger Friedhöfe
lagen vor dem Dammtor und dem Steintor und wurden seit etwa
1800 als Begräbnisplätze der fünf Kirchspiele (St. Petri, St. Nikolai, St. Katharinen, St. Michaelis, St. Jakobi) und einiger kleinerer
Kirchen genutzt. Doch erst 1812, mitten in der Zeit der Zwangs-
eingliederung Hamburgs in das Kaiserreich Bonapartes, wurden

Beisetzungen in den Kirchen aus hygienischen Gründen verboten. Die Idee der Beisetzung außerhalb der Stadtmauer ist gleichwohl älter und reicht zurück in die Zeit der Aufklärung. Die Sehnsucht nach einem anderen, gefühlsbetonten Tod, zu dem die ländliche Umgebung die passende Stimmung liefert, drückt sich besonders in dem Grab Meta Klopstocks von 1759 in Ottensen aus. Auch Friedrich Gottlieb Klopstock selbst wurde in Ottensen 1804 mit einem prächtigen Leichenzug beigesetzt. Das Klopstockgrab (vgl. Literatur-Spaziergang) wurde zum Ausflugsziel und Symbol für die gefühlsbetonte Anteilnahme am Tod, auch wenn dies heute bei dem Verkehrsaufkommen in der Klopstockstraße, die in die Elbchaussee mündet, kaum noch vorstellbar ist. Sind Empathie und Naturverbundenheit Motive in der Zeit der Aufklärung, die Begräbnisplätze vor die Stadtmauern zu verlegen, so gab es auch Überlegungen, die eher dem medizinischen Wissensstand der Zeit geschuldet waren. Die Leichenfäulnis wurde als Bedrohung für die Gesundheit empfunden. So schrieb der berühmteste Gartentheoretiker der Zeit, Christian Cay Lorenz Hirschfeld (1742–1792), in seiner *Theorie der Gartenkunst*: „Begräbnisplätze, die demnächst außer den Städten anzuweisen sind, müssen eine Lage haben, die reinigenden Winden den Zugang verstattet, und eine ruhige, einsame und ernste Gegend."

Besonders gefürchtet wurden Ausdünstungen des Bodens, die sogenannten Miasmen, die nach Hippokrates von Kos (um 460–375 v. Chr.) mit der Luft fortgetragen und so zur Weiterverbreitung von Krankheiten beitragen sollten. Noch im 19. Jahrhundert glaubten Mediziner, dass Seuchen wie die Cholera durch üble Bodenausdünstungen, also Miasmen verbreitet würden, was sich später als medizinischer Irrtum herausstellte.

❷ Kapellenstraße / Kapelle 1 im Cordesteil

Die alten Hamburgischen Friedhöfe waren Ende des 19. Jahrhunderts bereits überfüllt. 1873 wurde eine Kommission eingesetzt, die ein geeignetes Territorium finden sollte. Man entschied sich für Ohlsdorf, was von der Bevölkerung allerdings nur langsam angenommen wurde. Das von der Innenstadt weit entfernte Gelände taugte also kaum als Ort für repräsentative Grabstätten. Es

5 Christus-Statue auf dem Althamburgischen Gedächtnisfriedhof

gab zunächst auch keine Pferdebahn zum 1877 eröffneten Friedhof. Erst als sich Cordes 1884 dafür einsetzte, dass im Waldgürtel Familiengrabstätten angelegt werden konnten, wurde der Friedhof vom Bürgertum als standesgemäße Ruhestätte akzeptiert. Gesellschaftliche Klassenschranken wurden und werden auch im Tod nicht überwunden. Wer waren also die ersten Toten, die in Ohlsdorf bestattet wurden? Begibt man sich vom Althamburgischen Gedächtnisfriedhof an der Christusstatue (Abb. 5) vorbei in nordöstlicher Richtung zur Kapelle 1 (S 8, Abb. 6), so sieht man auf der gegenüberliegenden Seite der Kapellenstraße einen Findling mit einer bronzenen Gedenktafel aus dem Jahr 1902 (U 9). Hier sind die ersten Toten begraben, die aus der Arbeiterschicht stammten und im Krankenhaus St. Georg gestorben waren.

6 Kapelle 1

Ballingrab

Findlinge gibt es vor allem im Cordesteil des Friedhofs. Das prominenteste Beispiel auf dem Friedhof ist das Grab für Albert Ballin in der Nähe von Kapelle 1 (Q 10; von der Kapellenstraße aus in Richtung Cordesallee gehen, bis man auf den Cordesbrunnen trifft, und von

7 Cordes-Denkmal im Rosengarten 8 Garten der Frauen

diesem 15 Meter links in östliche Richtung). Findlinge und Felsen sind ein Zeichen der Naturnähe, durch die sich der Cordesteil des Friedhofs auszeichnet. Geht man weiter in Richtung Cordesallee, so kommt man zum Cordesbrunnen aus rotem Mainsandstein, der die barocken Zitate des ersten Friedhofsdirektors in Form von verspieltem Anemonenschmuck zeigt.

Immer wieder folgen wir auf dem Weg zum Ballingrab und weiter im Cordesteil verschlungenen Linien. Dies ist kein Zufall, sondern planerische Absicht. Das Konzept der „krummen Linie" war nicht nur ästhetisch motiviert, sondern entsprach einer Auffächerung in soziale Klassen. Die profitablen Grabstätten befanden sich im Waldgürtel, während die weniger gewinnbringenden Reihengräber durch geschickte Raumaufteilung weniger sichtbar werden. Die Aufmerksamkeit sollten dagegen Gebäude und Grabmonumente auf sich ziehen. So kann man vom Cordesbrunnen aus Kapelle 1 sehen.

❹ Rosengarten

Überquert man die Cordesallee, begegnet man dem Architekten des ersten Friedhofsteils selbst. Im Rosengarten (M-K 9 am Südteich), der wiederum ein Zitat des Historismus ist und die Geschichte der Gartenrosen in Form einer Uhr nachzeichnet, ist Wilhelm Cordes ein Denkmal gewidmet, das von Fritz Schumacher entworfen wurde (Abb. 7). Mit dem barock gestalteten Rosengarten wollte Cordes einen Ort für die Lebenden schaffen. Folgt man nun der Cordesallee, so kommt der Wasserturm (Abb. 9) erneut ins Blickfeld (N 24). Das heutige Denkmal war bis 1919 in Betrieb und wird heute als Ausstellungsraum vom Verein „Garten der Frauen" genutzt. Es ist nicht nur Grenzstein ins ehemalige preußische Bramfeld, sondern auch „Augenpunkt". Der erste Friedhofsdirektor hat diesen Begriff geprägt, um Standorte zu charakterisieren, von denen sich Gebäude und Objekte besonders gut betrachten lassen. 1898 markierte der Wasserturm die höchste Stelle und den Abschluss des damaligen Friedhofsgeländes.

Garten der Frauen

Wenn wir den Wasserturm hinter uns lassen und zum „Garten der Frauen" (P 27, Abb. 8) gehen, so fallen die Stelen entlang der Achse vor der neuen Grabanlage auf.

Mit Beginn des 20. Jahrhunderts setzte die Kritik an der gleichförmigen Gestaltung von Grabmälern ein. Bereits 1903 wurde von der Künstlervereinigung für neue Grabmäler eine Initiative gestartet, die die Gestaltung des einzelnen Grabmals in den Mittelpunkt rückte. Noch heute sind auf Ohlsdorf 158 Galvanoplastiken zu sehen, die überwiegend von der Firma WMF als Massenware produziert wurden. Cordes' Nachfolger Otto Linne hat im Zuge der Friedhofsreform in den 1920er Jahren eine individuellere Gestaltung der Grabmäler durchgesetzt. Fritz Schumacher, der die Friedhofsreform unterstützte, beschreibt die Grundlagen der Gestaltung der neuen Grabmäler so: „Das erste ist, daß gefühllose Massenware als Friedhofsschmuck nicht mehr zugelassen wird und daß dies Gebiet der Betätigung wieder dahin gelenkt wird, wohin es gehört: zum künstlerischen Handwerk." Schumacher rief damit auch den sozialen Aspekt der Grabmalreform in Erinnerung. Er sprach von einer Linderung des sozialen Elends, d.h., die Grabmalreform sollte der Verarmung der Steinmetze und Bildhauer entgegenwirken. Wo zuvor schablonenhaft Grabskulpturen en masse produziert wurden, sollte nun das individuell gestaltete Grabmal stehen.

9 Wasserturm

Linneteil

Otto Linne folgte den Ideen der Friedhofsreform, die man nicht nur an den neuen Grabmälern ablesen kann, sondern an der ge-

105

samten Planung des von ihm gestalteten Friedhofsteils. Im Gegensatz zu Cordes, der mit dem Konzept der „krummen Linie" auch eine soziale Gliederung des Friedhofs bewirkte, wurde Linne zum „Anwalt des sozialen Grüns". Im Linneteil finden sich anders als im Cordesteil keine sozial abgegrenzten Bereiche, sondern gerade Blickachsen und einfache Stelen detailliert regulierter Größe, während figürliche Grabmäler weiter auf Familiengräbern im Waldgürtel des älteren Geländes aufgestellt wurden. Dass Otto Linne ein Verfechter des „sozialen Grüns" war, zeigt sich auch in anderen Garten- und Parkgestaltungen, die er in Hamburg ab 1920 als Leiter der Gartenabteilung in Fritz Schumachers Hochbauamt gestaltet hat. Beispiele dafür sind der Grünzug an der Dulsbergsiedlung, der ältere Menschen in den Kommunikationsmittelpunkt der Grünfläche rückte, statt sie zu isolieren, oder der Hammer Park mit seinen verschiedenen Funktionsbereichen. Linne und Schumacher sind somit Vordenker der modernen Umweltpsychologie, die die Mensch-Umwelt-Beziehung als ein Wechselspiel begreift. Dieses Wechselspiel zeigt sich auch in Ohlsdorf, wenn Linne etwa die Gräber gegen die Verkehrsstraßen abgrenzt und damit dem Bedürfnis der Menschen nach Ruhe und Totengedenken entspricht. Dem modernen Konzept der Territorialität, d.h. der Kontrolle über einen Raum, entspricht er durch Identifizierung der Grabquartiere und Einzelfriedhöfe mit einer einheitlichen Bepflanzung. Wenn hier auch nur eine grobe Skizze der Reform unter Linne gegeben werden kann, so ist der Bruch zum Cordesteil doch deutlich. Trotzdem ist der Friedhof kein Stückwerk, sondern ein Gesamtkunstwerk. Und auf die ebenbürtige Verbindung der beiden Teile verweist auch das 2007 aufgestellte Linne-Denkmal, das sich am Übergang des Z-Kanals zum T-Teich befindet (S 40, südlich der Bushaltestelle bei Kapelle 9). Das Denkmal wurde durch den Förderverein Ohlsdorfer Friedhof e.V. ermöglicht und von der Design- und Künstlergruppe tv-p.design geschaffen. In der Anlage des Denkmals werden die Gestaltungsprinzipien Otto Linnes deutlich. Vier Stelen aus Oberkirchner Sandstein, die ein Zitat des Cordes-Denkmals sind und auf die Gleichwertigkeit der Gestalter von Ohlsdorf hinweisen, stehen wie ein Triumphbogen zwischen Z-Kanal und T-Teich. Vor diesen vier Stelen befindet sich eine steinerne Bank, sozusagen die

abgenommene Verbindungsachse der vier Stelen. Der Blick der Betrachter wird auf das Linnegrab (Abb. 10) am Ende der Sichtachse
gelenkt. Hinter tv-p.design verbirgt sich ein Zusammenschluss des
Künstlers Andreas Oldörp und der Hamburger Designer Jan Hoffmann, Sebastian Post und Johannes Weißer. Die Gestaltungsprinzipien des Denkmals erörtern der Künstler und die Designer auf
ihrer Website www.tv-p-design.de:

10 Linne-Grab

*Das Denkmal für Otto Linne ist eine attributlose Skulptur. An ihr
sind keine Symbole, Zeichen oder Allegorien vorhanden, die ein
möglicherweise verklärendes Sinnbild über das Werk Linnes zeich-
nen könnten. Stattdessen stehen vier Betonstelen am südlichen
Ende des Z-Kanals. In ihrer tektonischen Anmutung und in ihrem
räumlichen Zusammenhang offenbaren sie sich als ein rücksichts-
volles Erinnerungselement, das auf den Einfluss Otto Linnes für
den Ohlsdorfer Friedhof verweist. Am gegenüberliegenden Ende des
Kanals stellt die Skulptur eine Wechselwirkung mit dem Familien-
grab Linnes her. Sie erhöht die Bedeutung der von Linne entworfenen Achse, an deren einem Ende sein Grab und an deren anderem
Ende sein Denkmal positioniert ist. In diesem Sinne generiert das
Denkmal weniger einen Ort als einen Raum des Gedenkens.*

Gedenkorte

Gedacht werden muss mit der Erinnerung an Otto Linne nicht
nur dem Schaffen des zweiten Friedhofsdirektors, sondern dem
Ende einer Ära. Mit der Machtergreifung der Nationalsozialisten
wurden sowohl Linne als auch Schumacher 1933 aus ihren Ämtern
entlassen. Die Folgen von Terror und Gewalt haben ihre Spuren im
Erinnerungsraum des Friedhofs hinterlassen: das Mahnmal für die
Opfer der NS-Verfolgung (V 4), der Ehrenhain der Hamburger Widerstandskämpfer (K 5) (vgl. Abstechertipp bei Station 1), die Anlage der Geschwister-Scholl-Stiftung (Bn–Bo 73), das Erinnerungs-
mal für Jüdische Opfer (Bi 68), die Gräber sowjetisch-russischer
Kriegsgefangener (AD 38) und die Gräber von Opfern verschiedener Nationen (Bp–Bo 73).

Auf Ohlsdorf finden sich aber auch Soldatengräber (Abb. 11),
das Bombenopfer-Sammelgrab (Bq–Bn 65–68) mit Mahnmal und

die Bombenopfer-Einzelgrabanlagen (K–M 27–28 und H–L 31). So ist der Friedhof ein Gedenkort, der viele Einzelschicksale mit der Geschichte verknüpft.

Die Zukunft des Friedhofareals

Was der Friedhof ist und war, haben die Vordenker Cordes, Schumacher und Linne geplant. Doch wie ist es um die Zukunft des riesigen Areals bestellt? Die Zukunft eines Friedhofsteils wird ganz in der Nähe des Linnedenkmals, westlich der Einfahrt S-Bahn Kornweg, deutlich. Seit 2006 wurden neun Hektar des Friedhofsgebiets ausgegliedert und 65 Wohnungen für eine neue Siedlung auf dem Anzuchtgelände der Friedhofsgärtnerei Klein Borstel geschaffen. Mit der Bebauung ist der Friedhof kleiner geworden, d.h., er ist jetzt nicht mehr über 400 Hektar groß, sondern nur noch 395 Hektar. Er bleibt aber die größte grüne Lunge Hamburgs und Ort einer vielfältigen Trauerkultur, die längst nicht mehr allein von den christlichen Kirchen dominiert wird.

Tipp   Nimmt man eine der beiden Buslinien 170 oder 270 (Haltestelle Kapelle 9, Z 41), die auf dem Friedhof verkehren, und fährt wieder Richtung Haupteingang, so wird die ganze Größe des Geländes deutlich. Am Haupteingang fällt der Blick auf eine letzte Neuerung, für die der Friedhof steht: die Kommunalisierung der Friedhofsverwaltung. Die alten Hamburger Friedhöfe vor dem Dammtor und dem Steintor weisen noch Spuren der kirchlichen Dominanz des Begräbniswesens auf. Neben den Bestattungsarealen der fünf Kirchspiele (St. Petri, St. Nikolai, St. Jakobi, St. Michaelis, St. Katharinen) und kleinerer Kirchen fallen auch diejenigen der Reformierten und Katholiken ins Auge. Bedenkt man, dass die alten Hamburger Friedhöfe um 1800 eingerichtet wurden, so ist die konfessionelle Trennung erklärbar. Erst 1785 war den nicht lutherischen Konfessionen durch das „Reglement für die fremden Religions-Verwandten" die stille Religionsausübung gestattet worden. Umzüge und Prozessionen waren verboten, die Hostie zu den Sterbenden zu tragen, ebenfalls. Mit der Aufhebung der konfessionellen Trennung der Friedhöfe wurde ein Schlusspunkt unter eine Geschichte gesetzt, die mit dem Zeitalter der Reformation begonnen hatte. Kommu-

11 Soldatengräber 1914 bis 1918

nalisierung bedeutete jedoch mehr: Auf Ohlsdorf kann jeder Mann und jede Frau ungeachtet seines/ihres Glaubens bestattet werden. Durch die Säkularisierung des Totengedenkens und des Bestattungswesens wird auf Ohlsdorf auch Raum für moderne Formen der Trauer geschaffen. Themengrabstätten und exklusive Anlagen wie Baumgräber, Schmetterlingsgarten, Kinderbegräbnisstätte, Paar-Anlagen, Urnenhaine für anonyme Beisetzungen, ein Grabfeld für islamische Beisetzungen, Rosengrabstätte, Kolumbarien für oberirdische Urnenbeisetzungen, ein Garten der Jahreszeiten, der Ohlsdorfer Ruhewald und der Garten der Frauen erlauben eine vielfältige Annäherung an das Thema Tod.

Einen weiteren Einblick in die Friedhofsgeschichte und zum Thema Sterben und Tod gibt das Museum Friedhof Ohlsdorf (L 4, neben dem Verwaltungsgebäude). Neben einem Archiv des Förderkreises Ohlsdorfer Friedhof und einer kleinen Präsenzbibliothek werden auch wechselnde Ausstellungen gezeigt. – So ist der Friedhof Ohlsdorf eine Stätte der Toten und ein Park für die Lebenden.

Wer mehr über den Ohlsdorfer Friedhof erfahren möchte, kann dies z.B. bei Friedhofsführungen mit Stattreisen Hamburg e.V. (www.stattreisen-hamburg.de).

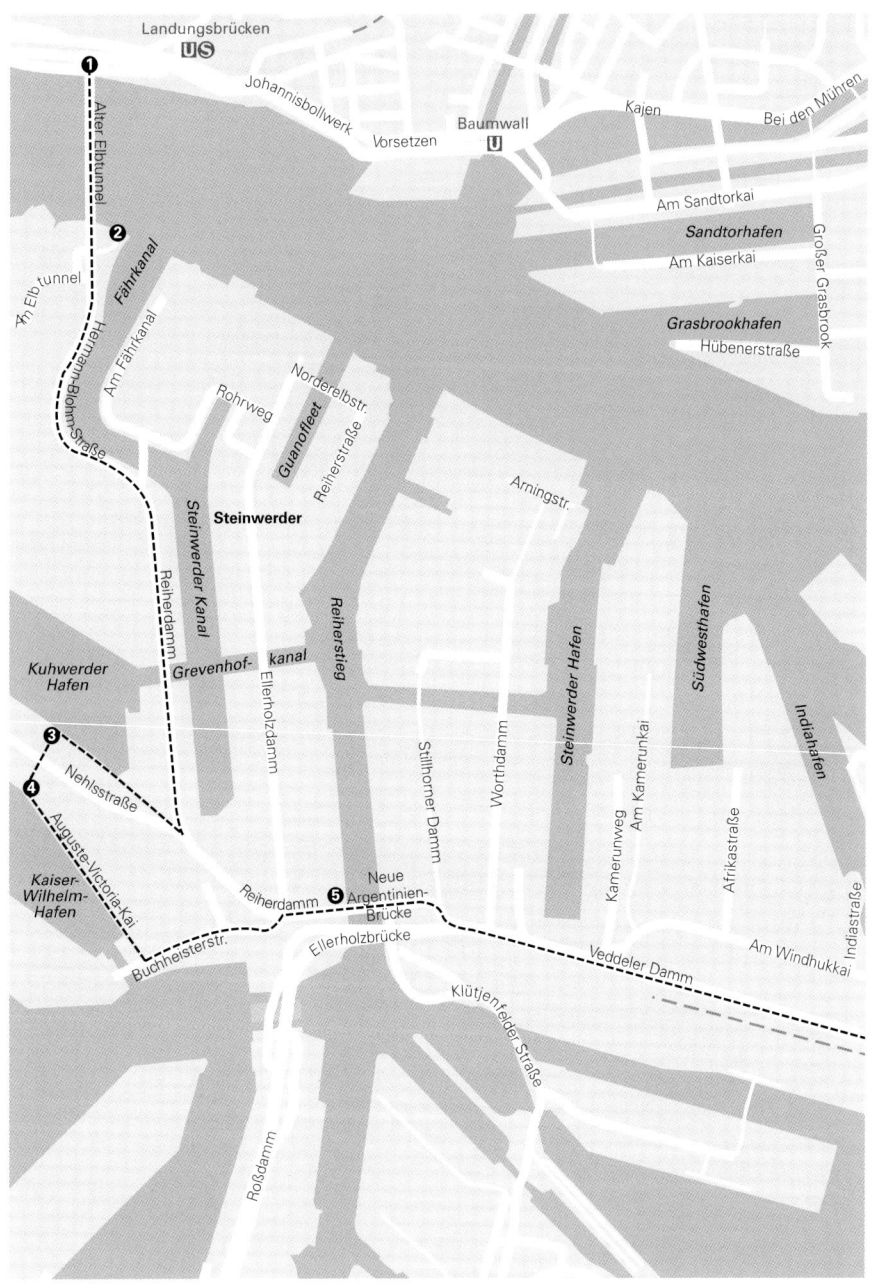

Landungsbrücken **U S**

Johannisbollwerk

Baumwall **U**

Vorsetzen

Kajen

Bei den Mühren

Am Sandtorkai

Sandtorhafen

Am Kaiserkai

Großer Grasbrook

Grasbrookhafen

Hübenerstraße

Alter Elbtunnel

Am Elbtunnel

Fährkanal

Hermann-Blohm-Straße

Am Fährkanal

Rohrweg

Norderelbstr.

Guanofleet

Reiherstraße

Arningstr.

Steinwerder

Steinwerder Kanal

Reiherstieg

Südwesthafen

Reiherdamm

Grevenhof-kanal

Ellerholzdamm

Steinwerder Hafen

Indiahafen

Kuhwerder Hafen

Nehlsstraße

Stillhorner Damm

Worthdamm

Kamerunweg

Am Kamerunkai

Afrikastraße

Indiastraße

Auguste-Victoria-Kai

Kaiser-Wilhelm-Hafen

Reiherdamm

Neue Argentinien-Brücke

Buchheisterstr.

Ellerholzbrücke

Veddeler Damm

Am Windhukkai

Klütjenfelder Straße

Roßdamm

Hafen-Spaziergang

Jörn Tietgen

Startpunkt: Alter Elbtunnel
(U-/S-Bahn-Station Landungsbrücken / U 3, S 1, S 2, S 3)
Endpunkt: Veddel
(S-Bahn-Station Veddel (BallinStadt) / S 3, S 31)
Dauer: ca. 3 Stunden

Übersichtskarte Hafen (Steinwerder bis Veddel)

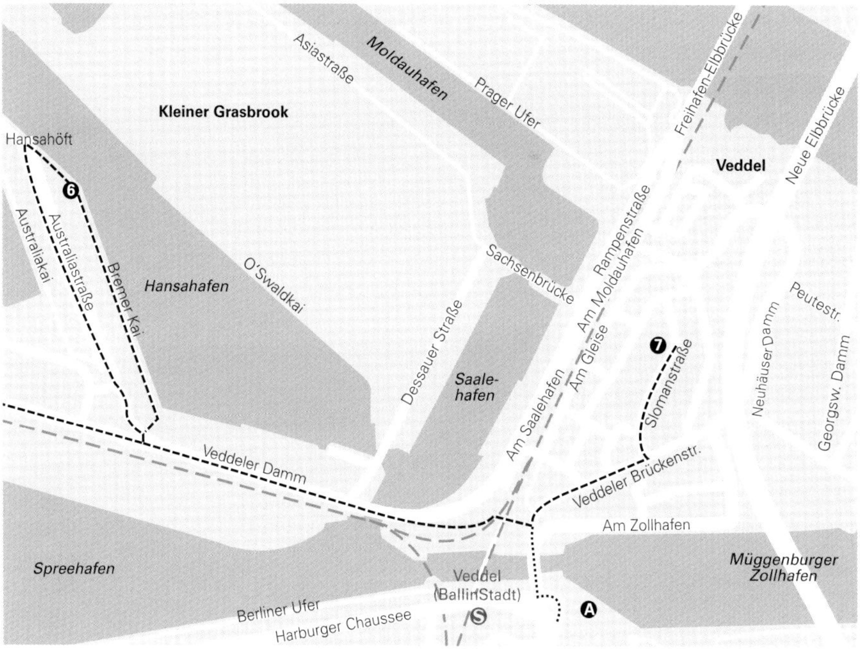

Asiastraße
Moldauhafen
Prager Ufer
Freihafen-Elbbrücke
Neue Elbbrücke
Kleiner Grasbrook
Veddel
Hansahöft
❻
Australiakai
Australiastraße
Bremer Kai
Hansahafen
O'Swaldkai
Am Rampenstraße
Am Moldauhafen
Sachsenbrücke
Dessauer Straße
Peutestr.
Am Glaise
Neuhäuser Damm
Georgsw. Damm
Saale-
hafen
Am Saalehafen
❼
Slomanstraße
Veddeler Damm
Veddeler Brückenstr.
Am Zollhafen
Spreehafen
Veddel
(BallinStadt)
Müggenburger
Zollhafen
Berliner Ufer
Harburger Chaussee
Ⓢ
Ⓐ

1 Hafen bei den Landungsbrücken um 1887

2 „Fahrgemeinschaften" in den Hafen vor dem Bau des Elbtunnels

❶ Alter Elbtunnel St. Pauli

Der Hamburger Hafen ist Deutschlands „Tor zur Welt" – doch nicht nur das: Er ist auch eines der wichtigsten Tore der Welt nach Deutschland und in weite Teile Europas. Weil er sich in den letzten Jahrzehnten dramatisch verändert hat (Abb. 1), konnte der Hafen seine Stellung als einer der bedeutendsten Warenumschlagplätze der Welt halten. Die großen Veränderungen lassen sich bereits hier am Alten Elbtunnel erleben. Gebaut wurde der Tunnel wenige Jahre vor dem Ersten Weltkrieg als schneller und sicherer Weg für die im Hafen beschäftigten Arbeiter auf die andere Elbseite. Zuvor hatten sie den Weg per Boot, zum Teil als kollegiale Rudergemeinschaft (Abb. 2), zurücklegen müssen, was einige Mühsal und Gefahren bedeutete. Viele Arbeiter lebten damals im benachbarten St. Pauli, andere mussten zum Teil lange Fußwege aus den weniger hafennahen Stadtteilen in Kauf nehmen. Immer freitags konnte man hier auf der St.-Pauli-Seite des Elbtunnels ein besonderes Spektakel erleben – den Lohntütenball. Nach Schichtende versammelten sich hier vor allem die Ehefrauen der Arbeiter, um den Wochenverdienst ihrer Gatten für das familiäre Portemonnaie zu sichern. Zu groß erschien ihnen die Gefahr, ihre Männer mit der gefüllten Lohntüte den Heimweg durch die Kneipen- und Rotlichtwelt St. Paulis antreten zu lassen. Die Einführung des bargeldlosen Zahlungsverkehrs machte diesem Spektakel ein Ende – und bereitete so mancher Kneipe auf St. Pauli Probleme.

3 Unterirdische Einfahrt zum Elbtunnel-Fahrstuhl

Der Elbtunnel (Abb. 3) fungierte also ganz ähnlich wie andernorts das Fabriktor, als markanter Übergang zwischen Lebens- und Arbeitswelt. Nach wie vor wird er als Weg in den Hafen vielfach genutzt. Die schmalen Straßen in den beiden Tunnelröhren zeugen davon, dass der Tunnel nie für einen massenhaften Autoverkehr konzipiert war. Gedacht war er ursprünglich für Fußgänger, Radfahrer und Pferdefuhrwerke. Motorisierter Individualverkehr im heutigen Ausmaß war zur Zeit der Bauplanung noch nicht vorstellbar. In der Millionenstadt Hamburg fuhren zur Zeit der Fertigstellung des Tunnels 1911 nur wenige hundert Automobile.

Durchqueren wir nun den Tunnel. Nach Verlassen des Tunnels auf der anderen Seite gelangen wir hinter der alten Zollstation nach links auf einen Weg, der uns zu einem Aussichtspunkt am Elbufer führt.

Aussichtsplattform Steinwerder
Der Blick auf die Stadt von Steinwerder aus offenbart die in Ham-

burg einmalige Nähe von Stadt und Hafen. Bis weit ins 19. Jahrhundert hinein war der Hafen gar auf die gegenüberliegende, nördliche Elbseite beschränkt. Von den entlang des Flussufers zwischen Landungsbrücken und Kehrwiederspitze liegenden Schiffen wurden die Waren damals auf kleinere Boote verteilt, die diese dann zu den Kaufmannshäusern und Speichern entlang der Fleete in der inneren Stadt beförderten (Abb. 1). Die aufkommende Dampfschifffahrt sorgte seit den 1860er Jahren für den Bau moderner Hafenbecken mit großen Lagerschuppen, Dampfkränen und Eisenbahnanschluss. Ausgehend vom Sandtorhafen in der heutigen Hafencity wurden diese in den folgenden Jahrzehnten von Ost nach West, ab 1884 auch auf die südlichen Elbinseln ausgedehnt. Die 1888 erfolgte Einrichtung des bis 2013 existierenden Freihafens trug schließlich zur weiteren Hafenentwicklung bei. Im Freihafen konnten in Hamburg eintreffende Waren gelagert, weiterverarbeitet und anschließend wieder in alle Welt verschifft werden, ohne dass hierfür Zoll entrichtet werden musste. Bis zur Eröffnung des Freihafens lebten auf Steinwerder ungefähr 6.000 Menschen, die ihren Wohnort verlassen mussten, da Wohnen und andere nicht hafenbezogene Nutzungen hier nicht erlaubt sind. Dieses Phänomen der Verdrängung älterer Nutzungen zugunsten neuer Hafenflächen durchzieht die Geschichte des Hafens bis heute. Zuletzt musste das Dorf Altenwerder für ein modernes Containerterminal weichen, ein Schicksal, das dem Dorf Moorburg für die Zukunft droht. Mit dem Bau der Hafencity und den Umgestaltungen entlang der Hafenkante zwischen Kehrwiederspitze und Neumühlen hat sich die Stadt jedoch in den letzten Jahren erstmals wieder Gelände vom Hafen zurückerobert. Gerade der östliche Hafenbereich, das heutige Baugelände der Hafencity, erwies sich für eine weitere Hafenentwicklung als schlecht geeignet (vgl. Hafencity-Spaziergang). Der Alte Elbtunnel wirkt hier wie eine Türschwelle, über die große Containerschiffe mit bis zu 16 Metern Tiefgang nicht hinübergelangen können. Die Elbe kann hier nur auf etwa zwölf Meter Tiefe ausgebaggert werden, will man den Tunnel nicht gefährden. Bis ungefähr 1930 existierte auf Höhe des Elbtunnels, in unmittelbarer Nähe zu den Werftbetrieben, auch noch eine Männerbadeanstalt im Fluss, die wegen der Verdreckung der Elbe aber geschlossen wurde. Von den

4 Kaiser-Wilhelm- und Kuhwerder Hafen (hinten) 1932

Werftbetrieben, die Steinwerder bis in die 1980er Jahre noch viel mehr geprägt haben als heute, haben nur einige wenige den weltweiten Konkurrenzkampf im Schiffbau überlebt.

Wenden wir uns nun von der Elbe ab und folgen der Straße nach Süden. Vorbei an Eingang und Werksanlagen von Blohm + Voss (vgl. nächste Station) überqueren wir nach einer Weile einen Kanal bei der Grevenhofschleuse. Die Schleuse dient übrigens nicht der Überwindung eines Höhenunterschieds zwischen unterschiedlichen Wasserständen. Sie greift lediglich regulierend in die Strömungswege des Wassers ein, um Versandungen vorzubeugen. Zurzeit ist sie allerdings nicht in Betrieb. Nach weiteren ungefähr 300 Metern biegen wir nach rechts in die Nehlsstraße und spazieren an den Kaianlagen des Kuhwerder Hafens entlang.

Kuhwerder Hafen

Der Kuhwerder Hafen (Abb. 4) ist eines der Hafenbecken, in dem bis vor einigen Jahren noch traditionelles Stückgut abgefertigt werden konnte. Der Siegeszug des weltweit standardisierten Con-

5 Baudocks Blohm+Voss um 1930   6 Auguste-Victoria-Kai (1933)

tainers hat dazu geführt, dass Stückgut, also alle Waren, die vordem in Kisten, Säcken, Fässern und ähnlichen Behältnissen transportiert wurden, nun in den bunten Stahlkisten verpackt werden. Wurden 1985 erst fünfzig Prozent des Stückguts per Container umgeschlagen, so liegt der Containerisierungsgrad mittlerweile bei 98 Prozent. Vor allem Dinge, die nicht in den Container passen wie z.B. Lokomotiven, Rotorblätter für Windkraftanlagen, große Maschinenteile, Schiffsschrauben oder Baumstämme, werden noch auf herkömmliche Weise per Kran auf die Schiffe verladen. An diesem Hafenbecken kann man noch erahnen, dass der Hamburger Hafen ein Universalhafen ist, in dem alle denkbaren Güter umgeschlagen werden können. Am östlichen Ende des Hafenbeckens befinden sich z.B. Getreidesilos. Auch wenn die Containerschifffahrt in der Außenwirkung den Hafenumschlag zu dominieren scheint, machen Massengüter etwa ein Drittel der insgesamt umgeschlagenen Warenmenge aus. Hierunter fallen beispielsweise Getreide (Sauggut), Kohle (Greifgut) oder Öle (Flüssiggut).

Am Kuhwerder Hafen liegen auch die Baudocks der letzten Hamburger Großwerft Blohm + Voss (Abb. 5). Bei Blohm + Voss werden heute große Luxusyachten und Militärschiffe gebaut sowie viele Schiffe repariert oder auch zerschnitten und mittels eines neu eingefügten Segments um einige Meter verlängert.

Gegründet wurde die Werft 1877, als die deutsche Werftindustrie noch keine große Rolle spielte. Die deutschen Reeder orderten ihre Schiffe in Großbritannien. Blohm + Voss spezialisierte sich von Anfang an auf Eisenschiffe und stieg rasch zur größten Hamburger Werft auf. In der Folgezeit galt sie zeitweilig als wichtigste Werft der Welt. Die höchste Beschäftigtenzahl hatte man am Ende des Zweiten Weltkriegs. Als bedeutender Rüstungsbetrieb, in dem in der NS-Zeit beispielsweise über 230 U-Boote gebaut wurden, arbeiteten hier fast 20.000 Leute. Ende 1944 gab es hier ein Außenlager des KZ Neuengamme mit etwa 500 Häftlingen, von denen 227 bei der Zwangsarbeit starben.

In der Arbeiterschaft existierten jedoch auch Widerstandszellen. Zur Kommunikation bedienten sie sich dabei zum Teil einer Geheimsprache, der „Kedelkloppersprook". Diese war Mitte des 19. Jahrhunderts innerhalb der Gruppe der sozial wenig anerkannten Kedelklopper entstanden, also jener Arbeiter, die in die riesigen Kessel der Dampfschiffe hineinstiegen, um dort im Lichte ihrer Stirnlampen mit Hammer und Meißel festgebrannte, kalkartige Ablagerungen von den Kesselwänden zu schlagen. Ausgehend vom Plattdütschen basiert die „Kedelkloppersprook" auf einem einfachen Prinzip: Die anlautenden Konsonanten eines Wortes oder einer Silbe werden an deren Ende gesetzt, und es wird noch ein „i" angehängt. Anfangs diente diese Sprache schlicht der besseren Verständigung, da im Arbeitslärm die Anfangskonsonanten leicht überhört wurden. Der plattdütsche Satz „Hest du al wat eten?" („Hast Du schon was gegessen?") wird so zu „Esthi udi ali atwi eteni?".

Nach dem Zweiten Weltkrieg wurde die Werft demontiert und 1955 neu gegründet. Die Zerstörungen durch den Krieg waren nicht nur hier massiv. Der Hafen als ein Zentrum der Rüstungsindustrie war am Ende des Krieges weitgehend zerstört. Ungefähr achtzig Prozent der Kaikräne waren ausgefallen und fast neunzig Prozent der Kaischuppen zerstört, viele Brücken und Gleisanlagen kaputt und die Wasserwege durch Tausende von Wracks behindert.

Am Kuhwerder- und Kaiser-Wilhelm-Hafen säumten große Lagerschuppen die Ufer der Kais. Im Gegensatz zu den Lagerhäusern in der Speicherstadt waren Schuppen in der Regel nur für die kurzfristige Lagerung gedacht.

Begeben wir uns nun ans südliche Ufer der Landzunge, den Auguste-Viktoria-Kai (Abb. 6).

④ Kaiser-Wilhelm-Hafen

Am gegenüberliegenden Ufer liegt eines der Hamburger Kreuzfahrtterminals (eröffnet 2015). Seit einigen Jahren erlebt Hamburg einen regelrechten Kreuzfahrtboom. Bis zum Jahr 2004 schipperten die schwimmenden Hotels nur in Ausnahmefällen die Elbe hinauf, wohingegen 2014 bereits 189 Kreuzfahrtschiffe in Hamburg festmachten. Im Westen sieht man das Tollerort Containerterminal. Ende der 1960er Jahre kamen die ersten Container nach Hamburg. Mittlerweile kann fast jede Art Stückgut mittels Containern transportiert werden. So wird zum Beispiel Kaffee zu bald einhundert Prozent im Container transportiert, und selbst Autos können in den Container eingehängt werden. Hamburg hat seit der Öffnung Osteuropas in besonderem Maße von der sogenannten Globalisierung profitiert. Die Überwindung der politischen Blockkonkurrenz und der günstige Transport per Container haben diese Entwicklung enorm vorangetrieben. Weil die Transportkosten relativ gering sind, werden eine internationale Arbeitsteilung und die Verlagerung der Produktion in andere Länder erst möglich. Hinzu kommt das enorme Wirtschaftswachstum in China und anderen „Schwellenländern". Durch den Fall der Grenzen hat sich noch dazu Hamburgs Hinterland maßgeblich vergrößert. Ein Großteil der über den Hamburger Hafen umgeschlagenen Waren bleibt zwar in Hamburg und Umgebung, ein erheblicher Anteil wird jedoch in den Ostseeraum transportiert, und viele Güter fahren weiter nach Süd-Osteuropa, Österreich und in die Schweiz.

Der Weitertransport in den Ostseeraum findet dabei zumeist per „Feeder"-Schiff statt. „Feeder" sind die „kleinen" Containerschiffe, die „nur" einige Hundert Standard-Container transportieren können. Die Schiffe haben ihren Namen vom englischen Verb „to feed" bekommen, weil sie von den großen Schiffen „gefüttert" werden bzw. ihnen „Futter" bringen.

Der Containerumschlag hatte sich in Hamburg zwischen 1990 und 2007 jedenfalls ungefähr verfünffacht. Wurden 1990 erst zwei Millionen TEU (twenty foot equivalent unit) umgeschlagen, so waren es 2007 bereits knapp zehn Millionen. Ein TEU entspricht dabei einem Standardcontainer von zwanzig Fuß Länge. Prognostiziert wurde eine weitere massive Steigerung auf bis zu 18 Millionen TEU oder sogar noch mehr im Jahr 2015. Bis zu diesem Zeitpunkt sollten Hamburgs Kapazitäten, z.B. auch durch die Zuschüttung des Kaiser-Wilhelm-Hafens, auf deutlich über zwanzig Millionen TEU-ausgebaut werden.

Die weltwirtschaftlich schwierige Lage ab 2008 sorgte jedoch für einen Dämpfer mit Rückgängen im Containerumschlag um fast dreißig Prozent. Erst 2014 erreichte der Umschlag wieder ungefähr das Niveau von vor der Krise. Langfristig wird jedoch weiterhin ein erhebliches Wachstum im Containergeschäft für die nächsten Jahrzehnte prognostiziert, das dann einen Ausbau der Kapazitäten im Hamburger Hafen nötig machen würde.

Hamburgs Lage im Binnenland, etwa einhundert Kilometer vom Meer entfernt, ist übrigens kein Standortnachteil gegenüber Häfen, die direkt am Meer liegen, da jeder auf dem Wasser zurückgelegte Kilometer deutlich kostengünstiger ist als der Transport per Bahn oder Lkw. Je nach der weltwirtschaftlichen Lage kann es sein, dass der Transport eines Containers per Lkw von Hamburg nach Süddeutschland teurer ist als jener per Schiff von China nach Hamburg. So betragen beispielsweise die Transportkosten für eine Flasche Wein von Australien nach Europa etwa zwölf oder jene für ein Pfund Kaffee aus Mittelamerika ganze drei Cent.

Gehen wir nun die Kaizunge zurück in Richtung Straße, bis wir auf die Buchheisterstraße gelangen, in die wir nach links einbiegen.

Dafür, dass auch die Hafenarbeiter zwischendurch mal einen Kaffee trinken konnten, sorgten bis 1985 die sogenannten „Kaffeeklappen". Das Gebäude Buchheisterstraße 12 beherbergte eine solche überbetriebliche, vom „Verein für Volkskaffeehallen" betriebene Kantine, in der die Hafenarbeiter „Foftein", ihre 15-minütige Pause, machen konnten. Hier gab es günstige Speisen und Getränke, die ursprünglich durch eine Klappe von der Küche in den Gastraum gereicht wurden.

Der Straße folgend führt unser Weg in östlicher Richtung eine kleine Steigung empor auf den Reiherdamm und die Argentinienbrücke.

7 Blick von der Neuen Argentinienbrücke nach Norden

⑤ Blick von der Neuen Argentinienbrücke

Die Argentinienbrücke überquert den Wasserlauf „Reiherstieg". Im Norden sieht man sehr schön die Türme der Stadt und erlebt so die Nähe von Stadt und Hafen (Abb. 7). Lässt man den Blick umherschweifen, so fällt die Vielzahl der unterschiedlichen Hafennutzungen ins Auge.

Süd-östlich des Reiherstiegs befindet sich mit Wilhelmsburg die größte Flussinsel Europas. Sie liegt zwischen Süder- und Norderelbe. Wilhelmsburg ist im Westen eher industriell und urban, im Osten hingegen ländlich geprägt. Von der Stadt durch den Hafen getrennt, liegt es dennoch räumlich sehr nah an der Innenstadt. 2013 fand hier eine Internationale Bau- und Gartenbauausstellung (IBA bzw. igs) statt. Im Rahmen dieser Ausstellungen wurden innovative neue urbane und gewerbliche Nutzungen in Wilhelmsburg entwickelt.

Bei der verheerenden Sturmflut 1962 war Wilhelmsburg besonders stark betroffen, als in der Nacht Deiche brachen oder von den Wassermassen überspült wurden. Hier befanden sich damals viele dauerhaft bewohnte Schrebergärten. 207 der insgesamt 315 Todesopfer in Hamburg lebten in Wilhelmsburg. Seither wurde der Flutschutz im Hamburger Gebiet immer weiter verbessert, so dass die Menschen selbst vor höheren Sturmfluten geschützt waren.

8 Hafenschuppen 59 um 1931

9 Löschen von Kakao am Schuppen 53
(Australiakai) 1934

Über die Klütjenfelder Straße gelangt man in nicht mal zehn Minuten nach Wilhelmsburg ins Reiherstiegviertel. Unser Weg führt uns aber weiter geradeaus auf den Veddeler Damm nach Osten.

Auf dem Weg zum Hansahafen liegt rechter Hand ein umfangreiches Areal der Hafenbahn. Ungefähr vierzig Prozent der angelandeten Seegüter gehen anschließend auf die Schiene – mit steigender Tendenz. Linker Hand passiert man den Schuppen 59 (Abb. 8). Er wurde 1930/31 erbaut und nach Kriegszerstörung 1949 wiederhergestellt. Ursprünglich lag er am Ende eines Hafenbeckens, das mittlerweile jedoch größtenteils zugeschüttet wurde. Dieses Schicksal hat viele alte Hafenbecken ereilt. Im Gegensatz zu früher braucht man heute nicht mehr etliche Kilometer Kaimauer, um möglichst viele Schiffe gleichzeitig abfertigen zu können, denn zum einen hat sich die Liegedauer der Schiffe im Hafen drastisch verkürzt, zum anderen sind die Schiffe gleichzeitig immer größer geworden. Lagen die Schiffe einst oft eine Woche oder gar länger im Hafen, so verlassen heute selbst die größten Containerschiffe meist innerhalb von ein bis zwei Tagen bereits wieder den Hafen. Die Seeleute sehen deshalb heute auch kaum noch etwas von den Städten, in denen sie vor Anker liegen.

An der Australiastraße biegen wir nach links ab und kommen zu den „50er-Schuppen" am Hansahafen (Abb. 9).

10 India-, Hansa- und Segelschiffhafen um 1930

⑥ Hansahafen / 50er-Schuppen

Der Hansahafen (Abb. 10 und 11) von 1893 ist noch vollständig erhalten. Hier befindet sich mit den zwischen 1909 und 1912 erbauten Schuppen 50 bis 52 das letzte Ensemble von Lagerschuppen aus der Kaiserzeit. Sie wurden als dreischiffige Konstruktionen aus Holz mit einem erhöhten Mittelschiff gebaut, das für eine bessere Belichtung sorgt. Die Kopfgebäude an den Stirnseiten (Abb. 13) beherbergten früher Verwaltungs- und Sozialräume, Umkleide- sowie Waschräume und auch Kaffeeklappen.

Vor allem am Bremer Kai lässt sich die Form des Stückgutumschlags vor Beginn der Containerisierung noch gut nachvollziehen. Die Arbeit an den Kais und Schuppen war früher eine sehr aufwendige, körperlich anstrengende Sache. Der Arbeitsablauf beim Stückgut verlief an den Kaianlagen folgendermaßen: Zunächst hob der Schiffskran das Kollo (ital. = Frachtstück, pl. Kolli) an Deck. Sodann bewegte der Kaikran die Ware vor den Schuppen bzw. auf die Rampe. Mit Sackkarren oder anderen Transportmitteln wurde sie

11 Krananlagen im Hansahafen   12 Zentrale Arbeitsvermittlung im Hafen um 1900

dann in den Schuppen gebracht, ehe sie dort von Hand gestapelt werden musste. Seit den 1920er Jahren gab es dann bereits Elektrokarren, mobile Kräne und Vorläufer der Gabelstapler, die die Arbeit vereinfachten und beschleunigten. Doch selbst die Vereinheitlichung durch Paletten und Gabelstapler seit den 1950er Jahren machte die Handarbeit noch nicht überflüssig. Erst die Einführung des Containers hat die Hafenarbeit radikal revolutioniert.

Die Arbeit im Hafen unterlag immer konjunkturellen und saisonalen Schwankungen. In der Kaiserzeit wurde sie überwiegend von Tagelöhnern bewältigt. Bei den einzelnen Hafenunternehmen gab es in der Regel nur eine geringe Stammbelegschaft. Feste Mitarbeiter waren Spezialisten wie Kran- und Ewerführer oder Maschinisten. Tagelöhner wurden Ende des 19. Jahrhunderts privat vermittelt, beispielsweise in Kneipen oder als „Lüd (Leute) von de Eck" an Straßenecken in Hafennähe. Die Vorarbeiter, die sogenannten „Vizen", stellten sich so je nach Bedarf ihre Teams, die „Gang", zusammen. Die Arbeit wurde also weder zentral noch gerecht verteilt. Häufig waren Vermittlungsgebühren z.B. in Form von Bier oder Schnaps fällig, die die Arbeiter zahlen mussten. Für viele Arbeiter bedeutete dies, dass sie kein geregeltes Einkommen bezogen. Ab 1906 existierte dann eine zentrale Arbeitsvermittlung (Abb. 12) durch einen freiwilligen Zusammenschluss verschiedener Hafenunternehmen, der vermehrt feste Arbeitsverhältnisse im Hafen schuf und die Arbeiter nach Bedarf für die entsprechenden

13 Kopfgebäude Schuppen 50A/Hafenmuseum Hamburg

14 Sloman-Siedlung 1882

Einsatzorte einteilte. Oft wurden Arbeitskräfte früher sogar per Radiodurchsage gesucht.

Die zunehmende Technisierung der Hafenarbeit hat dazu geführt, dass es den ungelernten Hafenarbeiter heute kaum noch gibt. Die Arbeit ist sehr viel spezialisierter geworden, und die Arbeiter benötigen eine höhere Qualifikation. Insgesamt ist die Zahl der Hafenarbeiter aber dramatisch gesunken. Vor gut einhundert Jahren (1895) waren etwa 25.000 Menschen als Hafenarbeiter beschäftigt, davon die Hälfte als Schauerleute, die die Schiffe be- und entluden. 2009 waren nur mehr ungefähr 3.500 sogenannte gewerbliche Hafenarbeiter im Einsatz, die aber oftmals hochqualifizierte Fachkräfte sind. Letztlich bewegen immer weniger Menschen in immer kürzerer Zeit eine immer größere Gütermenge.

Bis in die 1980er Jahre legten am Bremer Kai noch Stückgutfrachter an. Heute sind die Schuppen nur normale Lagerhallen für verschiedene Waren, z.B. Gewürze. Man kann einen der Schuppen für „Events" mieten, und hier ist auch der Standort des Hafenmuseums, das mit seinen Museumsschiffen und Hafenkränen in den kommenden Jahren zu einem „Themenpark" ausgebaut werden soll, der die Geschichte des Hafens vor der Containerisierung erlebbar macht (Abb. 13).

Gegenüber am O'Swaldkai herrscht hingegen noch reger Betrieb. Hier befindet sich ein Rollgutterminal, an dem z.B. neue und gebrauchte Autos auf spezielle Frachtschiffe verladen werden, und

15 Auswanderer warten auf der Veddel auf ihre
Abfertigung (1909)

16 Wohnsiedlung
Veddel heute

auch das Frucht- und Kühlzentrum der Hamburger Hafen- und Logistik AG (HHLA). Hier werden seit 1992 empfindliche Südfrüchte, insbesondere Bananen, umgeschlagen. Bananen kommen unreif in Hamburg an und bedürfen streng kontrollierter Lagerbedingungen, um weiter zu reifen. Nach wie vor werden sie zum Teil nicht im Container, sondern in Kartons direkt in Kühlschiffen transportiert.

Es lohnt sich auch, nach Norden bis ans Hansahöft zu gehen, da hier nicht nur das sehr schöne Kopfgebäude des Schuppens 52 zu sehen ist, sondern sich von hier auch ein beeindruckender Blick auf das Stadtpanorama und die Hafencity bietet. Langfristige stadtplanerische Visionen gehen davon aus, dass urbane Nutzungen in einigen Jahren auch auf das südliche Elbufer gegenüber der Hafencity „springen" werden. Bisherige Hafennutzungen würden dann durch Wohnungen, Büros und Freizeitangebote verdrängt werden. Beim Hansahöft liegen zumeist auch die großen Schwimmkräne der HHLA, die zur Verladung sperriger Schwergüter nach wie vor regelmäßig im Hafen im Einsatz sind.

Wenden wir uns anschließend zurück zum Veddeler Damm und gehen diesen nach links in Richtung Veddel weiter. An der großen Kurve folgen wir dem abschüssigen Weg rechts in Richtung Bahngleisen. Vorbei an einem verlassenen Zollposten und einer Flutmarke der Sturmflut 1962 gelangen wir durch die Unterführung in den Stadtteil Veddel. Veddeler Brückenstraße und

Slomanstraße führen uns ins Zentrum dieser Wohnsiedlung aus den 1920er Jahren.

❼ Veddel

Die Veddel, ursprünglich eine als Weideland genutzte Flussinsel, wurde seit der Gründerzeit systematisch als hafennahes Wohnquartier erschlossen. Zwischen 1879 und 1890 wurde hier durch eine von dem Reeder Sloman initiierte gemeinnützige Wohnungsbaugesellschaft eine Kolonie mit etwa zweihundert Wohnungen zumeist in Doppelhäusern mit eigenem Garten errichtet (Abb. 14). Ähnlich einer Gartenstadt handelte es sich um ein Reformmodell für das Wohnen der Arbeiter im eigenen Haus. Zwar waren die Wohnungen sehr klein – sie verfügten über ein Wohnzimmer von ungefähr zwölf Quadratmetern sowie drei weitere Räume und eine Küche von je sieben Quadratmetern –, dennoch bedeuteten sie im Vergleich zu den beengten Wohnverhältnissen in den lichtarmen Hinterhöfen der Arbeiterquartiere der Zeit, z.B. in den Gängevierteln der Innenstadt, einen gewissen Luxus.

Allerdings war der Sloman-Siedlung nur eine kurze Lebensdauer beschieden. Die Stadt erwarb das Gelände und ließ die Gebäude abreißen. An ihrer Stelle entstand zwischen 1924 und 1930 die noch heute existierende Klinker-Wohnsiedlung (Abb. 16 und 17). Das Gesamtkonzept wurde vom Hamburger Oberbaudirektor Fritz Schumacher entworfen und dann, abgesehen von der Volksschule am Slomanstieg, von verschiedenen Architekten ausgeführt. Insgesamt wurden hier insbesondere für Hafen- und Werftarbeiter etwa 1.500 Wohnungen mit eineinhalb bis drei Zimmern gebaut. Die Ausstattung der Wohnungen fiel dabei eher einfacher aus als in anderen Wohnsiedlungen der Weimarer Zeit. So gab es hier oft nur Duschen, und zum Teil wurde gänzlich auf Bäder verzichtet. Heute steht das Gebiet unter Milieuschutz, das heißt, der grundsätzliche Charakter des Viertels darf nicht verändert werden. Die Veddel mit ihren fast 5.000 Bewohnern ist heute ein sehr internationaler Stadtteil, umgeben von Hafen, Autobahn und Eisenbahn. Diese „Insellage" im Stadtgefüge wird der Stadtteil in der Zukunft vermutlich verlieren. Einerseits wird die Hafencity an die Elbbrücken heranwachsen, zum anderen bedeutet der anvisierte „Sprung

17 Luftbild der Wohnsiedlung Veddel von Fritz Schumacher (1932)

über dic Elbe" auch, dass die Veddel westliche Nachbarn bekommen könnte.

Unweit der S-Bahn-Station Veddel befindet sich das Museum „Bal-   Abstechertipp
linStadt", das an die hier zwischen 1901 und 1934 von der Ham-
burg-Amerikanischen Packetfahrt-Actien-Gesellschaft betriebene
„Auswandererstadt" erinnert. Hier machten die vornehmlich ost-
europäischen Auswanderungswilligen einen mehrtägigen Zwi-
schenstopp, bevor sie auf ihre hoffnungsvolle Schiffsreise in die
USA gingen. Dabei bestand die Auswandereranlage aus einem un-
reinen Teil im Süden, wo ärztliche Untersuchung, Bäder, Entseu-
chung und Quarantäne untergebracht waren, und einem reinen
Teil im Norden, wo die Auswanderer dann auf die Einschiffung
warteten (Abb. 15). In der Anlage war Platz für 5.000 Menschen.
Sie galt als vorbildlich und luxuriös und war mit Zentralheizung,
Duschräumen und elektrischem Licht ausgestattet. Hier gab es
auch Kirchen und eine Synagoge sowie koschere Kost. Verlassen
durften die Menschen die ummauerte Anlage allerdings nicht.

Hafencity-Spaziergang

Jörn Tietgen

Startpunkt: U-Bahn-Station Steinstraße (Ausgang Deichtor)
Endpunkt: Elbphilharmonie (Nähe U-Bahn-Station Baumwall)
Dauer: etwa 1,5 Stunden

Übersichtskarte Hafencity

1 Markt vor den Deichtorhallen, um 1915

Diese Tour erkundet Hamburgs jüngsten Stadtteil, die mittlerweile zu mehr als der Hälfte gebaute Hafencity. Unsere Strecke führt vom südlichen Ausgang der U-Bahn-Station Steinstraße beim Deichtorplatz einmal kreuz und quer durch den bisher bebauten Teil der Hafencity in Richtung Westen und endet an der Elbphilharmonie. Man mag sich natürlich fragen, warum eine gewachsene Millionenstadt wie Hamburg überhaupt in der Lage ist, im Innenstadtbereich einen neuen Stadtteil entstehen zu lassen, in dem, wenn er – ungefähr im Jahr 2025 – fertiggestellt sein wird, schätzungsweise so viele Menschen leben sollen wie im benachbarten Stadtteil Neustadt. In dieser Hinsicht befindet sich Hamburg allerdings in guter Gesellschaft mit anderen Hafenstädten. Auch London, Rotterdam oder Sydney haben in den letzten Jahrzehnten neue innerstädtische Quartiere entwickelt. Gemeinsam ist all diesen Städten, dass ihre traditionellen Hafengebiete mit der Revolutionierung der Hafenwirtschaft durch den Container und die stetig wachsenden Schiffsgrößen allmählich an Bedeutung verloren und brachfielen. Doch bevor wir hier ins

2 Deichtorcenter und Spiegel-Gebäude

Detail gehen, machen wir uns erst einmal auf den Weg in die Hafencity.

Hierfür gehen wir zunächst von der U-Bahn-Station über die Kreuzung in Richtung Deichtorhallen.

❶ Deichtorhallen

Bei diesen alten Markthallen handelt es sich um die ehemaligen Großmarkthallen der Stadt, die von 1911 bis 1914 erbaut wurden. Zuvor hatte das Großmarktgeschehen am Hopfenmarkt und dem nahegelegenen Meßberg stattgefunden. Die rasant steigende Einwohnerzahl im späten 19. und frühen 20. Jahrhundert machte jedoch neue, größere und leistungsfähigere Marktflächen nötig. Dafür wurde der Platz unterkellert, so dass hier Waren gelagert werden konnten, und auch die Kasematten im Bahndamm hinter den Hallen konnten für diesen Zweck genutzt werden (Abb. 1). Bei Errichtung der Hallen wurde, wie bei vielen anderen Hamburger Bauten jener Zeit, auf den Backstein als Baumaterial zurückgegriffen. Zum Marktensemble gehört außerdem eine etwas weiter nördlich am Klosterwall gelegene Halle, die heute als »Antik-Center« und Veranstaltungsort für Rockkonzerte sowie als Sitz des Kunstvereins und der Freien Akademie der Künste genutzt wird.

3 Wasserstofftankstelle

Nachdem 1962 unweit von hier neue Großmarkthallen errichtet wurden, standen die Markthallen zeitweilig leer, ehe sie 1988/89 in zwei Ausstellungshallen für zeitgenössische Kunst und Fotografie konvertiert wurden. Architektonisch sind die baulichen Anleihen bei Sakral-, aber auch bei Bahnhofsbauten auffallend – zuvor hatte sich an dieser Stelle der Bahnhof der Eisenbahnlinie nach Berlin befunden, der mit dem Bau des Hauptbahnhofs überflüssig geworden war. Auch im Backsteinkontorhaus hinter der Eisenbahn wurde gehandelt: Im »Fruchthof« (Claus Meyer, 1910/11) fanden bis in die 1970er Jahre Obstauktionen statt, und noch heute sitzen hier einige Fruchthandelsfirmen.

Wir gehen über die Oberbaumbrücke und gelangen so in die Hafencity. Das gläserne Gebäude auf der rechten Seite, das wir vor der Brücke passieren, ist nicht Bestandteil der Hafencity, bildet aber unverkennbar den Übergang von der Innenstadt in den neuen Stadtteil. Es handelt sich dabei um das »Deichtorcenter« (Bothe Richter Teherani, 2000–02). Auf einer dreieckigen Grundfläche haben die Architekten hier mehrere Z-förmige Gebäuderiegel übereinander aufgetürmt, die durch ihre Anordnung Hohlräume für großzügige Eingangsbereiche und Wintergärten lassen.

Nach Überqueren der Brücke haben wir die Hafencity nun erreicht.

4 Ericus, 1906

❷ Ericus / Brooktor

Auf der rechten Straßenseite begegnet uns die futuristische Wasserstofftankstelle, die unter anderem für die Betankung der Hamburger Brennstoffzellenbusse eingesetzt wird, links befindet sich das gläserne Doppelgebäude am Ericus (Henning Larsen, 2008–11), das sich gut zum Deichtorcenter fügt und den Auftakt der Hafencity darstellt (Abb. 2+3). Die beiden Häuser sind, wie viele andere hier, nach hohen ökologischen Standards errichtet worden. So wird Energie in ihnen beispielsweise auch mittels geothermischer Sonden gewonnen. Im vorderen Haus hat der »Spiegel«-Verlag sein neues Quartier bezogen. Das dahinter anschließende »Ericus-Contor« mit gleicher Fassadengestaltung wird von verschiedenen Firmen genutzt. Gelungen sind die öffentlichen Freiräume zwischen den Häusern und entlang der Hafenkante. Wir gehen nun zwischen ihnen hindurch zum Ericusgraben und wenden uns dann nach rechts auf die Brooktorpromenade mit ihrer Gastronomie und den südseitigen Sitzgelegenheiten. Der Name »Ericus« geht noch auf eine der nach den Vornamen der damaligen Ratsherren benannten Bastionen als Bestandteil der Wallanlagen aus dem 17. Jahrhundert zurück, die sich an diesem Ort befand (Abb. 4).

In dem mäandernden Backstein-Glas-Komplex (von Gerkan Marg und Partner, Störmer Architekten, Antonio Citterio and

5 Germanischer Lloyd und Spiegel-Gebäude   6 Ökumenisches Forum

Partners), zu dem wir gelangen, wenn wir der Promenade ein Stück weiter in Richtung Westen folgen, hat die global agierende »DNV GL Group« ihren Sitz, zu der unter anderem der »Germanische Lloyd« gehört, ein Unternehmen, das neben dem Betrieb einer Art »Schiffs-TÜV« auch in der Öl- und Gasförderung sowie in der Wind- und Solarenergie-Sparte aktiv ist (Abb. 5). Material und Bauhöhe orientieren sich, abgesehen von den drei etwas höheren Bauten, an der dahinterliegenden Speicherstadt, die wie auch die vergleichsweise flache Bebauung der Hamburger Innenstadt den Maßstab für die meisten Projekte in der Hafencity setzt. Nur punktuell sind Akzente durch höhere Gebäude vorgesehen. Links am Wasser sehen wir ein älteres Zollgebäude von 1907, das erhalten bleiben wird.

Wir gehen nun weiter die Promenade entlang bis zur Shanghaibrücke, die wir in Richtung der älteren, in die Hafencity integrierten Speichergebäude überqueren.

Shanghaiallee

An der Shanghaiallee befinden wir uns im östlichen – erst zum Teil realisierten – Zentrumsbereich des Stadtteils. Neben dem neuen Hauptzollgebäude ist bereits ein Wohn- und Geschäftshaus sowie mit dem Ökumenischen Forum auch ein kleiner Sakralbau entstanden (Abb. 6). Eine eigene Kirche wird die Hafencity allerdings nicht erhalten, denn die nahegelegene St. Katharinen-Kirche, die seit den Sanierungen und Kriegszerstörungen in der Innenstadt kaum über eine nennenswerte lokale Gemeinde verfügte, hat genügend Kapazitäten, um die vornehmlich protestantische Bevölkerung zu versorgen. Im Ökumenischen Forum (Wandel, Hoefer, Lorch + Hirsch, 2012–14) haben sich – einmalig in Deutschland – 19 christliche Kirchen zur Realisierung einer Begegnungsstätte, eines Cafés und einer Kapelle zusammengeschlossen. Die an mehreren Stellen organisch vor- und zurückschwingende Fassade deutet unter anderem an, wo sich im Gebäude die Kapelle befindet und schafft Platz für eine Glocke zur Straßenseite. Zudem finden sich in dem Haus Wohnungen eines christlichen Konvents. Im weiteren Verlauf der Straße wird noch ein »Musikerhaus« mit Wohnungen und schallisolierten Musizierzimmern sowie ein vornehmlich von Menschen mit Behinderung betriebenes Hotel entstehen.

Auf der gegenüberliegenden Straßenseite sind neben dem erhaltenen Fabrikgebäude, das ein Automuseum und Büros beherbergt und früher von der »Harburger Gummi-Kamm-Compagnie« genutzt wurde, Wohn- und Geschäftsgebäude geplant. Dahinter wird sich die zentrale Grünfläche der Hafencity anschließen, der Lohsepark, von dem bereits ein kleines Stück angelegt worden ist. Neben seiner Funktion als »grüne Lunge« wird er auch eine Gedenkstätte sein, denn auf seiner Fläche befand sich früher der Hannoversche Bahnhof, von dem aus in der Nazizeit Deportationen in die Konzentrationslager stattfanden. Zudem stellt der Lohsepark den Auftakt für die östlichen Quartiere der Hafencity dar, die erst in den nächsten Jahren schrittweise verwirklicht werden. Rund um ein historisches Hafenbecken, den Baakenhafen, werden vornehmlich Wohn- und Freizeitnutzungen entstehen. Dazu gehören dann auch eine Grundschule, Kitas und ein Gymnasium sowie Sportstätten. Wohnten 2014 nur gut 2.000 Menschen in der Hafencity, so sollen es nach Abschluss der letzten Bauphase rund 12.000 Menschen sein. Im Oberhafenquartier jenseits des Bahndamms werden kreative und kulturelle Nutzungen vorherrschen. Nur am östlichsten Ende der Hafencity bei den Elbbrücken werden aller Voraussicht nach auch höhere Bürogebäude entstehen, die dann wie ein Ein-

7 Öffentliche Promenade am Magdeburger Hafen

gangstor in die Stadt und den Stadtteil fungieren. Bis dorthin wird
auch die U-Bahn-Linie 4 verlängert werden, um an die bestehende
S-Bahn-Strecke bei den Elbbrücken angebunden werden zu können, die hier eine neue Haltestelle erhält.

Auch im Osten werden die Wege am Wasser allesamt öffentlich
sein. Insgesamt entstehen in der Hafencity mehr als zehn Kilometer öffentliche Fußwege am Wasser (Abb. 7). Wenn die Hafencity
sich dereinst bis an die Elbbrücken ausgedehnt haben wird, wird
das nicht ohne Konsequenzen für die dort gelegenen und heute nur
unzureichend ins Stadtleben integrierten Nachbarstadtteile Rothenburgsort und Veddel bleiben. Am Ende der Shanghaiallee liegt
gegenüber die HafenCity Universität (code unique Architekten,
2010–13), die sich als interdisziplinäre »Universität für Baukunst
und Metropolenentwicklung« versteht.

Wir biegen nun rechts in die Überseeallee ab und dann vor der
nächsten Brücke erneut nach rechts, wo wir an den »Elbarkaden«
am Magdeburger Hafen entlangflanieren.

❹ Magdeburger Hafen

Der Magdeburger Hafen, der in die Norderelbe mündet, bildet die Verlängerung einer zentralen Achse innerhalb des Stadtgefüges. Von hier sind es nach Norden nur wenige Hundert Meter, bis man durch die Speicherstadt und vorbei am Domplatz geradeaus zum Jungfernstieg gelangt. Es entbehrt sicher nicht einer gewissen Logik, dass das Herz der Hafencity deshalb auch rund um den Magdeburger Hafen entsteht. Inwiefern die Hafencity ein eigener Stadtteil oder ob sie doch eher ein Appendix der Innenstadt sein wird, wird sich allerdings noch entscheiden müssen. Viel hängt davon ab, ob die zukünftigen Bewohner des Stadtteils hier selbst den Kern ihres Viertels ausmachen werden oder ob sie das Terrain eher den Touristen und Schaulustigen überlassen werden.

Das ostseitige Ufer wird dominiert vom Komplex der Elbarkaden (Abb. 8, Bob Gysin + Partner, 2012–14), einem langgestreckten Gebäuderiegel mit öffentlichen Promenaden und Arkaden sowie dahinterliegenden vor- und zurückspringenden Wohn- und Geschäftsgebäuden samt Dachgärten. Wie der Name bereits andeutet, ist dieser Bau ein elbnahes Gegenstück zu den Alsterarkaden, der es an Eleganz aber mit dem Vorbild kaum aufnehmen kann. Auch die dahinterliegende Bebauung verströmt äußerlich eine gewisse backsteinerne Langeweile. Spannend ist aber auch hier, dass es sich um hervorragende Beispiele nachhaltigen Bauens handelt, nicht zuletzt weil »Greenpeace« seine neue Zentrale dort eingerichtet hat. Windräder, Photovoltaik, Geothermie, Einsatz umweltfreundlicher Baustoffe und effiziente Isolierung sorgen für eine überdurchschnittlich gute Energie- und Umweltbilanz.

Am Ende der Arkaden stoßen wir auf den Kaispeicher B (Hanssen & Meerwein, 1878/79), ein Lagergebäude aus der Zeit vor dem Bau der Speicherstadt, das umgestaltet wurde und seit 2008 Raum für die maritime Sammlung des ehemaligen Vorstandsvorsitzenden des Springer Verlags, Peter Tamm, bietet. Hier versammelt sich eine aberwitzige Mischung an Exponaten mit Bezügen zur Schifffahrt. Kritisiert wurde bei der Eröffnung des Museums vor allem, dass die Stadt rund dreißig Millionen Euro für den Umbau zur Verfügung stellte, aber kaum Einfluss auf die inhaltliche Gestaltung der Ausstellung (die einen Schwerpunkt

8 Elbarkaden   9 Überseeboulevard

auf die militärische Seefahrt – auch jene der Nazizeit – legt) nehmen konnte.

Wir gehen nun nach links über die Busanbrücke. Das westseiti-
ge Ufer des Magdeburger Hafens ist geprägt durch eine einladende
Freiraumgestaltung (Beth Gali BB + GG Arquitectes), die uns schon
einmal einen kleinen Vorgeschmack auf weitere architektonisch
gestaltete öffentliche Frei- und Grünflächen gibt, auf die wir im
Laufe unserer Tour stoßen werden. Geradeaus gelangen wir über
die Ampel und ein kurzes Verbindungsstück zum Überseeboulevard, der Haupteinkaufszone der Hafencity.

Überseequartier ❺

Der Überseeboulevard mit seinen leichten Schwüngen zieht
sich bisher nur durch den nördlichen Teil des Überseequartiers
(Abb. 9). Hier finden sich im Erdgeschoss Einkaufsmöglichkeiten,
vor allem auch solche für den täglichen Bedarf. Umgeben ist die
Fußgängerzone von einer dichten Bebauung mit viel Wohnanteil,
die auf den letzten freien Flächen im nördlichen Bereich durch
einen Turm mit luxuriösen Eigentumswohnungen sowie zwei Gebäude mit Wohnungen, einem Hotel und auch einem Kino ergänzt
wird. Vor allem von Letzterem verspricht man sich mehr Besucher
im Überseequartier. In das erhaltene ehemalige Gebäude der Ha-
fenverwaltung wird vornehmlich Gastronomie und ein Hotel ein-
ziehen, und auch ein Wochenmarkt soll daneben etabliert werden.

Nachdem wir uns ein wenig umgeschaut haben, gehen wir den Überseeboulevard nach links weiter bis zur nächsten Straße. Dabei passieren wir das architektonisch auffallendste und vielleicht mutigste Gebäude des Quartiers, das mit schrägen, felsartig anmutenden Fassaden versehene, »Sumatra« genannte Wohn- und Geschäftshaus (Abb. 10, Erick van Egeraat Architekten), dessen Farbgebung so wirkt, als würde Farbe an dem Bauwerk herablaufen.

An der Straße öffnet sich der Blick auf den südlichen Bereich des Überseequartiers, dessen Bebauung zwar weitgehend geplant ist, nach erheblichen Verzögerungen aber ihrer Umsetzung harrt. Hier hat es sich vermutlich als kontraproduktiv erwiesen, vom vorherrschenden Konzept der kleinteiligen Grundstücksvergabe und -entwicklung abzuweichen, wie es in den anderen Quartieren praktiziert wird. Stattdessen hatte die städtische Entwicklungsgesellschaft ein großes, zentrales Areal durch ein Investorenkonsortium entwickeln lassen. Finanzielle Probleme dieses Konsortiums haben sich als erhebliche Entwicklungsbremse erwiesen. In einigen Jahren wird der Überseeboulevard sich hier, vermutlich umgeben von relativ massigen, backsteinroten Büro- und Einzelhandelsgebäuden, weiter bis an die Norderelbe schlängeln. Erst zum Wasser hin wird die äußere Farbgestaltung – wie auch an anderer Stelle – zugunsten hellerer Töne aufgegeben. Leider nicht mehr realisiert wird dann das von dem niederländischen Stararchitekten Rem Kohlhaas entworfene „Science Center". Avisiert war ein aus aufgeschichteten Containern gebildeter Ring, der eine wie auch immer geartete Wissenschaftserlebniswelt beherbergen sollte. An seiner Stelle wird nun ein weiteres Bürogebäude zu Lasten einer spektakulären kulturellen Nutzung entstehen. Dass an dieser attraktiven Stelle keine Wohnungen errichtet werden, hat leider auch praktische Gründe. Denn durch das benachbarte Kreuzfahrtterminal, das noch durch einen großen repräsentativen Neubau ersetzt werden soll, ist der südliche Bereich der Hafencity starken Belastungen ausgesetzt, die von extrem schädlichen Schiffsabgasen verursacht werden. Noch einsam, ragen auf der freien Fläche die Eingänge zur U-Bahn-Station »Überseequartier« aus dem Boden. Seit Ende 2012 ist die Hafencity vom Jungfernstieg aus mit der U4 in wenigen Minuten erreichbar.

10 Sumatrakontor   11 Kühne Logistics University

Wir spazieren nun nach rechts die Straße »Am Dalmannkai«
weiter und gehen an deren Ende nach links über den Großen Grasbrook in Richtung Strandkai. Nah am Wasser stehen hier zwei
markante Gebäude: der »Marco-Polo-Tower« (2007–10) und das
»Unilever«-Haus (2007–09), beide entworfen vom Architekturbüro Behnisch. Auf dem Weg passieren wir mit dem heutigen Sitz der
»Kühne Logistics University«, der ursprünglich für ein Software-
Unternehmen gebaut wurde, das erste in der Hafencity fertiggestellte Gebäude (Abb. 11, Spengler Wiescholek, 2001–03). Es wurde
gebaut, noch bevor das Gelände der Speicherstadt und der damals
noch zukünftigen Hafencity 2003 aus dem Freihafenbereich he-
rausgeschnitten wurde. Rechtlich bewegte man sich damit in einer Grauzone, denn im Freihafen waren nur hafennahe Nutzungen
erlaubt.

Begonnen hatten die Planungen für einen neuen Stadtteil auf
für den Hafen nicht mehr benötigten Flächen im Jahr 1997. Zu jenem Zeitpunkt hatte die Stadt bereits dafür gesorgt, dass die meisten Grundstücke und Gebäude im Staatsbesitz sind. Im Jahr 2000
wurde dann ein sogenannter »Masterplan« verabschiedet, der den
Rahmen für eine Neubebauung – unter anderem Straßenführun-
gen, Bauhöhen und Baumassengruppierungen sowie Nutzungs-
vorgaben – absteckte. An diesem – für die östliche Hafencity 2010
überarbeiteten – Masterplan orientiert sich die Entwicklung des
Stadtteils von West nach Ost und Nord nach Süd.

12 Marco-Polo-Tower und Unilever-Haus

13 Atrium des Unilever-Hauses

❻ Marco-Polo-Tower / Unilever-Haus

Marco-Polo-Tower und Unilever-Haus bilden zwei markante Akzente am Elbufer (Abb. 12). Auffallend ist an dem Bürogebäude des Unilever-Konzerns, das 2009 bei den World Architecture Festival Awards in Barcelona als bestes Bürogebäude der Welt ausgezeichnet wurde, vor allem die vorgehängte Membran, die Schutz vor Wind sowie den Emissionen der Kreuzfahrtschiffe bieten soll und zugleich das Innenklima reguliert. Der Erdgeschossbereich ist großenteils öffentlich zugängig, so dass wir Gelegenheit haben, das Atrium mit seinen Brücken und Treppen zu durchqueren (Abb. 13). Auf der anderen Seite erwartet uns eine zur Elbe hin abfallende Treppenanlage, die einen wunderbaren Blick über den Hafen bietet und einen Vorgeschmack auf die weitere Urbanisierung des Hafenraums gibt. Langfristig muss die Erschließung neuer Stadtteile nämlich nicht hier am Nordufer der Elbe enden, sondern soll zu einem »Sprung über die Elbe« ansetzen. Ist die Hafencity einmal fertig und hat die Stadt dann noch zusätzlichen Bedarf an einer innerstädtischen Erweiterung, so könnten die heute unter anderem zur Verladung von Gebrauchtautos und dem Anlanden von Südfrüchten genutzten Hafenanlagen auf dem gegenüberliegenden Ufer einmal Standort einer zweiten »Hafencity« werden, die dann auch die daneben und dahinter liegenden Stadtteile Veddel

14 Marco-Polo-Terrassen

und Wilhelmsburg noch näher an das urbane Geschehen anbinden könnte.

Gleich nebenan schraubt sich der (ebenfalls mehrfach preisge-krönte) Marco-Polo-Tower in rhythmischen Schwüngen gen Him-mel. Er bietet die bisher teuersten Wohnungen der Hafencity und – zumindest in den oberen Etagen – auch nach der Fertigstellung weiterer Gebäude am Strandkai einen spektakulären und unein-geschränkten Blick über den Hafen. Auf der Kaizunge in Richtung Westen werden in den nächsten Jahren drei weitere Gebäude mit gemischter Nutzung entstehen, darunter eine Reihe von durch Ge-nossenschaften und Baugemeinschaften finanzierten Wohnungen.

Wir gehen nun zurück in nördlicher Richtung. Bevor wir zu den Marco-Polo-Terrassen kommen, sei rechts noch auf den Gras-brookpark, den ersten größeren Spielplatz der Hafencity, hinge-wiesen, der 2013 eröffnete.

Marco-Polo-Terrassen

Auf dem bisherigen Weg dürfte uns bereits aufgefallen sein, dass auf die Gestaltung der Freiräume in der Hafencity beonderer Wert gelegt wird. Diese sollen attraktive Orte mit, wie die Architekten sagen, »hoher Aufenthaltsqualität« sein, Orte, an denen man gern seine Mittagspause verbringt oder als Tourist ein Eis schleckt.

15 Sandtorpark mit »Skai« und »Coffee Plaza«   16 »Coffee Plaza«

Die Marco-Polo-Terrassen sind ein gelungenes Beispiel hierfür (Abb. 14). Auch wenn ihre reißbretthafte, abgezirkelte Struktur und das in homöopathischen Dosen eingesprengselte Grün Naturpuristen wohl kaum überzeugen werden, so bieten die Terrassen am Grasbrookhafen doch einige Qualitäten und werden an sonnigen Tagen dementsprechend intensiv genutzt. Das Hafenbecken wird noch zu einer Sportboot-Marina, also einem Yachthafen, umgestaltet werden, der auch innerstädtische Parkplätze für die Freizeitkapitäne bieten wird.

Das rechte Ufer des Grasbrookhafens ist bereits vollständig bebaut. Hier finden sich vor allem Gastronomien im Uferbereich sowie abgetrennt davon auf erhöhter, sturmflutsicherer Ebene Wohngebäude (vgl. Station 9). Die ursprünglichen Planungen sahen vor, dass in der Hafencity ungefähr Wohnraum für 12.000 Menschen entstehen soll und schätzungsweise 20.000 Menschen in den Büros und Geschäften ihre Arbeitsplätze finden. Im weiteren Verlauf der Planungen hat sich dieses Verhältnis allerdings eindeutig zuungunsten der Wohnnutzung verschoben. Mittlerweile geht man davon aus, dass langfristig gut 45.000 Menschen täglich zur Arbeit in die Hafencity kommen werden. Die große Fläche des Gebiets und die vergleichsweise geringe Nutzung als Wohnstandort, insbesondere in den der Innenstadt am nächsten gelegenen Quartieren, könnten also dazu führen, dass das Ziel eines lebendigen, quirligen neuen Stadtteils nicht vollends realisiert werden kann.

17 Katharinenschule in der Hafencity

18 Historischer Kran am Sandtorhafen

Wir gehen den Großen Grasbrook einige Meter weiter nach Norden und gelangen schnell an die Magellan-Terrassen und den Sandtorpark, dem wir uns zuerst widmen wollen.

Sandtorpark

Der Sandtorpark lädt mit seinen geschwungenen Grünflächen, zahlreichen Sitzgelegenheiten und einigen Spielmöglichkeiten zum Verweilen ein. Dabei funktioniert er eher wie ein begrünter, öffentlicher Platz denn als Park. Wie die meisten anderen Freiräume in der westlichen Hafencity wurde auch der Sandtorpark vom spanischen Büro EMBT gestaltet.

An dieser Stelle sei nur auf drei Gebäude der umgebenden Bebauung verwiesen. In Richtung Speicherstadt fällt das rötlich-braun schillernde Bürohaus »SKAI« ins Auge (Abb. 15, Böge Lindner K2 Architekten, 2008–09), dessen strenge Fassade durch Einschnitte und die zurückgesetzten Untergeschosse aufgelockert wird und farblich eine Verbindung zur benachbarten Speicherstadt herstellt. Mittig wird der Platz von der »Coffee Plaza« (Abb. 16, Richard Meier & Partners, 2008–10) überragt. Wohltuend hebt sich dieses Gebäude mit seiner ovalen Form von der Dominanz kubischer Flächigkeit ab, bleibt aber ansonsten in seiner Fassadenstruktur auch einer etwas ausdruckslosen Regelmäßigkeit verhaftet. Ein bisschen Unangepasstheit vermittelt hingegen das farbenfrohe Haus rechts neben der »Coffee Plaza«. Bunt und laut geht es vermutlich auch im Inneren des Öfteren zu, denn es handelt sich hier um die erste Grundschule des Stadtteils (Abb. 17, Spengler Wiescholek, 2006–09). Da Grund und Boden in der Hafencity wertvoll sind, mussten raumsparende Lösungen gefunden werden. Die Turnhalle ist in das Haus integriert, eine winzige Sportanlage findet sich in dem überkragenden Gebäudeteil rechts, und der quietschbunte Pausenhof wurde auf dem Dach platziert.

Wir verlassen nun den Sandtorpark nach Westen. Material und Bodengestaltung leiten uns dabei direkt zu den Magellan-Terrassen, einem sehr urbanen, mediterran-hellen Freiraum, der zum Sandtorhafen hinabführt (Abb. 19).

❾ Magellan-Terrassen / Sandtorhafen

Der Sandtorhafen aus den 1860er Jahren war das erste moderne Hafenbecken Hamburgs. Man kann an dieser Stelle sehr schön sehen, dass in der Hafencity versucht wird, die Neugestaltung an die Geschichte der Orte anzubinden. Kaianlagen bleiben hier weitgehend erhalten und werden sogar zum Teil um ortsfremde maritime Details wie Hafenkräne (die es hier in dieser Form gar nicht gab) ergänzt (Abb. 18). Mit der Entscheidung, die Kaianlagen als attraktive Promenaden am Wasser zu erhalten, wurden auch zwei grundlegende Vorgaben gemacht. Zum einen kann kein Grundeigentümer Zäune ziehen und auf diese Weise sein persönliches Stück Wasserkante reklamieren, eine Vorgabe, die beim Bau des »Hanseatic Trade Center« im westlichsten Bereich am nördlichen Ufer des Sandtorhafens in den 1990er Jahren beispielsweise nicht gemacht wurde. Dort halten private Wege die Öffentlichkeit vom Wasser fern.

Der Erhalt der Kaianlagen hat zum anderen allerdings auch zur Folge, dass für einen effektiven Flutschutz der Gebäude andere Lösungen gefunden werden müssen als hohe wasserseitige Mauern oder Deiche. Eine Antwort auf dieses Problem ist das alte Prinzip der Warft, bei dem die Häuser auf einem flutsicheren, erhöhten Niveau errichtet werden und man in Kauf nimmt, dass tieferliegende Gebiete von Sturmfluten überspült werden. Die Häuser am Sandtorhafen stehen dementprechend auf Sockeln, in denen sich wiederum durch Schotten verschließbare Tiefgaragen befinden.

19 Magellan-Terrassen

Im Notfall sind die Häuser auf diese Weise, selbst wenn sie von den Fluten umgeben sein sollten, stets erreichbar. Stehen die Gebäude hingegen auf flutgefährdetem Terrain, so muss auf andere Art für den Flutschutz gesorgt werden. Beim Restaurant in der Nordostecke des Sandtorhafens können die Räume deshalb mit in den Boden versenkbaren Stahlwänden geschützt werden.

Am rechten nördlichen Ufer des Sandtorhafens ist das Grundprinzip der Vergabe von Bauflächen gut erkennbar. Die Stadt verkauft die Grundstücke möglichst kleinteilig und nicht unbedingt immer an den Bieter mit dem höchsten Gebot. Auch das Nutzungskonzept des Investors spielt eine Rolle, so dass die Stadt einen gewissen Einfluss auf das Entstehende ausüben kann. Bei gleichzeitiger Vorgabe einiger grundsätzlicher Regeln für die zu errichtenden Gebäude ergibt sich hieraus die schöne Konsequenz, dass unterschiedliche Bauherren und Architekten zum Zuge kommen. Trotz einer erkennbaren strukturellen Ähnlichkeit und selbst wenn manches Bauwerk nicht jeden ästhetisch zu überzeugen vermag, ist eine abwechslungsreiche Wohn- und Bürobebauung entstanden, die sich wohltuend von den massiven Investorenblöcken an der Kehrwiederspitze abhebt.

Wir gehen nun ein Stück weit links am Hafenbecken entlang, das für einen Museumsschiffhafen genutzt wird, und dann beim ovalen Wohnturm die Treppen hinauf. An dieser Stelle lässt sich der Übergang vom flutgefährdeten zum sicheren Stadtgebiet auf Straßenniveau sehr gut nachvollziehen. Geradeaus gelangen wir jenseits der Straße zum kleinen Vasco-da-Gama-Platz.

⑩ Vasco-da-Gama-Platz / Kaiserkai

Der Vasco-da-Gama-Platz bietet nicht nur einen Farbtupfer, sondern stellt auch eine Querverbindung zwischen Sandtor- und Grasbrookhafen dar. An beiden Hafenbecken sind zahlreiche Wohnungen entstanden, die sich entlang der Straße »Am Kaiserkai« zu einem dichten, urbanen Quartier fügen. Dabei handelt es sich in diesem innenstadtnahen und schon beim Bau recht gut an die Infrastruktur der Stadt angebundenen Bereich vornehmlich um hochpreisigen Wohnraum – die Kaufpreise für Wohneigentum bewegen sich hier im Bereich von für Hamburger Verhältnisse nicht ungewöhnlichen 3.000 Euro pro Quadratmeter bis zu schwindelerregenden Höhen von über 10.000 Euro, je nach Lage und Ausstattung. Auch die Mietpreise sind zum großen Teil im höherpreisigen Segment von durchschnittlich etwa fünfzehn bis zwanzig Euro Kaltmiete pro Quadratmeter angesiedelt. Lediglich in den wenigen von Baugenossenschaften errichteten Häusern war die Realisierung von Mieten knapp unter zehn Euro pro Quadratmeter möglich.

Es bleibt zu hoffen, dass im östlichen Bereich der Hafencity jenseits des Magdeburger Hafens, der ja einst das Hauptwohngebiet des Stadtteils sein wird, tatsächlich auch mehr günstiger Wohnraum entsteht. Zu diesem Zweck sollen bei der Grundstücksvergabe verstärkt auch Baugemeinschaften berücksichtigt werden. Seit 2011 wird zudem ein Drittel des entstehenden Wohnraums öffentlich gefördert.

Wie schwierig es ist, Lebendigkeit in einem neuen Stadtteil zu etablieren, verdeutlichen zwei kleine Beispiele. Denn offenbar war es bereits nötig, die Nutzung des winzigen Basketballfelds zeitlich einzuschränken, damit das Leben nicht zu oft oder gar zu laut

20 Basketballplatz

21 Spaßbremsen auf dem Vasco-da-Gama-Platz

durch die Fenster der umliegenden Häuser dringen kann (Abb. 20). Und auch Skatern wird das Leben schwergemacht, wie auf unserem Weg nach Süden die kleinen Metallknubbel an der Rampen- und Treppenanlage hinunter zum Kaiserkai erkennen lassen, die die Inbesitznahme des öffentlichen Raumes durch den urbanen Sport verhindern sollen (Abb. 21). Immerhin wurde mittlerweile eine kleine offizielle Skateanlage in der Nähe des Kreuzfahrterminals eröffnet. Als ein Ort der Subkultur hat sich die Hafencity bisher trotzdem nicht hervorgetan. Eher steht sie für Cocktail denn für Rock'n'Roll und Flaschenbier. Vielleicht müssen sich ein paar schicke Ecken und Kanten aber auch erst ein wenig abnutzen, ehe sich die nicht von der Stadt sanktionierte Kultur und die entsprechenden Kneipen hier etablieren können.

Am Wasser angekommen, folgen wir der Promenade, die an sonnigen Tagen, insbesondere am Wochenende, intensiv von den Besuchern genutzt wird, nach rechts. Geschützt vor den Blicken der Spaziergänger, verfügen die Häuser über kleine private Innenhöfe.

Elbphilharmonie **⓫**

Am Ende der Promenade und am Schluss unserer Tour steht das architektonische Highlight der Hafencity und ihr bisher größtes finanzielles Desaster, die »Elbphilharmonie«. Im April 2007 wurde mit dem monumentalen Bau, der den markantesten Platz der Hafencity einnimmt, begonnen. Nicht weniger als ein neues Wahrzeichen der Stadt soll sie werden, eine Ikone wie der Eiffelturm oder die Oper in Sydney. War es ursprünglich der Gedanke, den wogenartigen, gläsernen Baukörper auf den an diesem Platz stehenden Kaispeicher A aus den 1960er Jahren aufzusetzen, so musste dieser Plan bald aufgegeben werden. Nur die Fassaden des Speichers blieben letztlich erhalten. Der Entwurf der Elbphilharmonie stammt von den Architekten Herzog & de Meuron und umfasst weit mehr als ein neues Konzertgebäude (Abb. 22). Neben einem zentralen Konzertraum für rund 2100 Besucher wird das Gebäude noch zwei kleinere Konzertsäle, Verwaltungsräume und Parkdecks, im östlichen Bereich ein Hotel sowie 45 Luxuswohnungen zur westlichen Front hin beherbergen. Auf Höhe des ehemaligen Speicherdachs wird sich ein großer öffentlich zugänglicher Bereich mit Blick über den Hafen und die Stadt befinden. Auffallend sind vor allem die teilweise gebogenen Fensterelemente. Die eingedruckten Punkte aus Chrom sollen das Sonnenlicht reflektieren und dadurch eine zu starke Aufheizung der Räume verhindern. Zahlreiche Streitigkeiten haben den Bau begleitet, der eigentlich bereits 2010 fertiggestellt sein sollte, dessen Eröffnung sich aber auf das Frühjahr 2017 verschob. Parallel zu den Verzögerungen hat sich auch der Anteil der Stadt an den Baukosten erheblich erhöht. Ging man anfangs von – sicherlich schon damals zu optimistisch geschätzten – 77 Millionen Euro aus, so hat sich diese Summe auf unglaubliche 789 Millionen Euro mehr als verzehnfacht. Die Gesamtkosten des Baus werden auf etwa 865 Millionen Euro geschätzt. Vor allem an dieser immensen Kostensteigerung für ein Projekt, dessen Nutzen für die Allgemeinheit nicht jedem spontan einleuchtet, entzündete sich die Kritik. Einnahmen durch Verkäufe der kommerziellen Flächen (Hotel, Gastronomie, Parkhaus) stehen dem bisher nicht entgegen. Erst 2030 können diese verkauft werden. Auch vom Verkauf der 45 Luxuswohnungen wird die Stadt nicht profitieren, obwohl dies die mit Abstand teuersten Wohnungen Hamburgs sein werden mit Quadratmeterpreisen von ca. 16.000 bis 36.000 Euro!

Viel steht und fällt sicher damit, ob die Elbphilharmonie als Konzertort überzeugt und international neue Maßstäbe setzt, wie die verantwortlichen Fachleute es versprochen haben. Und auch

22 Elbphilharmonie

ob der Bau eine andauernde touristische Anziehungskraft entfaltet, von der die Stadt als Ganze langfristig profitiert, entscheidet wohl über seine Akzeptanz bei den Hamburgern. Als Versäumnis mag es sich dabei erweisen, der Elbphilharmonie nicht auch eine U-Bahn-Station gegönnt zu haben, denn gerade an Schlechtwettertagen könnte die Entfernung zur nächsten U-Bahn-Haltestelle für ordentliches Verkehrschaos auf den umliegenden Straßen sorgen.

Hausfassaden-Spaziergang

Stefanie Reimers

Startpunkt: Steinstraße (U-Bahn-Station Steinstraße / U 1)
Endpunkt: Neuer Jungfernstieg (U-Bahn-Station Gänsemarkt / U 2)
Dauer: ca. 2,5 Stunden

Übersichtskarte Altstadt und Neustadt

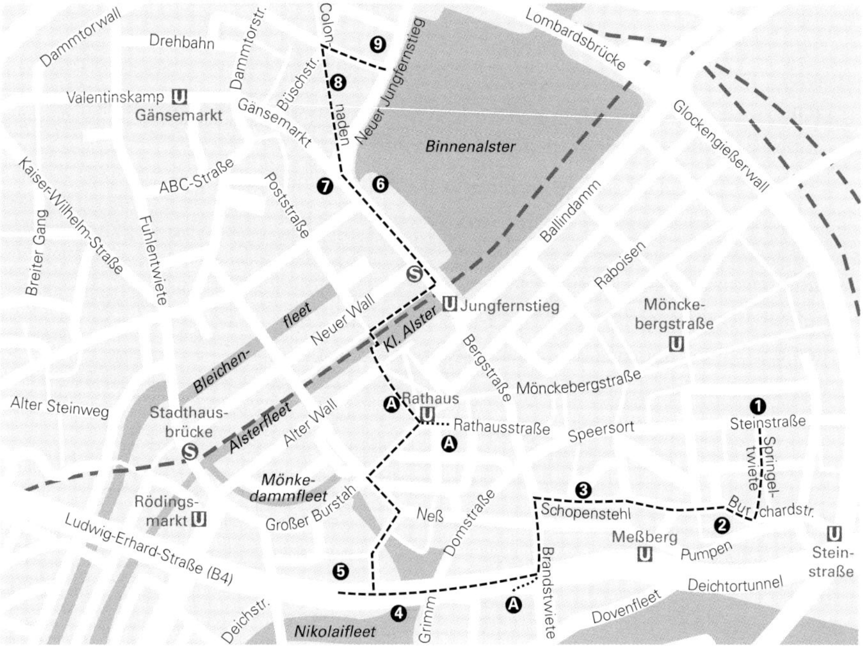

1 Steinstraße um 1906

Auf diesem Spaziergang durchstreifen wir die Hamburger Altstadt. Dort werden wir an ausgewählten Fassaden einige stilge-
schichtliche Merkmale der Gestaltung kennenlernen. Zu Beginn
betrachten wir im Kontorhausviertel zwei imposante und doch
sehr unterschiedliche Geschäftshäuser, die beide in den 1920er
Jahren entstanden sind. Danach geht es in die weit zurückliegende
Vergangenheit der Stadt, wir erleben, wie Hamburg bis vor etwa
170 Jahren ausgesehen hat. Im Anschluss verschaffen wir uns einen Einblick in die Nachkriegsbaukunst. Wir begeben uns in die
Gedankenwelt einer Kirchengemeinde des 19. Jahrhunderts und
werden den für sie spezifischen Baustil sehen. An der Binnenalster begegnen uns dann verschiedene Tendenzen des 19. und 20.
Jahrhunderts, die von aufkommendem Bürgerstolz und baulichem
Neuanfang zeugen.

Kontorhausviertel / Steinstraße 10　　　　　　　　　❶

Los geht's im Kontorhausviertel in der Steinstraße. Kaum zu glauben, dass sich vor hundert Jahren hier noch ein enges Gassenge-
wirr aus einfachen Fachwerkhäusern befand (Abb. 1). Das wurde

2 Ehemalige Karstadt-Hauptverwaltung

ab 1908 von den sanierungsfreudigen Hamburgern abgerissen, die Platz schaffen wollten für ihre Geschäftshäuser. Viele Bauten hier sind in den 1920er Jahren entstanden. So auch das Gebäude Steinstraße 10, errichtet als *Hauptverwaltung der Rudolph Karstadt AG* (Abb. 2). Heute sitzt das Finanzamt in dem trutzigen und fast erdrückend wirkenden Gebäude. Es wurde zwischen 1921 und 1924 nach Plänen von Philipp Schäfer im Stil des *Neoklassizismus* erbaut. Die Fassade greift klassische Kompositionsprinzipien der Antike in sehr grober Form auf. Der lang gestreckten Sandsteinfassade sind Kolossalsäulen (das sind Säulen, die sich über mehrere Stockwerke ziehen) vorgestellt. All das ist kennzeichnend für den Neoklassizismus. Riesige, in die Länge gezogene, streng symmetrische Bauten aus Kalk- oder Sandstein, hohe Säulen und endlose Fensterreihungen strahlen eine kühle Pracht aus und schüchtern den Betrachter ein. In den 1920er Jahren ist der Neoklassizismus international verbreitet. Diktaturen und insbesondere faschistische Regime nutzen ihn später in monumentalisierter Weise, um ihren Herrschaftsanspruch zu demonstrieren. Der Begriff Neoklassizismus wird in England und Frankreich für den Stil verwendet, der

3 Chilehaus

in Deutschland als Klassizismus bezeichnet wird und den wir am Ende unseres Rundgangs am Originalobjekt studieren werden. Die Architektur des ehemaligen Firmensitzes des Karstadtkonzerns ist untypisch für Hamburg, denn hier finden sich nur wenige neoklassizistische Bauten. Eher fühlt man sich angesichts dieses Gebäudes an die Repräsentationsbauten Berlins erinnert.

Chilehaus / Burchardstraße

Unser Spaziergang führt uns nun zu einem Gebäude, das fast zeitgleich entstanden ist und einen Stil zur Schau stellt, der sich so einprägsam wie in Hamburg nur in wenigen Städten studieren lässt. Das *Chilehaus* (Abb. 3) ist eines der bedeutendsten Bauwerke des *Expressionismus* (ca. 1913–1930) weltweit. Besonders eindrucksvoll ist der Blick auf die Ostspitze des Kontorhauses an der Ecke Burchardstraße / Pumpen. Schiffsgleich schiebt sich die Klinkerfassade dem Betrachter entgegen. Der Architekt Fritz Höger verwendete beim Bau seines Hauptwerkes zwischen 1922 und 1924 Klinker dritter Wahl (vgl. Kontorhaus-Spaziergang). Diese waren bei der maschinellen Produktion verformt und deshalb zu Ausschuss erklärt worden. Durch die Unebenheit des Materials wirkt die Fassade lebhaft und rau, im Lichteinfall entwickelt sie ein dezentes Farbspiel. Die ausdrucksstarken Eigenschaften von Klinker und rotem Backstein – nicht nur in der unregelmäßigen Form – führten zu einem häufigen Gebrauch dieser Materialien in der expressionistischen Baukunst. Höger verwendete für das Gebäude 2.800 identische weiß gestrichene Fensterrahmen mit vielen Sprossen. Diese bilden einen starken Kontrast zum roten Ziegel. Charakteristisch für expressionistische Bauwerke sind die gezackten Formen der Fassade. Gleichzeitig sind die Seiten des Gebäudes geschwungen. Der rechte Winkel wird also ganz bewusst vermieden. Damit steht die expressionistische Baukunst im Gegensatz zur zeitgleich entwickelten Bauhausarchitektur / Neuen Sachlichkeit (aus der sich der Internationale Stil entwickelt, den wir uns später ansehen wollen). Die rationale Neue Sachlichkeit liebte den rechten Winkel und stellte die Funktion des Gebäudes in den Mittelpunkt des Entwurfs. Beim Chilehaus treten die Funktion und die Konstruktion des Gebäudes dagegen in den Hintergrund. Höger folgt eher seinem subjektiven Ausdruckswillen. Das Gebäude wird vom Architekten wie ein Gesamtkunstwerk gestaltet. Davon zeugt auch der reiche Skulpturenschmuck (die Architekten der Neuen Sachlichkeit dekorierten ihre Bauten nicht). Der Expressionismus in der Architektur bleibt im Wesentlichen auf Nord- und Westdeutschland, Skandinavien und die Niederlande beschränkt. Wir setzen unseren Streifzug fort und gehen die Fassade des Chilehauses an der Burchardstraße entlang. Hier erst offenbart sich die gesamte Dimension des Gebäudes, und wir können die Schwingung der Seitenwand gut wahrnehmen.

❸ Schopenstehl 32 / 33

Unser Weg führt uns weiter in die Vergangenheit der Hansestadt. Am Gebäude *Schopenstehl 32/33* (Abb. 4) lässt sich der älteste in Hamburg noch vorhandene Stil studieren, der *Barock* (ca. 1600–1780). Die Fassade wurde um 1750 errichtet und ist damit eine der ältesten Schauseiten der Stadt. Das dahinterliegende Haus wurde in den Jahren 1885 bis 1888 neu gebaut. Dabei wurde auch die Fassade verputzt und reicher dekoriert. Aus der fast tausendjährigen Siedlungsgeschichte vor dem Zeitalter des Barocks hat sich hier nichts erhalten. Wer also die Bauwerke der Romanik, Gotik und Renaissance studieren möchte, sollte dies in einer anderen Stadt tun. Hamburg erlebte ab dem ausgehenden 16. Jahrhundert durch den aufkommenden Überseehandel einen enormen wirtschaftlichen Aufschwung, der die Stadt verwandelte. Aus der roten mittelalterlichen Fachwerkstadt wurde mehr und mehr eine weiße Putzstadt. Vor dem großen Brand, der im Jahre 1842 ein Drittel der damaligen Bausubstanz vernichtete, war Hamburg baulich barock. Auch nach 1842 blieben außerhalb des Brandgebietes zahlreiche barocke Profanbauten erhalten, die erst der Citybildung um 1900 zum Opfer fielen. Noch vor dem Zweiten Weltkrieg wurden in Hamburg ca. 2.000 der barocken Häuser gezählt. Heute sind es noch ein halbes Dutzend. Einem davon stehen wir gegenüber. Die Fassade weist charakteristische Merkmale des Barocks auf: Die Konturen werden verwischt, die Wände werden aufgegliedert und geschmückt und in eine bewegte, geschwungene Form versetzt. Das schmalere Obergeschoss wird links und rechts von schneckenförmigen Elementen, sogenannten Voluten, umspielt. Diese Voluten wurden im Barock häufig verwendet. Mit ihnen lassen sich Baukörper optisch verschmelzen. Hier verbindet sich das schmalere Obergeschoss mit dem Gebälk. Auch am Giebel, über einigen Fenstern und über dem Portal befinden sich Voluten. Das Gebäude ist vielgliedrig, in der Gesamtwirkung aber eher monumental. Dies wird durch die Betonung der Stützglieder erreicht: Die gequaderten Lisenen (auch Mauerblende genannt: eine senkrechte, schwach hervortretende Verstärkung der Wand oder ein schmaler Pfeiler, der einer Wand vorgelagert ist und keine Basis und kein Kapitell hat) gliedern die Fassade. Neben der Bewegtheit und Größe sollten barocke Gebäude besonders durch ihre unbedingte Symmetrie beeindrucken. Die Fassade zeigt eine typische Betonung der Mittelachse. Diese gelingt durch den Schweifgiebel, der das Haus krönt, und durch die Akzentuierung des Portals. Direkt unterhalb des Giebels begegnet uns mit dem ovalen Fenster ein typisches Motiv des Barock. In der Renaissance versinnbildlichte der in der Architektur immer wieder auftretende Kreis das Denken und Fühlen: Der Kreis ist ruhig, er ist vollkommen und ein Zeichen von Harmonie. Die gespannte, unausgewogene, dynamische Form des Ovals wurde hingegen zum Sym-

4 Schopenstehl 32/33

155

bol des innerlich zerrissenen Barockmenschen. Die Ornamentik der Fassade weist zudem Stilelemente des *Rokoko* (ca. 1710–1780) auf. Besonders hervorzuheben sind hierbei die S-Kurven und C-Schwünge.

Abstechertipp Wer seine Kenntnisse in barocker Baukunst vertiefen möchte, bleibt kurz vor dem Gebäude *Willy-Brandt-Straße 47* stehen. Das Bürgerhaus ist 1761/62 errichtet worden. Es ist ein Beispiel für eine typisch hamburgische Spielart des 18. Jahrhunderts: den *Sonninbarock*. Der Baumeister Ernst Georg Sonnin war seit etwa 1730 in Hamburg tätig. Zu seinen Werken zählt die Hauptkirche St. Michaelis, der „Michel". Für seine Bauten verwendeten er und seine Anhänger den typischen norddeutschen Backstein, ohne diesen zu verputzen.

Wir setzen unseren Gang entlang der *Willy-Brandt-Straße* in Richtung Westen fort. Die ehemalige Ost-West-Straße wurde im Zeitraum von 1952 bis 1962 realisiert und ist ein bezeichnendes Beispiel für die *Stadt- und Bebauungsplanung nach dem Zweiten Weltkrieg*. Viele moderne Architekten und Stadtplaner hatten seit den 1920er Jahren davon geträumt, die alten Städte niederzureißen und neu zu bauen, jetzt hatten die Bombengeschwader den ersten Teil dieser „Arbeit" erledigt. Im Gebiet der heutigen Willy-Brandt-Straße wurde die Chance zur radikalen Neugestaltung der Stadt genutzt: Noch vorhandene Bausubstanz und das kleinteilige Straßensystem wurden beseitigt, und die breite, vielbefahrene Durchbruchstraße bahnt sich seither ihren Weg durch die alten, kaum mehr erkennbaren Strukturen. Heute erleben wir die städtebauliche Entwicklung Hamburgs an dieser Stelle als äußerst problematisch, da die Straße den Stadtkern vom historischen Bezug zum Hafen trennt. Gerade diese Beziehung sollte mit dem Bau der Hafencity wiederbelebt werden.

❹ Hamburg Süd – Willy-Brandt-Straße 59–61

Wir machen Station vor dem Gebäude Willy-Brandt-Straße 59–61. Hier befindet sich der Sitz der *Reederei Hamburg Süd* (Abb. 5 und 6). Das unter Denkmalschutz stehende Gebäude wurde 1964 nach Plänen des Architekten Cäsar Pinnau (1920–1975) im Internationalen Stil realisiert und im Zuge einer Grundsanierung 2015/16 um ein Stockwerk erweitert. Die Gestaltung der runderneuerten, aber im

5 Reederei Hamburg Süd mit Nikolaikirche

Erscheinungsbild nicht veränderten Fassade folgt rationalen Kriterien. Ihre Struktur wird von der Funktion und Konstruktion bestimmt. Die Formensprache ist klar, es gibt nur noch gerade Linien und rechte Winkel. Die Oberflächen sind vom Ornament befreit, es gibt keinen aufgesetzten Schmuck und keine Farben, nur die natürlichen Farben des Materials selbst. Das Gebäude besitzt eine einfache kubische Form mit einem flachen Dach. Ein weiteres typisches Merkmal dieses Stils ist die vorgehängte Glasfassade (curtain wall) aus vollkommen identischen Fenstern in voller Stockwerkshöhe. Im Erdgeschoss stehen die Stützen frei. Die verglaste Eingangshalle ist zurückgesetzt. Dadurch wird die Eigenart des Skelettbaus, größte Massen mit ein paar Stützen zu tragen, betont. Das Haus scheint über dem Boden zu schweben. Die Fassade ist nicht zur Straße hin ausgerichtet. Das Gebäude hat vielmehr zwei Schauseiten nach Westen und Osten. Die Suche der modernen Architektur nach Licht, Luft und Sonne kommt darin zum Ausdruck.

Bauten des Internationalen Stils finden sich in Europa schon in den 1920er Jahren. Entwickelt hat sich dieser Stil aus der Bauhaus-Schule und ihrem Leitsatz: „Die Form folgt der Funktion".

6 Reederei Hamburg Süd   7 Nikolaikirche

Doch seinen Siegeszug tritt der Internationale Stil erst nach dem
Zweiten Weltkrieg an. Weite Teile Europas und Ostasiens lagen in
Trümmern. Millionen von Menschen benötigten innerhalb kürzes-
ter Zeit ein Dach über dem Kopf. Daneben war der moderne Stil
aber auch ideologisch aufgeladen. In Nazideutschland wurde ein
neoklassizistischer Baustil propagiert, der sich nach 1945 in ähnli-
cher Form in der Sowjetunion finden lässt. In der Vorstellung der
westlichen Welt wird alles Monumentale und Historisierende daraufhin der totalitären Ideologie verdächtig. Für öffentliche Bauten
und Firmensitze kam nur noch eine moderne Gestaltung infrage,
die Fortschritt, Freiheit und Demokratie symbolisierte.

Tipp   Vom obersten Stock des Gebäudes hat man einen schönen Blick
über Hamburg.

❺ Nikolaikirche
Wenden wir uns nun der Ruine der *Nikolaikirche* (Abb. 7) zu. Die
Zerstörung des Kirchenschiffs ist eine Folge der Bombenangriffe
auf Hamburg im Zweiten Weltkrieg. Der Turm blieb erhalten, denn

das damals höchste Bauwerk der Stadt diente den Alliierten aus der Luft als Orientierungshilfe. Die Ruine ist heute ein Mahnmal. Doch auch die baulichen Überreste lassen den Stil des Gebäudes gut erkennen. Der Betrachter könnte vermuten, einem mittelalterlichen Bauwerk gegenüberzustehen, doch ist die Kirche erst in den Jahren 1846 bis 1874 entstanden. Das 19. Jahrhundert ist gekennzeichnet von der Wiederbelebung alter Stile, dem sogenannten *Historismus* (1840–1900). Dabei sehen die Gebäude nur alt aus. In ihrem Inneren verbergen sich moderne Beton- und Eisenskelettkonstruktionen. Der Historismus beginnt mit einer Rückbesinnung auf die Gotik. Dieser *neogotische Stil* (Gothic Revival) wurde von dem englischen Architekten George Gilbert Scott aufgegriffen. Der Kirchenbau der Nikolaikirche hat eine interessante Geschichte. Der mittelalterliche Vorgängerbau der heutigen Kirche wurde beim großen Brand 1842 völlig zerstört. Dem Wiederaufbau ging ein Wettbewerb voraus, den der Architekt Gottfried Semper mit einem zentralisierten Kirchengebäude im Rundbogenstil gewann. Gebaut wurde dann aber der mit dem dritten Preis dotierte Entwurf von Scott. Zu erklären ist diese Entscheidung für ein romantisches Bauwerk mit der Gesinnung der Gemeinde von St. Nikolai. Die Hauptkirche war die Hochburg der Hamburger Erweckungsbewegung. Diese konservative theologische Strömung innerhalb des Protestantismus richtete sich gegen den Rationalismus, fand die Vernunft der Aufklärung überschätzt und wollte stattdessen die Frömmigkeit wiederbeleben. Der Entwurf von Semper war der Gemeinde zu aufgeklärt. Insofern ist es eine Ironie der Geschichte, dass sich ausgerechnet dieses Gebäude seit Kriegsende von äußerst rational anmutenden Gebäuden umzingelt sieht. In den deutschen Ländern wurde mit der Neogotik auch nationales Gedankengut verbunden. Man hielt diesen Stil nun für typisch deutsch, und er verband sich mit dem Wunsch nach dem (erst 1871 realisierten) Nationalstaat. Erst in der zweiten Hälfte des Jahrhunderts haben Kunsthistoriker nachgewiesen, dass die Gotik ihren Ausgang in Frankreich genommen hatte.

Die Entwurfsfindung für die Nikolaikirche ist bezeichnend für das 19. Jahrhundert. Nicht mehr einzelne, oft hochgebildete Persönlichkeiten waren jetzt die Bauherren, sondern Gruppen und Gremien vergaben die Aufträge. Die Risikofreude hielt sich in

Grenzen. Ist der Rückgriff auf den Kirchenstil der Gotik bei einem Kirchenbau äußerst nachvollziehbar, treibt der Historismus bei den neuen Bauaufgaben des 19. Jahrhunderts bisweilen bizarre Blüten, frei nach dem Motto: „Das Haus ist fertig, welcher Stil soll nun dran?" Ein schönes Beispiel hierfür ist der Hamburger Hauptbahnhof. Die kühne Glas-Eisen-Konstruktion versteckt sich unter einer haarsträubenden Anhäufung von Neorenaissance-Baukörpern. Wir setzen unseren Weg nun in Richtung Jungfernstieg fort.

Abstechertipp Wer eine Pause benötigt, die Rast aber mit dem Studium der Stile verbinden möchte, dem seien folgende Lokalitäten empfohlen: Das *Parlament* (der ehemalige Ratsweinkeller) im Rathaus, Rathausmarkt 1, beeindruckt durch seine mächtigen Säulen im Stile der *Neorenaissance*. Das *Café Paris* in der Rathausstraße 4 verfügt über eine sehr schöne Ausstattung in Anlehnung an den *Jugendstil*, dem wir uns gleich noch zuwenden wollen.

❻ Alsterpavillon

Auch beim Alsterpavillon am Jungfernstieg 54 (Abb. 9) machen die vielen Details im Innenbau die Einkehr lohnenswert. Das traditionsreiche Café (seit 1799 hatte das Bauwerk mehrere Vorgänger, Abb. 8 und 10) wurde 1952 / 53 nach einem Entwurf von Ferdinand Streb erbaut. Das Gebäude wirkt elegant, offen, modern und optimistisch und wurde zum Symbol des Wiederaufbaus der Hansestadt. Stilistisch lässt sich dieses Bauwerk der „*organischen Architektur*" zuordnen. Die Vertreter dieser Baurichtung setzten ihre Werke deutlich von der traditionellen Architektur und von einer rein funktionalistischen Auffassung der Moderne ab. Nicht mehr der rechte Winkel sollte das Bauwerk dominieren, sondern es wurde eine Harmonisierung von Landschaft und Architektur angestrebt. Die organischen Formen sind typisch für die 1950er Jahre. Das berühmteste Beispiel in der Inneneinrichtung für diese unnatürlichen „natürlichen" Formen ist der Nierentisch.

❼ Heine-Haus

Wenden wir uns nun dem *Heine-Haus* am Jungfernstieg 34 zu. Dieses Gebäude weist für Hamburg eine recht außergewöhnliche

8 Alsterpavillon um 1875

9 Alsterpavillon heute

*Jugendstil*fassade auf und wurde 1903 nach Plänen von Ricardo
Bahre erbaut. Die Benennung erfolgte nach dem Vorgängerbau,
dem 1843 errichteten und ab 1900 abgerissenen Wohnhaus von
Salomon Heine, dem Onkel von Heinrich Heine. Die Fassade wird
durch die großzügigen Fenster bestimmt und macht einen heite-
ren Eindruck. Besonders schön sind die Metallfensterrahmungen.
Die fließenden Linien erinnern an pflanzliche Formen. Durch die
Besinnung auf die Formen der Natur suchten die Architekten des
neuen Stils nach einer Abgrenzung zum Historismus. Auch wenn
der Jugendstil heute auf uns sehr verspielt und auf die Dekoration
konzentriert wirkt, beginnt hier etwas ganz Neues: Die verwendeten Materialien werden nicht mehr wie im Historismus verkleidet.
Eisen zum Beispiel war schon lange ein Baustoff gewesen, doch
wurde er im 19. Jahrhundert hinter Steinen, Holz und Stuck versteckt. Ricardo Bahre leugnet den Einsatz dieses Materials beim
Heine-Haus nicht. Im Gegenteil: Das Gerüst von Eisen- und Stahl-
trägern zeigt sich an der Fassade deutlich. Sie ist weitgehend in
Stützen und Geschossdecken aufgelöst und dazwischen großflä-
chig verglast. Das Eisen, das das Gebäude trägt, wird gleichzeitig
als dekoratives Material verwendet. Mit Eisen lassen sich fließende
Formen besonders gut erzielen. Nach dem Betrachten der Fassade
lohnt ein Blick ins Treppenhaus. Auf den Wandfliesen und in dem
filigranen Stahlgeländer begegnen uns erneut pflanzliche Formen.
Die Wandfliesen wurden von dem bedeutenden Jugendstilkünst-

10 Blick auf die Binnenalster, den Ballindamm und den Alsterpavillon (rechts) um 1904

ler Henry van de Velde entworfen. Der Begriff Jugendstil leitet sich übrigens von der Zeitschrift „Jugend" ab, in der Jugendlichkeit und eine neue Art des Denkens heraufbeschworen wurden. In Österreich spricht man von „Sezessionsstil", in Italien vom „Stile Liberty", in England vom „Modern Style", in Belgien und Frankreich von „Art Nouveau".

❽ Colonnaden

Wir folgen ein Stück dem Straßenverlauf der *Colonnaden*. Diese Straße wurde 1876/77 als diagonale Verbindung von Jungfernstieg und Dammtor durchgebrochen. Die herrschaftlichen Etagenwohnhäuser mit Geschäften im Erdgeschoss entstanden bis 1879. Die Fassaden sind im Stil der *Neorenaissance* gestaltet. Die Neorenaissance tritt ab Mitte der 1870er Jahre als Teil des Historismus nicht nur in Hamburg ihre jahrzehntelange Herrschaft an. Der Stil kam dem Repräsentationsbedürfnis des Bürgertums und seinem wachsenden Wohlstand entgegen. Da diese Bauten kurz nach der Reichsgründung im Jahre 1871 entstanden, spricht man auch vom *Gründerzeitstil*. Natürliches Steinmaterial hätte eine weite Reise nach Hamburg antreten müssen, darum wird der Werkstein aus Zement-Stuck nachgebildet. Die Fassaden orientieren sich hauptsächlich an den französischen Renaissancepalästen. Nun, da das Bürgertum im ausgehenden 19. Jahrhundert das kulturelle Leben bestimmte, eignete es sich den Glanz der untergegangenen Feudalordnung an. Unzählige Wohnungsbauten des ausgehenden 19. Jahrhunderts sind mit diesem Fassadenstil versehen worden, von der vornehmen Villa bis zur einfachen Arbeiterwohnung.

Amsinck-Palais

Wir setzen unseren Weg fort Richtung Binnenalster. Am Neuen Jungfernstieg betrachten wir das Haus mit der Nr. 19. Das *Amsinck-Palais* (Abb. 11, benannt nach einem späteren Besitzer) wurde von 1831 bis 1834 nach Plänen von Franz Gustav Forsmann im Stile des *Klassizismus* (1750–1840) für den Bankier Gottlieb Jenisch errichtet. Heute residiert hier der Übersee-Club. Der Baukörper ist klar begrenzt. Die Fassade ist weiß verputzt. Der Bau wirkt auf den Betrachter klar und reduziert und wird vom rechten Winkel und von geraden Linien dominiert. Das stereometrische Gebäude strahlt Ruhe, Strenge und Erhabenheit aus. Sparsam ist die Fassade dekoriert. Das vergoldete Gusseisengeländer im Obergeschoss und als Bekrönung wirkt fast wie angeheftet. Ganz klar setzt sich der Klassizismus gegen die Verspieltheit des Barocks ab. Die Antike mit ihrer reinen Formenwelt wird als Inspirationsquelle genutzt, daher auch der Name Klassizismus. In der Architektur des Klassizismus kommen die Ideen der vom Bürgertum getragenen Aufklärung zum Ausdruck. Diese Geistesbewegung wollte das gesamte Leben an der Vernunft ausrichten. Rationales Denken und vernünftiges Handeln waren für den Bürger durch seine Tätigkeiten als Geld- und Warenhändler sowieso alltagsbestimmend. Bei den Bauten wird nun auch nach einer „vernünftigen", zweckmäßigen Lösung gesucht, die Struktur der Fassade wird klar geordnet.

11 Amsinck-Palais

Wer sein Stilwissen nun in der Praxis ausprobieren möchte, braucht sich nur umzudrehen: Vom Neuen Jungfernstieg aus hat man einen fantastischen Blick auf die Binnenalster und die umliegenden Gebäude (Abb. 10).

Jüdischer Spaziergang

Jörn Tietgen

Startpunkt: Grindelhof / Abaton-Kino
(Haltestelle Grindelhof / HVV-Buslinien 4, 5)
Endpunkt: Grindelhof 59
(Haltestelle Grindelhof / HVV-Buslinien 4, 5)
Dauer: ca. 1 Stunde

Übersichtskarte Rotherbaum

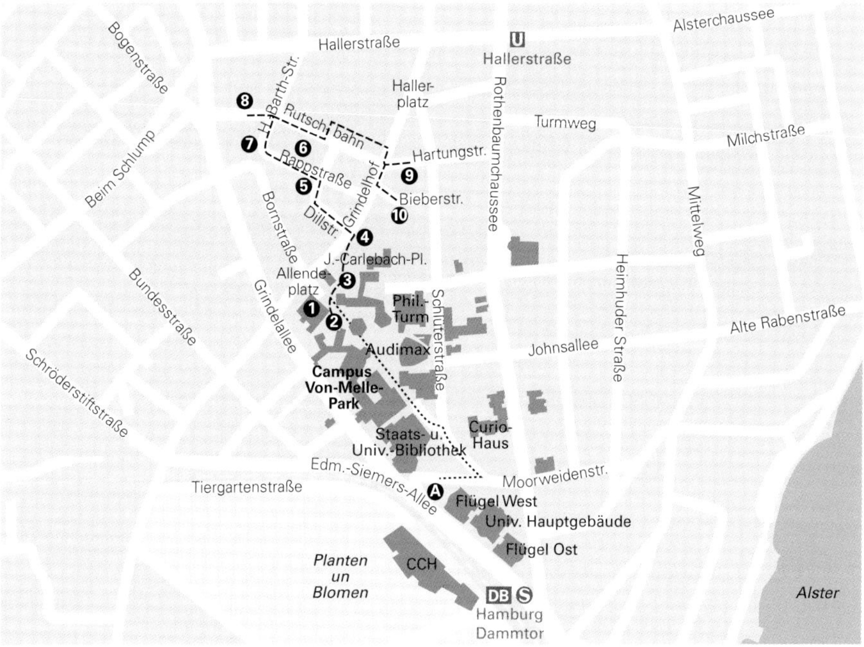

Allendeplatz

Das Grindelviertel zwischen Bundesstraße, Hallerstraße, Rothenbaumchaussee und Moorweidenstraße, das heute besonders durch die Universität geprägt ist, ist formal kein echter Stadtteil, sondern Teil des vornehmen Rotherbaum. Es ist aber ein schönes Beispiel für „gefühlte" Stadtteilgrenzen. Da sich im Grindelviertel seit Ende des 19. Jahrhunderts bis in die NS-Zeit das Zentrum jüdischen Lebens in Hamburg befand, trug es zeitweilig auch den Beinamen „Klein-Jerusalem". Zuvor war der Stadtteil Neustadt der Hauptwohnort von Juden in Hamburg gewesen. Zwischen dem heutigen Standort der Laeisz-Halle und dem Michel befanden sich die meisten Synagogen. Durch den starken Zuzug in die Städte im Zuge der Industrialisierung wurden die dortigen Wohnverhältnisse jedoch zunehmend beengter und unangenehmer. Wer es sich leisten konnte, zog aus der Neustadt fort. Nicht ohne Grund wurden die ersten Sanierungen in Hamburg, d.h. großflächige Abrisse alter Wohnquartiere, seit etwa 1900 in der Neustadt in Angriff genommen. Zu jener Zeit hatte sich das jüdische Leben jedoch bereits größtenteils zum Grindel verlagert.

Die Geschichte der jüdischen Gemeinde in Hamburg ist jünger als jene in anderen deutschen Städten wie z.B. Köln oder Worms. Erst im späten 16. Jahrhundert siedelte sich durch die Einwanderung portugiesischer Juden eine größere Gruppe von Juden in Hamburg an. Diese Glaubensflüchtlinge schufen durch ihre wirtschaftlichen Kontakte zur iberischen Halbinsel auch neue Handelsbeziehungen für Hamburg. Zur gleichen Zeit wie die portugiesischen Juden waren auch „hochdeutsche", sprich: aschkenasische Juden an die Elbe gekommen. Die Hamburger standen den Andersgläubigen jedoch mit Skepsis gegenüber, freie Religionsausübung oder einen jüdischen Friedhof wollte man in der eigenen Stadt nicht gern dulden. Im benachbarten Altona erhielten Juden hingegen ab 1612 gegen die Zahlung von Schutzgeldern zahlreiche Privilegien. Sie durften nun ihren Gottesdienst in einer Synagoge abhalten, ihre Toten nach ihrem Glauben bestatten, ehrlich Handel treiben und schächten. Der Friedhof an der Königstraße ist noch heute Zeugnis dieser Rechte. Die Freiheiten wurden zunächst durch den Grafen von Schauenburg gewährt und nach 1640 von den in Altona herrschenden dänischen Königen bestätigt. Viele Juden lebten in der Folge auch in Hamburg. Da es sich oft um wohlhabende Kaufmannsfamilien handelte, wollten die Hamburger von deren wirtschaftlicher Bedeutung profitieren, weshalb man ihre Anwesenheit gegen die Zahlung von Schutzgeld duldete. Die freie Religionsausübung war aber weiterhin untersagt. Im 18. Jahrhundert wurde die jüdische Dreiergemeinde Hamburg – Altona – Wandsbek ein jüdisches Zentrum in Deutschland mit Altona als Sitz des Oberrabbiners.

Erst 1860 erhielten Juden in Hamburg Bürgerrechte und die endgültige rechtliche Gleichstellung. Bis zur Mitte des Jahrhunderts war es trotz des Schutzes durch die Hamburger Regierung und Strafandrohungen immer wieder zu antijüdischen Übergriffen gekommen. So fanden z.B. im Spätsommer 1819 die sogenannten „Judenkrawalle" statt, bei denen Bürgersöhne ihre jüdischen Altersgenossen aus Kaffeehäusern an der Binnenalster vertrieben. Ressentiments und Ablehnung, genährt aus religiöser Intoleranz, Fremdenhass und wirtschaftlichem Neid, begleiteten die Juden auch in Hamburg durch die ganze Geschichte. Mit der Industrialisierung wurde diese Ablehnung noch stärker politisch, und die sich wirtschaftlich bedroht fühlenden Schichten erkoren die Juden oft zum Sündenbock. Das hierfür heute gebräuchliche Wort „Antisemitismus" ist ein Begriff, der um 1870 auftaucht. Doch schon vor 1918 kann man von Hamburg als einem antisemitischen Zentrum im Deutschen Reich sprechen.

Der „Pferdestall" (Allendeplatz 1) ist heute Sitz verschiedener Universitätsinstitute. Das Gebäude wurde 1908 für das Fuhrunternehmen J.A. Schlüter Söhne erbaut. Hier konnten im größten Luxusfuhrgeschäft Europas etwa 200 Pferde und 100 Kutschen untergestellt werden. 1929 erwarb die Hamburger Universität das Gebäude für die Philosophische Fakultät. International renommierte jüdische Professoren unterrichteten hier. Zu ihnen zählte beispielsweise der Philosoph Ernst Cassirer. Er wurde 1929 als erster Jude in Deutschland zum Rektor einer Universität gewählt. Ebenso lehrte hier der Psychologe und Philosoph William Stern. Beide Männer mussten nach der Machtübernahme der Nationalsozialisten im Jahr 1933 ihre Ämter niederlegen und emigrierten bereits kurz darauf mit ihren Familien. Auch die Germanistin Agathe

1 Gedenkstein Dammtor-Synagoge   2 Neue Dammtor-Synagoge

Lasch wirkte in diesem Gebäude. 1923 wurde sie die erste Professorin an der Hamburger Universität wie auch der Germanistik in ganz Deutschland. Sie ist die Begründerin des „Hamburger Wörterbuches" über die „in Hamburg gesprochenen und geschriebenen Mundarten". 1942 wurde Agathe Lasch, an die heute eine Straße in Othmarschen erinnert, nach Riga deportiert und ermordet.

Grünfläche links neben dem „Pferdestall"

Direkt links neben dem „Pferdestall" befindet sich heute eine kleine Grünfläche. Die bauliche Situation war an dieser Stelle bis zu den Kriegszerstörungen im Zweiten Weltkrieg eine völlig andere: An der hier verlaufenden Beneckestraße befand sich eine mehrgeschossige Bebauung in Richtung Dammtor bis zur Moorweidenstraße. Dies deutet eine Gedenktafel an der seitlichen Wand des „Pferdestalls" an. Hier befanden sich zwei Gemeindehäuser der Deutsch-Israelitischen Gemeinde mit verschiedenen Einrichtungen, unter anderem auch einer Mazzotbäckerei, die für das Pessachfest, das den Auszug der Israeliten aus Ägypten vergegenwärtigt, ungesäuertes Brot, die „Mazzot", herstellte, welches an den hastigen Aufbruch in Ägypten erinnert. Nach 1933 waren in den Häusern vermehrt Gemeindeinstitutionen untergebracht, die der Vorbereitung der Auswanderung dienten.

In den Hinterhof führte ein schmaler Durchgang zwischen beiden Gebäuden. Hier stand seit 1895 die von der Beneckestraße aus nicht sichtbare „Neue Dammtor-Synagoge", an die eine Stele auf der Grünfläche erinnert (Abb. 1). Sie war die erste große Synagoge im Grindelviertel und wurde im orientalischen Stil errichtet. Gegenüber den althergebrachten, d.h. orthodoxen Synagogen wies sie im Inneren einige Besonderheiten auf (Abb. 2). So gab es Platz für einen vierstimmigen Chor, und die räumliche Trennung von Frauen und Männern war nicht so strikt, wie traditionell gehandhabt. Eine Orgel, wie sie im Reformjudentum üblich war, gab es allerdings nicht. In ihrer religiösen Ausrichtung war die „Neue Dammtor-Synagoge" Vertreterin des sogenannten konservativen Judentums, das zwischen Bewahrern und Neuerern stand. Während des Novemberpogroms 1938 wurde der Innenraum demoliert. Nach Wiederherstellung aus Privatmitteln diente die Synagoge noch bis 1943 als jüdisches Gotteshaus, ehe sie beschlagnahmt und zu einem Lagerraum für die Gestapo umfunktioniert wurde. Noch im selben Jahr wurde sie durch Bomben zerstört.

Zum Zeitpunkt des Baus dieser Hinterhof-Synagoge war das Grindel-Viertel bereits zum Zentrum jüdischen Lebens in Hamburg geworden. Im Zuge der Stadterweiterung nach Aufhebung der Torsperre 1860/61 zogen viele jüdische Bürger von der Neustadt in die Gegenden zwischen westlichem Alsterufer und nördlichem St. Pauli. Wohlhabendere Juden ließen sich insbesondere in den neu entstandenen Villengebieten Harvestehudes und Rotherbaums nieder. Im Grindel lebten auch mittlere und untere Einkommensschichten, und es entstanden vor allem kleinere Gewerbebetriebe von Juden. Außerdem war in dieser Gegend der Aufbau eines neuen religiösen Zentrums mit dem Bau von Schulen, Synagogen, koscheren Restaurants, Geschäften und medizinischer Versorgung möglich. Noch dazu lag bereits seit 1711 ein jüdischer Friedhof zwischen Rentzelstraße, Durchschnitt und An der Verbindungsbahn. Gerade die kurze Entfernung zu den Gemeindeeinrichtungen ist im Judentum besonders wichtig, da es am Schabbat, dem wöchentlichen Fest- und Ruhetag, der auf den Sonnabend fällt, vorgeschrieben ist, die Synagoge zu Fuß aufzusuchen.

Die jüdische Bevölkerung in Hamburg wuchs im frühen 20. Jahrhundert auf rund 20.000 Personen an. Doch obwohl in den 1920er Jahren nahezu die Hälfte davon in der Gegend rund um den Grindel lebte, betrug ihr Anteil an der Wohnbevölkerung selbst hier kaum mehr als 15 Prozent. Das Grindelviertel blieb also immer ein gemischtes Quartier. Darüber hinaus bildeten die Juden auch eine in sich stark differenzierte Gruppe verschiedener Glaubensströmungen.

Die Universität Hamburg

Abstechertipp

Bevor wir an dem 1940 errichteten ehemaligen Hochbunker gegenüber vom Pferdestall vorbei zum Joseph-Carlebach-Platz gehen, bietet sich ein kleiner Abstecher auf den Universitätscampus an.

Die Universität Hamburg wurde 1919 gegründet und ist heute eine der größten Hochschulen Deutschlands. Zuvor gab es in Hamburg tatsächlich keine Universität, wohl aber mit der 1529 gegründeten Gelehrtenschule Johanneum und dem 1613 gegründeten Akademischen Gymnasium höhere Bildungsanstalten. Später vernachlässigten Rat und Bürgerschaft jahrhundertelang die öffentliche akademische Bildung. Hamburg war eine Kaufmannsstadt mit vorrangig wirtschaftlichen Interessen. Ihre Bildungsbedürfnisse konnten die reichen Bürger mittels Hauslehrern und privaten Akademien aus eigener Tasche befriedigen. Die bedeutendsten Bildungsinstitute waren die Handelsakademie von 1768 sowie die für das Erlernen des Navigierens bedeutsame Sternwarte von 1801.

Am Ende des 19. Jahrhunderts wurde das Akademische Gymnasium geschlossen und durch den Senat ein „Allgemeines Vorlesungswesen zur Weiterbildung und Verbreitung der Wissenschaft" begründet, das heute noch besteht. Anfang des 20. Jahrhunderts strebten vermögende Privatleute die Gründung einer staatlichen Universität an – zunächst ohne Erfolg. Aus dem „Allgemeinen Vorlesungswesen", dem 1908 gegründeten Kolonialinstitut, das für alle Bildungs- und Forschungsfragen für die überseeischen deutschen Gebiete zuständig war, und dem Krankenhaus Eppendorf ging schließlich die Universität hervor, die in der Weimarer Republik ihre erste Blüte erlebte. Mehrere tausend Studenten waren eingeschrieben, und renommierte Gelehrte kamen an die aufstre-

3 Bornplatz-Synagoge (1908)

bende Universität. Massive politische Einflussnahme führte auch in Hamburg in der Nazizeit zur Entfernung von Büchern unliebsamer Autoren aus den Bibliotheken und zu Schikanen gegen vermeintliche Gegner des Volkes. Etwa 70 Wissenschaftler mussten die Universität verlassen.

Ende der 1950er und Anfang der 1960er Jahre erweiterte sich die Universität erheblich in Richtung Grindelviertel. Das elegante, von Bernhard Hermkes entworfene „Audimax" und auch der sogenannte „Philosophenturm" wurden gebaut, ehe mit dem Studenten-Boom der 1970er Jahre weitere Gebäude hinzukamen. Heute studieren an der Universität Hamburg an verschiedenen Standorten in der Stadt ungefähr 42.000 Studierende.

Auf dem Campus der Universität erinnert ein großes Wandbild der argentinischen Künstlerin Cecilia Herrero-Laffin an der Wand des Gebäudes des Fachbereichs Sozialökonomie (Von-Melle-Park 9) an das frühere jüdische Leben im Grindelviertel.

Überquert man den Campus weiter geradeaus, so gelangt man über die Schlüterstraße zur Moorweidenstraße. Hier befindet sich

4 Innenaufnahme der Born-
platz-Synagoge (1906)

5 Zeitungsausschnitt zum Abriss der Bornplatz-
Synagoge (1939)

rechts das Haus der „Provinzialloge von Niedersachsen", das als
zentrale Sammelstelle zur Deportation der Hamburger Juden in der
NS-Zeit fungierte. Auf der Grünfläche davor erinnern Texttafeln
und ein von Ulrich Rückriem geschaffenes Denkmal an die Deportationen von ungefähr 8.000 Hamburger Juden, die ab Herbst 1941
begonnen wurden.

Joseph-Carlebach-Platz

Am 9. November 1988 wurde das Synagogen-Monument Joseph-
Carlebach-Platz eingeweiht. In den Boden ist ein schwarzes
Mosaiksteinpflaster eingelassen, das den Grundriss und die Linien des Deckengewölbes der ehemaligen „Bornplatz-Synagoge"
darstellt, die hier zwischen 1906 und 1940 stand. Sie war die erste
freistehende, für alle sichtbare Synagoge Hamburgs (Abb. 3 und
4). Im damals modernen neuromanischen Stil 1904 bis 1906 von
Ernst Friedheim und Semmy Engel errichtet, verkörperte sie so
auch die für erreicht geglaubte gesellschaftliche Gleichstellung
der Juden. Mit rund 1.200 Plätzen, getrennt nach Männern und
Frauen, war sie als Hauptsynagoge des orthodoxen Synagogen-
verbands die größte Synagoge der Stadt. Zum baulichen Komplex
gehörten auch eine Mikwe, das rituelle jüdische Tauchbad, eine
kleine Wochensynagoge und ein Rabbinatsgebäude. Während des

Novemberpogroms 1938 wurde die Synagoge geschändet und teilweise zerstört. Im Frühjahr 1939 wurde die Gemeinde zum Verkauf des Grundstücks an die Stadt weit unter Wert gezwungen. Noch dazu erhielt sie den Auftrag, die Synagoge abreißen zu lassen. Das nationalsozialistische „Hamburger Tageblatt" kommentierte die Abrissarbeiten im Juli 1939 wie folgt: „Wo heute noch ein paar traurige Trümmerreste stehen, wird bald ein freundlicher Grünplatz den Volksgenossen Freude machen." (Abb. 5) Die Kosten für den Abriss, der bis Januar 1940 erfolgte, musste die Gemeinde tragen.

Der Platz, der vor 1988 zeitweilig als Parkplatz genutzt worden war, ist nach dem letzten Oberrabbiner Joseph Carlebach (1883–1942) benannt, einer Schlüsselfigur des jüdischen Lebens am Grindel. Carlebach übernahm das Amt 1936, nachdem er zuvor bereits zehn Jahre Oberrabbiner im preußischen Altona gewesen war. Er galt als eine der führenden orthodoxen Persönlichkeiten Deutschlands und war ein begnadeter Pädagoge. Carlebach war seit 1921 auch Schulleiter an der benachbarten Talmud-Tora-Schule.

Obwohl Carlebach in der NS-Zeit die Möglichkeit zur Ausreise aus Deutschland für sich und seine Frau gehabt hätte, blieb er als einer der Letzten, um seine Gemeinde zu betreuen. Im Dezember 1941 wurde er in das KZ Jungfernhof bei Riga deportiert und im Frühjahr 1942 zusammen mit seiner Frau und den drei jüngsten Töchtern ermordet.

Nahe der Straße Grindelhof erinnert eine nachts beleuchtete blaue Tafel an die Geschichte des Ortes.

❹ Talmud-Tora-Schule

Gleich neben dem Joseph-Carlebach-Platz hat 2007 die Jüdische Gemeinde in Hamburg ihr neues Zentrum in der ehemaligen Talmud-Tora-Realschule bezogen (Abb. 6), womit die Rückkehr jüdischen Lebens an den Grindel begonnen hat. Die vorherigen Räumlichkeiten in der Schäferkampsallee waren zu klein geworden, da die Zuwanderung von Juden aus Osteuropa seit 1990 die Jüdische Gemeinde stark anwachsen ließ, was auch ihr gesamtes Gefüge veränderte. Heute hat sie rund 2.500 Mitglieder, von denen ungefähr achtzig Prozent aus den Staaten der ehemaligen Sowjetunion kommen. Im neuen Gemeindezentrum haben ein Kindergarten, eine

6 Talmud-Tora-Schule (Grindelhof 30) mit der Bornplatz-Synagoge
im Hintergrund

Ganztagsschule, das Jugendzentrum und die Gemeindeverwaltung
ein neues Zuhause gefunden. Der Umzug war möglich geworden,
nachdem das Grundstück samt Gebäude, in dem jahrzehntelang
Hochschulinstitutionen untergebracht waren, der Jüdischen Gemeinde übereignet wurde.

Die Talmud-Tora-Schule (Architekt Ernst Friedheim) war 1911
aus der Neustadt in die unmittelbare Nachbarschaft der Hauptsynagoge gezogen. Die Gebrüder Wolf (Abb. 7), noch heute bekannt
durch das Lied „An de Eck' steiht'n Jung mit'n Tüdelband", traten
im Rahmen der Eröffnungsfeiern auf. Als Armenschule für Jungen
war sie bereits 1805 gegründet worden. „Talmud Tora" bedeutet in
diesem Zusammenhang das „Lernen der Lehre", wobei die Tora
hier nicht im engen Sinne als die fünf Bücher Mose zu verstehen
ist, sondern für die gesamte, nie abgeschlossene Lehre des Judentums als Leitfaden zur Lebensführung steht.

Eine Blüte erlebte die Schule in den 1920er Jahren, als Joseph
Carlebach ihr Direktor war. Auf ihn gehen diverse pädagogische
Reformen zurück, die die Talmud-Tora-Schule zur bekanntesten
ihrer Art in Deutschland machten. Ab 1932 bestand die Möglich-

7 Die Gebrüder Wolf

keit, hier das Abitur abzulegen. Doch ein Jahr später begann auch für die jüdischen Schulkinder der Leidensweg, der für viele mit Deportation und Ermordung endete. Zwar hatten die Nationalsozialisten noch Mitte der 1930er Jahre den Fortbestand jüdischer privater Schulen gutgeheißen, da hierdurch die öffentlichen Schulen von jüdischen Elementen „entlastet" würden, doch nach den Sommerferien 1939 ließ der Reichsstatthalter Karl Kaufmann die Schule schließen, und das Gebäude wurde zwangsverkauft. Der Schulbetrieb wurde zunächst in der Israelitischen Töchterschule an der Karolinenstraße fortgeführt. Ende April 1942 verbot Kaufmann jedoch endgültig die „Unterrichtung von Judenkindern in Schulen", und die letzte jüdische Schule Hamburgs musste bald darauf geschlossen werden.

In der gegenüberliegenden Dillstraße gelangen wir kurz hinter der Kurve zu einem ehemaligen jüdischen Wohnstift.

❺ Dillstraße 15

Wie viele jüdische Wohnstifte wurde das „Hesse Stift" Anfang des 20. Jahrhunderts errichtet. Acht Familien konnten hier in Freiwohnungen leben. Im Grindelviertel befanden sich mehrere jüdische Wohnstifte. Überhaupt war der Anteil der von jüdischen Hamburgern errichteten Stifte im Verhältnis zu ihrem Bevölkerungsanteil in der Stadt überproportional groß. Vor dem Haus sind mehrere sogenannte „Stolpersteine" im Boden eingelassen. Die „Stolpersteine" sind ein von dem Künstler Gunter Demnig Mitte der 1990er Jahre initiiertes Projekt. Mit ihnen wird an den letzten Wohnort von ermordeten NS-Opfern erinnert.

Nach Aufhebung des Mieterschutzes für Juden 1939 wurde das „Hesse Stift" 1942 zu einem sogenannten „Judenhaus" umfunktioniert. Vor allem in jüdischen Wohnstiften, Alten- und Pflegeheimen quartierte man die jüdische Bevölkerung zwangsweise ein. Diese Maßnahme erleichterte ihre Überwachung und diente der Vorbereitung der späteren Deportation.

❻ Rappstraße

An der nächsten Kreuzung stoßen wir auf die Rappstraße, in die wir links einbiegen. Hier befanden sich früher mehrere jüdische

Geschäfte. In der Rappstraße 11 existierte z.B. die jüdische Schlachterei Horwitz. Die Bäckerei und Konditorei Wolff befand sich in Nummer 7, auf der anderen Straßenseite die Meierei Zinner und in Nummer 2 der Geflügelhändler Eller.

In den Straßen des Grindelviertels waren jüdische Einzelhandelsgeschäfte ein vertrauter Anblick. Für jüdische Familien, die sich an die rituellen Speisevorschriften hielten, war dieses Angebot an Geschäften ein selbstverständlicher Bestandteil ihrer Lebenswelt (Abb. 8). Die Lebensmittel mussten koscher sein (hebr. kascher: tauglich, rituell rein), d.h. zum Verzehr geeignet. Der bekannte Ausdruck „nicht ganz koscher" leitet sich davon ab. Die Vorschriften sehen eine besondere Art des Schlachtens vor. Auch sind nur bestimmte Tiere für den Verzehr erlaubt, so z.B. keine Schweine, wie es der Islam übernommen hat. Die Trennung von milchigen und fleischigen Speisen stellt eine weitere Besonderheit dar. Der Schriftsteller Arie Goral hat die Gerichte beschrieben, die einst die Küchen der jüdischen Bewohner des Grindelviertels prägten:

8 Anzeigen aus den „Hamburger Jüdischen Nachrichten" und dem „Hamburger Familienblatt" von 1913/14

Gehe ich heute auf dem Grindel ohne Juden umher, schnuppere ich mich zurück in die Tage von Pessach, wenn es dort nach Lokschen vulgo Schalet auf süße Art, nach Nelken und Honig, nach Mandeln und Rosinen, nach gedünsteten Apfelscheiben und nudelbräunender Butter roch. Ach, verwehte Wohlgerüche vom Grindel mit dem Vorgeschmack von gefillte Fisch und dann der Götterschmaus von Lokschen auf salzige Art mit gehacktem Hammelfleisch, gerösteten Zwiebeln, Thymian, bouillongetränkten Graupen und maisduftendem Gänseschmalz. Was ist der Grindel ohne diese Gerüche?

Heinrich-Barth-Straße 5

Im Vorgängerbau dieses kriegszerstörten Gebäudes befand sich in zwei übereinanderliegenden Wohnungen seit 1885 die erste Synagoge am Grindel. Die „Synagoge Bornstraße" gehörte zwei privaten Betvereinigungen. Im oberen Bereich waren die Frauenplätze untergebracht, wie es bis heute in orthodoxen Synagogen üblich ist. Nach orthodoxem Ritus ist für einen Gottesdienst die Teilnahme von mindestens zehn religiös mündigen Männern nötig. Im Judentum werden Jungen mit 13 Jahren religionsmündig. In der Regel am Schabbat nach ihrem 13. Geburtstag lesen sie das erste Mal öffentlich aus der Tora. Sie werden so zum Bar Mitzwa (Sohn des Gebots) und verpflichten sich den Geboten der Tora und zum täglichen Gebet. Seit 1922 hat sich auch für Mädchen eine entsprechende Feierlichkeit, die Bat Mitzwa, durchgesetzt. Meist wird der Tag mit einem großen Familienfest begangen.

Nach dem Novemberpogrom 1938 gelang es auf Anregung Joseph Carlebachs, die Inneneinrichtung der Synagoge im März 1939 nach Stockholm zu bringen, obwohl sie noch im Hamburger Hafen in Kisten lagernd mutwillig beschädigt wurde.

Folgen wir nun der Heinrich-Barth-Straße nach rechts und biegen an der nächsten Kreuzung links in die Rutschbahn ein.

❽ Rutschbahn 11, ehem. „Vereinigte Alte und Neue Klaus"

Im Hinterhof des Hauses Rutschbahn 11 befindet sich das Gebäude der ehemaligen Synagoge „Vereinigte Alte und Neue Klaus" (Abb. 9). Sie wurde 1905 errichtet und ist bis heute äußerlich weitgehend erhalten. Der eigentliche Synagogenraum, der etwas unter Bodenniveau lag, wurde über die rechte Tür erreicht, die linke Tür führte zur Frauengalerie. Klausen haben eine orthodoxe Ausrichtung und gehen auf private Stiftungen zurück. Die angestellten Klausrabbiner widmeten sich dem „Lernen", d.h. dem Studium der heiligen jüdischen Schriften. Zu ihren Aufgaben gehörte auch das Unterrichten. Zu diesem Zweck wurde 1910 der linke Anbau als zusätzlicher Lehrsaal geschaffen.

Auch die Klaus wurde im November 1938 geschändet und das Innere demoliert. Aus Berlin erging die Aufforderung zur Beseitigung der Synagogenruinen. Den Tatsachen widersprechend meldete daraufhin die Hamburger Gestapo, dass die Klaus in der Rutschbahn abgebrochen worden sei. Heute wird das Gebäude für Wohn- und Gewerbezwecke genutzt. Im Vorderhaus im Souterrain befand sich bis in die NS-Zeit die Hebräische Buchhandlung Beer Lambig (Abb. 10).

Folgen wir nun der Rutschbahn zurück in Richtung Grindelhof. In der Rutschbahn 25 gelangen wir durch einen Torweg zu drei noch

9 Ehemalige Synagoge, Rutschbahn 11

10 Buchhandlung Beer Lambig um 1930

erhaltenen Gebäuden des ehemaligen „Minkel Salomon David Kalker-Stift". Auch dieses Stift diente als „Judenhaus". Nach rechts, an einem neu erbauten Terrassenhausensemble vorbei, gelangen wir wieder zum Grindelhof, in den wir rechts einbiegen. An der nächsten Kreuzung schräg links gegenüber in der Hartungstraße sehen wir bereits das Gebäude der „Hamburger Kammerspiele".

„Hamburger Kammerspiele"

Die „Hamburger Kammerspiele" sind seit Jahrzehnten ein fester Bestandteil der Hamburger Kulturlandschaft. Geschichte hat das 1903 von Semmy Engel erbaute Haus (Abb. 11) schon 1947 geschrieben, als unter der Leitung der Schauspielerin Ida Ehre Wolfgang Borcherts Stück „Draußen vor der Tür" kurz nach seinem Tod uraufgeführt wurde. Ehre, die 1939 vergeblich versucht hatte, über Hamburg auszuwandern, überlebte die zeitweise Inhaftierung im KZ Fuhlsbüttel und gründete im Oktober 1945 die „Hamburger Kammerspiele", die sie bis zu ihrem Lebensende im Jahr 1989 leitete. Dass dieses Haus bis in die NS-Zeit ein Zentrum jüdischer Kultur in Hamburg war, ist weniger bekannt. Im Treppenabgang zur Garderobe künden mehrere Fotos von seiner Geschichte. Gleich mehrere jüdische Vereine hatten hier ihr Zuhause. Der „Israelitische Humanitäre Frauenverein" wirkte ebenso in dem Gebäude wie die „Gesellschaft für Jüdische Volkskunde". Zionistische Vereinigungen tagten hier, der reichsweit agierende „Centralverein

11 Logenhaus um 1904 (heute Sitz der Kammerspiele)

177

deutscher Staatsbürger jüdischen Glaubens" sowie viele weitere Institutionen. Gemeinsam war diesen Organisationen ihre vorwiegend nichtreligiöse Ausrichtung.

Der eigentliche Theatersaal wurde erst 1938 eingeweiht, nachdem die Juden Hamburgs schon seit Jahren aus dem „deutschen" Kulturleben ausgestoßen worden waren. Organisiert im „Jüdischen Kulturbund Hamburg", konnten hier im Gemeinschaftshaus Veranstaltungen für die jüdische Bevölkerung durchgeführt werden. Nachdem auch der „Jüdische Kulturbund" 1941 in ganz Deutschland aufgelöst worden war, diente das Haus im Sommer 1942 als Deportationssammelstelle. Da durch die Bombenangriffe auf Hamburg viele Theater zerstört waren, nutzte das Thalia-Theater das Gebäude ab 1943, und später gab es hier auch Filmvorführungen der UFA.

⑩ Bieberstraße und „Café Leonar"

Zurück zum Grindelhof und dann nach links stoßen wir an der nächsten Kreuzung auf die Bieberstraße. Auch hier befanden sich bis in die 1930er Jahre jüdische Institutionen. Auf Anregung Joseph Carlebachs war 1921 in der Bieberstraße 2 die rabbinische Lehranstalt „Jeschiwa" gegründet worden. Diese war die erste Talmudhochschule in Hamburgs Geschichte. Ausgewählte Schüler der Talmud-Tora-Realschule konnten hier tiefergehende Kenntnisse der rabbinischen Schriften erwerben.

Im kriegszerstörten Nachbargebäude, wo sich heute eine Wohnanlage für Studierende befindet, lernten zwischen 1899 und 1931 Töchter aus strenggläubigen und begüterten jüdischen Familien in der privaten „Israelitischen Höheren Mädchenschule". Nachdem die Schule im Zuge der Weltwirtschaftskrise 1931 schließen musste, wechselten die meisten Mädchen in die „Israelitsche Töchterschule" in der Karolinenstraße 35. Dort befindet sich heute eine Gedenk- und Bildungsstätte, in der eine Dauerausstellung zum jüdischen Schulleben am Grindel informiert.

Gegenüber der Bieberstraße hat im Grindelhof 59 mit dem „Café Leonar" Anfang 2008 ein Kaffeehaus eröffnet, das sich nach baubedingtem Umzug wieder am alten Standort befindet und sich um die Wiederbelebung des jüdischen Geisteslebens im Grindelviertel

12 Neue Synagoge in der Hohen Weide

bemüht. Das Café ist benannt nach einer ehemaligen Fotopapier-
fabrik aus Wandsbek, die der Großvater der Geschäftsführerin des
Cafés bis 1938 betrieb. Neben koscheren Gerichten gibt es hier auch
einige Bücherregale mit vornehmlich jüdischer Literatur. Der im
Hinterhaus befindliche „Jüdische Salon" bietet in seinem vielfältigen Programm u.a. regelmäßige Lesungen und Musik-Veranstal-
tungen. So ist allmählich wieder jüdisches Leben ins Grindelviertel
gelangt, auch wenn sich die heutige Synagoge der Jüdischen Gemeinde seit 1960 im benachbarten Eimsbüttel in der Straße Hohe
Weide befindet (Abb. 12).

Wer mehr über das jüdische Leben im Grindelviertel erfahren möchte,
kann dies auf regelmäßigen Rundgängen mit Stattreisen Hamburg e.V.
(www.stattreisen-hamburg.de).

Kolonial-Spaziergang

Heiko Möhle

Startpunkt: Innenhof zwischen Hamburger Rathaus und Börse
(U-Bahn-Station Rathaus / U 3; U- / S-Bahn-Station Jungfern-
stieg / U 1, U 2, S 1, S 2, S 3)
Endpunkt: Jugendherberge „Auf dem Stintfang", Alfred-Wegener-
Weg 5 (U- / S-Bahn-Station Landungsbrücken / U 3, S 1, S 2, S 3)
Dauer: ca. 2,5 Stunden

Übersichtskarte Altstadt und Neustadt

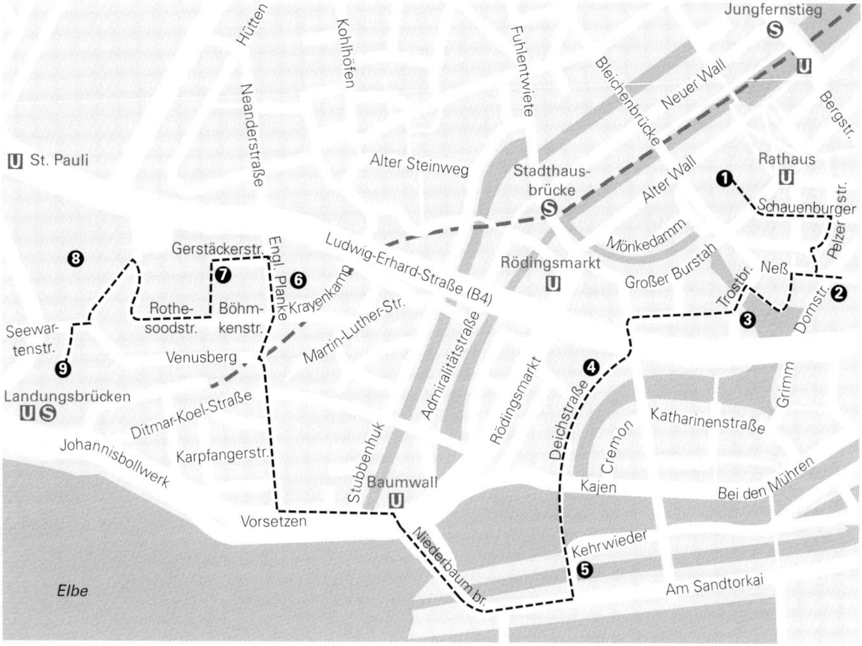

Hamburg gilt als Deutschlands „Tor zur Welt". Unter dem Motto „Hamburg postkolonial" begeben sich lokale Initiativen (Eine Welt Netzwerk Hamburg, Hafengruppe Hamburg, Arbeitskreis Hamburg Postkolonial, Grenzgänger und St. Pauli Archiv) auf die Spuren der kolonialen Vergangenheit und der Globalisierung. Kolonialgeschichtliche Rundgänge führen in die Innenstadt, an den Hafenrand, nach Wandsbek und in die ehemalige „Lettow-Vorbeck-Kaserne" in Jenfeld, Hafenrundfahrten gibt es zu Themen wie Welthandel und Migration durch den Hafen und auf der Süderelbe bis nach Harburg. Dieser Spaziergang verbindet die wichtigsten Stationen der kolonialgeschichtlichen Stadtführungen „Branntwein, Bibeln und Bananen" und „Zwischen Völkerschau und Kolonialinstitut".

Börse und Handelskammer ❶

In Hamburg sind die Wege zwischen Politik und Wirtschaft nicht weit. Keine zwanzig Meter beträgt der Fußweg über den „Ehrenhof" zwischen Hamburgs 1897 eingeweihtem Rathaus und dem bereits 1840 errichteten Börsengebäude, Sitz der Hamburger Handelskammer. Eine enge Nachbarschaft mit Tradition: Als Vertretung der Kaufmannschaft formulierte die Handelskammer stets, was Hamburger Wirtschaftsinteressen waren, der Senat hatte sich um die politische Umsetzung zu bemühen. Nicht von ungefähr wird die Handelskammer gelegentlich als „Hamburgs heimliche Regierung" bezeichnet.

In der Eingangshalle des Börsengebäudes erinnern stattliche Modelle kanonenbestückter Segelschiffe an die Ursprünge der „Commerz-Deputation", aus der später die Handelskammer werden sollte. Mitte des 17. Jahrhunderts gehörten Spanien und Portugal zu den bevorzugten Fahrtgebieten der Hamburger Handelsflotte. Hafenstädte wie Cadiz, Sevilla und Lissabon waren wichtige Umschlagplätze für Zucker, Gewürze, Elfenbein und andere Waren aus den Kolonien der iberischen Seemächte in Südamerika und Westafrika. Hanseatische Schiffe wurden auf dem Weg ins Mittelmeer häufig von Freibeutern und Piraten aus Nordafrika bedroht. Im schlimmsten Fall konnte es passieren, dass nicht nur wertvolle Waren verloren gingen, sondern auch die Mannschaften als Sklaven verschleppt wurden. 1665 entschlossen sich die Ham-

1 Afrika-Allegorie an der hofseitigen Fassade der Börse

burger Kaufleute zur Selbsthilfe und gründeten die „Commerz-Deputation". Ihre erste Aufgabe war der Bau von Kriegsschiffen zum Schutz der Hamburger Handelsflotte. Das Beispiel des 1668 in Dienst gestellten Konvoischiffes „Leopoldus Primus" zeigt übrigens, dass die Hanseaten ihrerseits wenig Skrupel kannten: Das Schiff wurde nicht nur zur Bekämpfung der Piraterie eingesetzt, sondern auch für Sklaventransporte von der Küste Westafrikas in die Karibik – ein einträgliches Geschäft für eine ganze Reihe Hamburger Kaufleute.

Doch zurück in den „Ehrenhof": Die Flügelbauten, die Rathaus und Börse zu einer architektonischen Einheit verbinden, sind mit den Wappen bedeutender Hafenstädte des 19. Jahrhunderts verziert. Lissabon und Genua sind darunter, aber auch Rio de Janeiro und Valparaiso. 1822, als sich die Börse noch an ihrem alten Standort beim Nikolaifleet befand, machte der Präses der Commerz-Deputation, Martin Joseph Haller, einen berühmten Ausspruch: „Hamburg hat Colonien erhalten!" Grund für seinen Jubel war in Wirklichkeit die gerade erfolgte Unabhängigkeit Mexikos von Spanien, dem kurz darauf Brasilien folgte, das sich von Portugal lossagte. Haller erkannte die Chancen, die sich aus der neuen Freiheit ergaben. Handelsverträge wurden abgeschlossen, die den Hansestädten die Meistbegünstigung gegenüber anderen Nationen einräumten. Seit den 1830er Jahren überzogen die Hanseaten zunächst ganz Südamerika, dann auch die Küsten Asiens und Afrikas mit einem Netz von Handelsniederlassungen und Konsulaten – 1846 waren es bereits 162.

An der hofseitigen Fassade des Börsengebäudes prangen allegorische Darstellungen der Kontinente. Afrika ist hier als Frauenpaar gestaltet (Abb. 1), ausgestattet mit Bananen, Straußenfedern und einem Palmölkrug – die Sicht des hanseatischen Kaufmanns auf einen Kontinent als Rohstoffquelle. An der westafrikanischen Küste gab es um 1880 etwa zwanzig Niederlassungen hanseatischer Firmen. Als England und Frankreich 1883 darangingen, einzelne Küstenabschnitte zu Protektoraten zu erklären, forderte die Handelskammer in einer Denkschrift an Reichskanzler Bismarck den Schutz des Reiches für den hanseatischen Handel: „Schutzgebiete", aus denen europäische Konkurrenten ferngehalten und afrikanische Zwischenhändler, die den Handel zwischen den Küstenplätzen und dem Inneren Afrikas kontrollierten, verdrängt werden sollten. Das Dokument trug die Handschrift von Adolph Woermann, bedeutender Afrikakaufmann und stellvertretender Präses der Handelskammer.

C. Woermann

❷

Unser Weg zum „Afrikahaus" der Firma C. Woermann führt von der Börse durch die Schauenburger Straße. Interessante Details am Wegesrand zeigen, wie sehr das koloniale Zeitalter die Stadtgestalt prägte: Beim 1879 gegründeten Ausstatter für „Marine- und Tropenkleidung" Ernst Brendler in der Großen Johannisstraße 15 findet man auch heute noch den Fächer aus Straußenfedern ebenso wie Tropenhelme und Gamaschen. Ein Kontorhaus in der Schauenburger Straße 49 zeigt afrikanischen Figurenschmuck an der Fassade, und beim Antiquariat an der Ecke zur Kleinen Johannisstraße können sich unverbesserliche Kolonial- und Militärnostalgiker mit Sammlerstücken eindecken. Wir gehen rechts in die Pelzerstraße, an deren Ende wir nach links abbie-

2 Afrikahaus
C. Woermann

gen, die Domstraße überqueren und in die Große Reichenstraße gelangen.

In der Großen Reichenstraße 27 erinnert vieles an vergangene koloniale Herrlichkeit. Den Eingang des 1899 erbauten Kontorhauses (Abb. 2) bewacht die Statue eines afrikanischen Kriegers. AFRIKAHAUS prangt in goldenen Lettern über dem Gittertor, dessen vergoldete Palmfrüchte an den Aufstieg des Hauses durch den Handel mit afrikanischem Palmöl erinnern. Über den Innenhof gelangt man zum Portal des Hinterhauses, das von zwei lebensgroßen, aus Metall gegossenen Elefantenköpfen gesäumt wird. Die Eigentümer des Afrikahauses haben es verstanden, sich die Insignien und Symbole afrikanischer Macht anzueignen. Hier residiert das Handelsunternehmen C. Woermann.

Adolph Woermann, von 1880 bis 1910 Inhaber der vom Vater Carl geerbten Firma, hatte seinen beträchtlichen Wohlstand einem lukrativen Tauschhandel zu verdanken. Seit den 1860er Jahren exportierte Woermann Branntwein aus hamburgischer Produktion an die Küsten Westafrikas. Schnaps macht süchtig, und um ihren Bedarf stillen zu können, lieferten die afrikanischen Konsument(inn)en Elfenbein, Kautschuk und Palmöl an Woermanns Küstenfaktoreien – wertvolle Rohstoffe für die Kolonialwaren-Industrien, die rings um den Hamburger Hafen aufblühten. Woermann nutzte seine Position als Hamburger Reichstagsabgeordneter, um sich den Gegnern des Schnapshandels entgegenzustellen: „Ich glaube nicht, dass den Negern durch den Schnaps ein sehr großer Schaden zugefügt wird. Ich meine, dass es da, wo man Zivilisation schaffen will, hier und da eines scharfen Reizmittels bedarf."

Dem Lobbyisten Woermann gelang es, die Hamburger Handelskammer und den Reichskanzler auf Kolonialkurs zu bringen. Noch 1884 ließ Bismarck Kamerun, Togo und „Deutsch-Südwestafrika" (Namibia) zu „Schutzgebieten" des Kaisers erklären – „Deutsch-Ostafrika" (Tansania) folgte 1885.

Für Woermann lohnte sich das koloniale Engagement des Reiches. Mit seinen beiden Reedereien „Woermann-Linie" und „Deutsche Ost-Afrika-Linie" (DOAL) stieg er zeitweise zum größten Privatreeder der Welt auf, und Zeitgenossen titulierten ihn als den „Königlichen Kaufmann". Das Afrikahaus in der Großen Reichen-

straße wurde zur führenden Adresse der deutschen Afrikawirt-
schaft mit Beteiligungen an Kakaoplantagen in Kamerun, an Kup-
ferminen in Namibia, an der Baumwollproduktion in Togo und am
Eisenbahnbau in Ostafrika.

1906 wurden im Reichstag Vorwürfe laut, während des Koloni-
alkrieges gegen die Herero in Deutsch-Südwestafrika (vgl. Station
6) habe die Woermann-Linie ihr Monopol für Militärtransporte
durch stark überzogene Frachtraten missbraucht. Woermann fiel
vorübergehend beim Kaiser in Ungnade und zog sich schließlich
1910 aus dem Geschäft auf seinen Landsitz Grönwohld bei Trittau
zurück, wo er 1911 starb. Die Woermann-Unternehmen hingegen
haben bis heute überlebt: Von der Großen Reichenstraße aus be-
treibt die Firma C. Woermann immer noch Exporthandel nach Afrika, während die Reedereien heute als „Deutsche Afrika-Linien"
an der Palmaille in Altona residieren.

Laeiszhof ③

Vom Afrikahaus gehen wir einige Meter zurück, überqueren
wieder die Domstraße, an der wir uns links halten. Schon nach
wenigen Metern führt hinter der Commerzbank (die übrigens
von Carl Woermann und anderen Hamburger Überseekaufleuten
gegründet wurde) rechts ein Fußweg am Ufer des Nikolaifleets
von der Zollenbrücke zur Trostbrücke. An der Trostbrücke, wo
sich bis zum Großen Brand 1842 das wirtschaftliche und politische Zentrum Hamburgs befand, steht seit 1898 das Kontorhaus
Laeiszhof.

Ferdinand Laeisz (1801–1887) stieg mit dem Export von farbigen
Seidenzylindern, die in vielen Hafenstädten Südamerikas reißen-
den Absatz fanden, ins Lateinamerika-Geschäft ein. Unter seinem
Sohn Carl (1828–1901) entwickelte sich der Import von Salpeter
aus Chile mit den Schiffen der Laeisz'schen „Flying P Line" (alle
Schiffsnamen begannen mit einem P) zum wichtigsten Unterneh-
menszweig. Die Arbeitsbedingungen für die chilenischen Berg-
arbeiter waren miserabel. Sie gruben nach Salpeter, die Europäer
scheffelten das Geld. 1891 landeten nach einer von Carl Laeisz initi-
ierten „Flottenpetition" deutsche Marinetruppen im chilenischen
Valparaiso, um die Verstaatlichung der hanseatischen Salpetervor-

3 Verladung von Bananen im Hafen von Tiko/Kamerun, ca. 1936

4 Werbung für „Deutsche Kamerun-Bananen" anlässlich der Ausstellung „Deutschland braucht Kolonien", Hamburg 1936

kommen zu verhindern. Laeisz' Nachkommen machten im Salpeterhandel so große Gewinne, dass sie 1909 zwei Millionen Mark für den Bau der Musikhalle spenden konnten.

In dieser Zeit suchte und fand die Firma ein neues Standbein. Seit 1911 baute ein Tochterunternehmen, die „Afrikanische Frucht Compagnie" (A.F.C.), Bananen auf einer Großplantage in der deutschen Kolonie Kamerun an (Abb. 3). Die Freude an der gelben Frucht währte zunächst nur kurz, denn nach dem Ersten Weltkrieg mussten die Plantagen an England abgetreten werden. Schon 1924 ersteigerte die A.F.C. zusammen mit anderen deutschen Unternehmen mithilfe eines englischen Strohmanns ihren Plantagenbesitz zurück. In der NS-Zeit setzte man große Hoffnungen auf eine Rückerlangung und Vergrößerung des deutschen Kolonialbesitzes. Seit 1933 vermarktete die A.F.C. ihre Früchte unter dem Label „Deutsche Kamerun-Bananen" (Abb. 4).

Mit deutschen Kolonien wurde es dann bekanntlich doch nichts mehr. Die A.F.C. sitzt allerdings noch immer im Laeiszhof und sie importiert weiterhin Bananen. Die kommen heute aus Ecuador und Costa Rica und sind unter dem Label „Onkel Tuca" bekannt.

5 Kakaoernte in Kamerun. Werbepostkarte der Reichardt-Kakaowerke Wandsbek (um 1914)

Kolonialwaren ❹

Wir setzen unseren Weg vorbei an der Kirchenruine St. Nikolai und über den Hopfenmarkt fort. Die Fußgängerbrücke über die Willy-Brandt-Straße führt uns in die Deichstraße. Eines der historischen Kaufmannshäuser an der Deichstraße 45 beherbergt noch heute einen „Kolonialwaren"-Laden. Im Schaufenster verbreiten Emailleschilder der großen Hamburger Reedereien und Blechdosen für Tee und Kaffee das nostalgische Flair einer vermeintlich guten, alten Zeit. Bis zum Aufkommen der modernen Supermärkte war die Bezeichnung „Kolonialwaren" noch weit verbreitet und charakterisierte den kleinen Tante-Emma-Laden um die Ecke; der Name „Edeka" etwa entstand aus der Abkürzung für „Einkaufsgenossenschaft der Kolonialwarenhändler".

Die Kolonialwarenläden entstanden im 19. Jahrhundert, als Produkte aus Übersee, bis dahin seltene Luxusartikel für wenige Reiche, allmählich für breitere Bevölkerungsschichten in Deutschland erschwinglich wurden. Großplantagen in den Kolonien, wachsende Schiffskapazitäten und die industrielle Verarbeitung in den europäischen Hafenstädten bescherten unseren Urgroßeltern sinkende

Verbraucherpreise und steigenden Lebensstandard. Doch wie sah es für die Produzenten in den Kolonien aus?

Ein Beispiel: Vor dem Ersten Weltkrieg produzierten in Wandsbek die „Reichardt-Werke" als größte Fabrik ihrer Art in Deutschland Kakao und Schokolade. Reichardt warb damit, seinen Kakao vorzugsweise aus der deutschen Kolonie Kamerun zu beziehen. An den Hängen des Kamerunbergs hatten seit 1895 Aktiengesellschaften, zu deren Gründern Adolph Woermann aus Hamburg zählte, ausgedehnte Kakaoplantagen angelegt (Abb. 5). Dafür ließ die Kolonialverwaltung die ansässige, afrikanische Bevölkerung von ihrem fruchtbaren Land vertreiben. Den Dörfern blieben nur kleine Reservate in unfruchtbaren Randzonen der Plantagen. Ihren steigenden Bedarf an Arbeitskräften – er wuchs von 500 Menschen im Jahre 1895 auf über 15.000 im Jahre 1913 – deckten die Plantagen durch ein rigides Zwangsarbeitssystem. Die harten Arbeitsbedingungen, körperliche Misshandlungen und Krankheiten aufgrund von Fehl- und Mangelernährung führten unter den Arbeitskräften einiger Pflanzungen zu Sterblichkeitsraten bis zu 25 Prozent. Erst die Besetzung der Plantagen durch alliierte Truppen im Ersten Weltkrieg setzte dem unmenschlichen System ein Ende.

❺ Speicherstadt

In Verlängerung der Deichstraße führt der Kehrwiederstieg direkt in die Speicherstadt. Ein kolonialgeschichtlicher Hamburg-Spaziergang ohne Speicherstadt ist kaum denkbar, wir streifen sie hier aber nur in Kürze.

Schon der alte Stadtteil, der in den 1880er Jahren dem Ausbau des Freihafens weichen musste, kann als Keimzelle des Hamburger Überseehandels bezeichnet werden. Der Straßenname „Holländischer Brook" erinnert an niederländische Einwanderer, die sich hier seit dem 17. Jahrhundert niederließen, um Kolonialwaren zu handeln und zu verarbeiten.

Am Holländischen Brook stand noch bis 1881 das Haus der Hamburger Kaufmannsfamilie Hertz. 1844 sandte Adolph Jacob Hertz ein Schiff zur ostafrikanischen Küste Sansibar, um eine besondere Fracht zu laden: Kaurimuscheln. Hertz wusste, dass die

Kaurimuschel im westlichen Afrika ein wichtiges Zahlungsmittel war, an der ostafrikanischen Küste, wo sie in beliebigen Mengen aus dem Ozean gefischt wurde, aber nur zum Kalkbrennen diente. Sein Kapitän kaufte auf Sansibar einige Säcke der lokalen Kauriart und verschiffte sie ums Kap der Guten Hoffnung nach Westafrika, wo er sie zum Zehnfachen des Einkaufspreises gegen Elfenbein und andere Artikel eintauschte. In das lukrative Geschäft stieg später das Hamburger Handelshaus O'Swald mit großem Erfolg ein, bis der westafrikanische Markt so mit Kauris überschwemmt war, dass er zusammenbrach.

6 Johann Cesar Godeffroy, der „König der Südsee", vor einer seiner Faktoreien (Fotomontage, um 1940)

Nur einen Katzensprung von Hertz entfernt lebte am Alten Wandrahm die Familie Godeffroy. Johann Cesar Godeffroy (Abb. 6), Nachkomme hugenottischer Einwanderer, baute seit 1856 von Samoa ausgehend ein regelrechtes Handelsimperium auf, das weite Teile der Südsee mit einem Netz von Niederlassungen überzog. Auf Godeffroys unter dubiosen Umständen erworbenen Kokos- und Baumwollplantagen beschäftigte der „König der Südsee" über 1.200 Arbeiter. Zwischen den Inseln verkehrte eine firmeneigene Flotte von einhundert Schiffen, die zum Teil auf der Godeffroy gehörenden Reiherstiegwerft in Hamburg gebaut worden waren. Als die Firma 1878 in finanzielle Schwierigkeiten geriet, wurde sie in die „Deutsche Handels- und Plantagengesellschaft der Südsee-Inseln zu Hamburg" umgewandelt. Diese war maßgeblich am Erwerb deutscher Kolonien in Ozeanien beteiligt: 1885 wurde der östliche Teil von Neuguinea als „Kaiser-Wilhelmsland" zusammen mit einer Vielzahl kleinerer Inseln annektiert, 1900 kam noch Samoa hinzu, wo Godeffroys Südseeaktivitäten ihren Ursprung hatten.

Mit der Einweihung des Freihafens 1888 entstand auf der Wandrahminsel in mehreren Bauabschnitten bis 1913 der größte Lagerhauskomplex der Welt, in dem eingeführte Überseewaren zollfrei gelagert und verarbeitet werden konnten, bevor sie wieder zur Ausfuhr gelangten. „Kolonialwaren" wurden in der Speicherstadt aber auch noch umgeschlagen, als das Zeitalter des Kolonialismus vorüber war. Zwischen den backsteinroten Grundmauern der „Elbphilharmonie" lagerten noch bis vor wenigen Jahren Kakaobohnen im „Kaispeicher A". Viele afrikanische Staaten sind auch nach ihrer Unabhängigkeit vom Export agrarischer Rohstoffe abhängig

7 Gedenktafel für gefallene Kolonialsoldaten im Hamburger Michel

8 Truppentransport zum Kampf gegen die Herero in Deutsch-Südwestafrika, Hamburger Hafen 1904

geblieben und bis heute extremen Preisschwankungen auf dem Weltmarkt ausgesetzt.

❻ Hauptkirche St. Michaelis

Wir verlassen die Speicherstadt in westlicher Richtung über die Niederbaumbrücke und folgen der Uferpromenade am Niederhafen. Beim Anleger „Vorsetzen" (Startpunkt der Hafenrundfahrten von „Hamburg postkolonial") führt eine Fußgängerüberführung hoch zur Hochbahn-Haltestelle „Baumwall" und mündet in einen Weg, der uns vorbei am Verlagshaus Gruner & Jahr in Richtung der Hamburger Hauptkirche St. Michaelis führt.

Nur wenige Meter hinter dem Haupteingang des „Michel" hängt vorne links im Kirchenraum eine Gedenktafel (Abb. 7), die von den meisten Besucher(inne)n übersehen wird. „Aus Hamburg starben für Kaiser und Reich" beginnt der Text, der an Soldaten erinnert, die ihr Leben „in China" und „in Afrika" ließen. Die kaiserlichen Helden waren zur Bekämpfung antikolonialer Aufstände über See geschickt worden.

In China war es Ende des 19. Jahrhunderts den europäischen Großmächten gelungen, sich entlang der Küste mit Handels- und Marinestützpunkten festzusetzen. Deutschland hatte die geschwächte chinesische Regierung 1898 gezwungen, die Kiautschou-Bucht mit der Hauptstadt Tsingtau für 99 Jahre als „Pachtgebiet" abzutreten – ähnlich wie es England für Hongkong durchgesetzt hatte. Fortan betrachtete die deutsche Marineleitung diesen Stützpunkt und das angrenzende „Interessengebiet" Shantung als ihr Reich.

Ende 1899 erhob sich der Geheimbund der „Boxer" gegen die westliche Fremdherrschaft in China, und kurz darauf erklärte die chinesische Zentralregierung den europäischen Mächten den Krieg. Ein internationales Truppenkontingent unter Oberbefehl des deutschen Generalfeldmarschalls von Waldersee schlug die Erhebung nieder. Bei den folgenden „Strafexpeditionen" verübten die beteiligten Truppen regelrechte Massaker an der chinesischen Zivilbevölkerung und raubten obendrein große Mengen an Kunstschätzen. Nach seiner Rückkehr wurde Waldersee als Erster im 20. Jahrhundert mit der Hamburger Ehrenbürgerschaft ausgezeichnet, für seine „Tätigkeit im Interesse der Erhaltung des Weltfriedens".

Vier Jahre nach der Niederschlagung des „Boxeraufstands" stachen viele der beteiligten Soldaten erneut in See (Abb. 8). Mit der Erhebung der Herero in Südwestafrika, die sich gegen den Raub von Land und Vieh durch weiße Siedler zur Wehr setzten, begann im Januar 1904 der größte und längste Kolonialkrieg des Deutschen Reiches. Unter dem China-Veteran General von Trotha, der über 15.000 deutsche Soldaten befehligte, eskalierte der Krieg zu einem gnadenlosen Vernichtungsfeldzug. Die Gedenktafel im Michel erinnert an die Gefallenen auf deutscher Seite. Was sie verschweigt, sind die Opfer unter den Herero: Nach zwei Jahren Krieg waren von 70.000 Menschen nur noch 16.000 am Leben.

Die von Trotha geplante Vernichtung der Herero wird von Historikern heute als erster Völkermord des 20. Jahrhunderts bezeichnet. Zu den Kriegsgewinnlern zählte neben der Woermann-Linie, die zu überhöhten Tarifen die Truppen samt Pferden und Kamelen transportiert hatte, auch die „Otavi-Minen-und-Eisenbahn-Gesellschaft". Das mit Hamburger Kapital betriebene Unternehmen baute nach Kriegsende mit kriegsgefangenen Zwangsarbeitern eine Eisenbahntrasse durch das Hererogebiet und erlangte so den Zugriff auf große Kupfervorkommen im Norden der Kolonie. Die Nachkommen der wenigen überlebenden Herero kämpfen bis heute um eine Entschädigung durch die deutsche Regierung.

❼ Schimmelmann

In der Gerstäcker-Straße im Schatten des Michel spielen heute die Kinder des Michel-Kindergartens. Früher hieß dieser Abschnitt „Mühlenstraße", und 1757 ließ dort Heinrich Carl Schimmelmann das „Gottorpsche Palais" errichten. Der aus Preußen zugewanderte aufstrebende Kaufmann nahm von hier aus Tuchfühlung mit dem hoch verschuldeten dänischen König auf, dem er eine Anleihe von einer Million Reichstaler zur Verfügung stellte. Dafür wurde er mit der dänischen Staatsangehörigkeit belohnt.

9 Zwei Sphinxe säumten die Auffahrt zum Schimmelmann-Palais in der Mühlenstraße. Heute stehen sie am Eingang zum Eichtal-Park in Wandsbek

In den folgenden Jahren entwickelte sich Schimmelmann zu einem herausragenden Vertreter des „Dreieckshandels" zwischen Europa, Afrika und Amerika. Das Stadtpalais in Hamburg und ein Kontor in Kopenhagen wurden zu Schaltstellen eines weltweiten Handelsimperiums. Nachdem Schimmelmann 1759 die Güter Wandsbek und Ahrensburg erworben hatte, förderte er dort die Ansiedlung von Textilindustrien. In seinem eigenen Betrieb, „Ahrensburger Waisenhaus und Cattunfabrique" genannt, wurden Waisenkinder, die häufig aus der Militärgarnison Glückstadt kamen, als Billigarbeitskräfte zur Verarbeitung von Wolle und Baumwolle eingesetzt. Die erforderlichen Rohstoffe lieferten größtenteils die eigenen Güter und Plantagen. Das in den Kattunbleichen von Wandsbek eingefärbte „Negertuch" wurde zusammen mit Roggen-Branntwein aus Ahrensburg nach Westafrika verschifft. Dort wurden die Waren gegen Sklaven getauscht. Mit der menschlichen Fracht an Bord setzten Schimmelmanns Schiffe ihre Reise auf die dänische Karibikinsel St. Thomas fort. Die Sklaven waren überwiegend für die Plantagen des Barons selbst bestimmt, denn mit über tausend Sklaven auf vier Pflanzungen war er der weitaus größte Sklavenhalter Dänisch-Westindiens.

Zucker, Rum und Baumwolle der karibischen Plantagen bildeten die Ladung auf der letzten Etappe des Dreieckshandels zurück nach Europa zur Weiterverarbeitung in den Schimmelmann'schen Manufakturbetrieben. Das Geschäft lohnte sich. Als der Zuckerbaron 1782 starb, hinterließ er ein Erbe in Höhe von fünf Millionen Reichstalern.

Schimmelmanns Stadtpalais fiel 1906 dem Brand der Michaeliskirche zum Opfer. Heute zeugen noch das Schloss in Ahrensburg und ein Mausoleum auf dem ehemaligen Friedhof an der Wandsbeker Christuskirche von seinem Reichtum. Eine 2006 durch den Bezirk Wandsbek errichtete Schimmelmann-Büste wurde nach öffentlichen Protesten gegen „die Ehrung eines Sklavenhändlers" wieder entfernt.

Bismarck

10 Schutzmacht des Handels: Bismarck in Ritterrüstung (um 1910)

Am Ende der Gerstäckerstraße führt ein Fußweg zwischen den Häusern nach links auf die Böhmkenstraße, der wir nach rechts folgen. Über ihre Verlängerung (Rothesoodstraße, Seewartenstraße) gelangen wir zum Bismarck-Denkmal (Abb. 10).

Auswärtige Hamburgbesucher staunen häufig, dass Deutschlands größtes Bismarck-Denkmal ausgerechnet in Hamburg steht. Doch die Hamburger wussten, was sie dem „Eisernen Kanzler" zu verdanken hatten. Mit der 1888 erfolgten Angliederung Hamburgs an das reichsdeutsche Zollgebiet, der Gründung des Freihafens und mit seiner Kolonialpolitik verhalf er der Hansestadt endgültig zum Durchbruch als größter Überseehafen des Kontinents. Für diese Leistungen spendeten dankbare Hamburger Bürger ein imposantes Bismarck-Denkmal, das „von deutscher Kraft und Größe" zeugen sollte. Das 34 Meter hohe Denkmal wurde von dem Berliner Architekten Hugo Lederer 1906 in Gestalt einer Rolandsfigur geschaffen, die in mittelalterlicher Rüstung und auf ein Schwert gestützt elbabwärts in Richtung Weltmeer blickt. Der Roland gilt von alters her als Schutzpatron des Handels – hier steht er für den Schutz des hanseatischen See- und Kolonialhandels durch das wilhelminische Kaiserreich.

Bismarck selbst hatte wenig Freude an den deutschen Kolonialerwerbungen. Noch 1889, kurz vor seiner Abdankung, versuchte er den Hamburger Senat zu bewegen, sich an der Verwaltung des deutschen Kolonialbesitzes zu beteiligen. Doch davon wollten die Hanseaten nichts wissen. Die hohen Kosten für die Verwaltung der Kolonien, die Errichtung einer Infrastruktur für den Handel und den Unterhalt einer kolonialen „Schutztruppe", die dem Handel militärisch den Weg ins Innere Afrikas bahnte, das überließ man lieber dem Reich. Die Lasten des Kolonialsystems wurden vom Staat und von den Steuerzahler(inne)n getragen – vor allem aber von der afrikanischen Bevölkerung in den Kolonien, die mit ihrem Land, ihrer Arbeitskraft und ihrer Freiheit bezahlte. In Hamburg begnügte man sich damit, die Gewinne aus dem Kolonialhandel einzustreichen.

⑨ Hafenkrone, Seewarte, BNI, Blohm + Voss

Das Bismarck-Denkmal, das wir nun in Richtung Elbufer verlassen, bildet den Höhepunkt einer architektonischen Inszenierung hamburgischer Weltgeltung und deutscher Seemacht: die „Hafenkrone". Auf dem Elbhang oberhalb der Landungsbrücken entstand an der Wende vom 19. zum 20. Jahrhundert ein Ensemble repräsentativer Bauten, die Hamburgs besondere Stellung als „Tor zur Welt" des Kaiserreichs variieren. Der Beiname „Tor zur Welt" für Hamburg ist übrigens erst seit 1915 überliefert, aber er dürfte durchaus das Selbstverständnis früherer Jahre treffen.

Auf unserem Weg zur Jugendherberge am Stintfang passieren wir zunächst die 1896 errichtete Kersten-Miles-Brücke (Seewartenstraße). An den Brückenpfeilern verkörpern die Statuen der historischen Hamburger „Seehelden" Kersten Miles, Simon von Utrecht (er brachte Störtebeker zur Strecke), Ditmar Koel und Berend Karpfanger Hamburgs Anspruch auf Seegeltung, der immer auch die Anwendung von Gewalt legitimierte. Die Brücke überspannt die Helgoländer Allee, die von St. Pauli zu den Landungsbrücken führt. Der Straßenname sollte an die 1890 erfolgte Rückgabe Helgolands aus britischem Besitz an Deutschland erinnern. Übrigens wurde Helgoland nicht gegen Sansibar eingetauscht, das nie zum deutschen Kolonialbesitz gehörte. Im Helgoland-Sansibar-Abkommen verzichtete das Reich lediglich auf zuvor erhobene Gebietsansprüche.

Das letzte Stück unseres Wegs führt zur Jugendherberge auf dem Stintfang. An dieser Stelle wurde 1881 durch Kaiser Wilhelm die „Deutsche Seewarte" (Abb. 11) eingeweiht, als „sichtbares Zeichen der der Stadt obliegenden Wahrnehmung der Seewege". Die wuchtige Anlage mit vier Wehrtürmen sollte den Anspruch Deutschlands auf eine von Hamburg ausgehende See- und Kolonialmacht symbolisieren. Als meteorologisches Institut bestand ihre Aufgabe darin, die günstigsten Fahrtrouten für die Segelschiffe im

Gruss aus Hamburg   Helgoländer Allee mit Seewarte

11 Inszenierung hanseatischer Seegeltung: Helgoländer Allee, Kersten-Miles-Brücke und Deutsche Seewarte

Atlantik auszuarbeiten. Der Neorenaissancepalast, dessen Gestalt einer Festung ähnelte, wurde 1943/44 zerstört.

Unterhalb der 1955 errichteten Jugendherberge „Auf dem Stintfang" (Alfred-Wegener-Weg 5) gibt eine große Aussichtsterrasse den Blick auf die Landungsbrücken und den Hafen frei. Hier ließe sich noch viel sagen, etwa über die Hamburger Großwerft „Blohm + Voss", wo als erster Kriegsschiffsbau 1892 der kleine Kreuzer „Condor" vom Stapel lief, der für die ostafrikanische Station der Kaiserlichen Marine bestimmt war. Oder über das Bernhard-Nocht-Institut für Schiffs- und Tropenkrankheiten (BNI), das nach 1900 zur wichtigsten Ausbildungsstätte von Ärzten für den Kolonialdienst wurde – mit streng getrennten Sälen für weiße und „farbige" Patienten. Doch hier endet unser Spaziergang in Hamburgs koloniale Vergangenheit, und wir genießen noch ein wenig den Hafenblick.

Kontorhaus-Spaziergang

Jörn Tietgen / Jörn Dobert

Startpunkt: Ehemaliges Spiegel-Hochhaus, Brandstwiete
(U-Bahn-Station Meßberg / U 1)
Endpunkt: Mönckebergstraße
(U-Bahn-Station Mönckebergstraße / U 3)
Dauer: ca. 1,5 Stunden

Übersichtskarte Altstadt und Neustadt

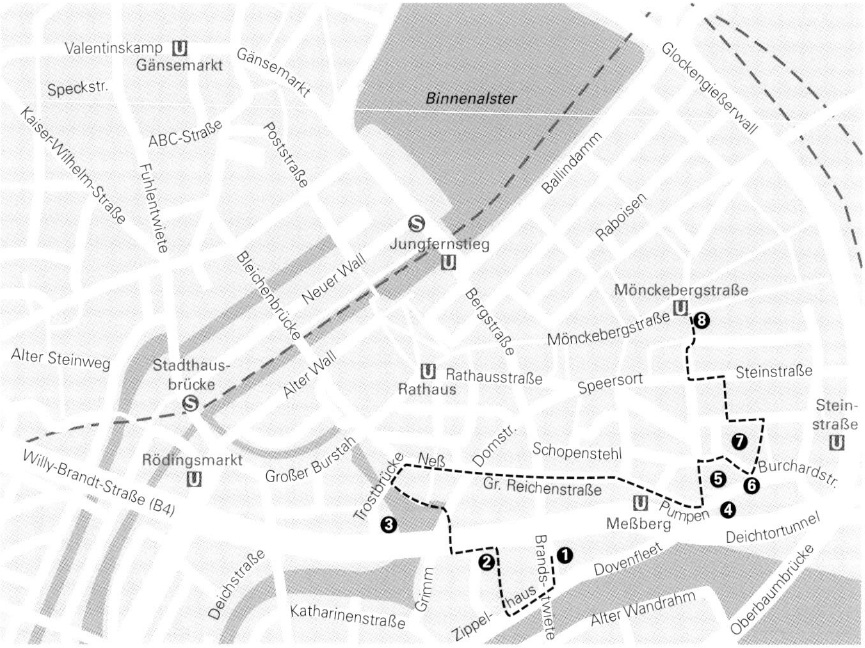

1 Kontorhausviertel um 1930 mit dem Chilehaus (links), dem im Bau befindlichen Sprinkenhof und dem Karstadt-Verwaltungsgebäude (hinten), dazwischen Reste des Gängeviertels

Ehemaliges Spiegel-Hochhaus, Brandstwiete

Dieser Spaziergang durch die oft als Kontorhausviertel (Abb. 1 und 2) bezeichnete südliche Altstadt zwischen Mönckebergstraße und Speicherstadt ist an einem Wochentag zur Geschäftszeit besonders reizvoll, weil dann auch viele Treppenhäuser zugänglich sind. Der Blick in die Häuser offenbart aber auch, dass viele nicht mehr im Originalzustand sind. Oft sind an den markanten Bürohäusern aus den Jahren um 1900 nach Entkernung und Wiederaufbau nur noch die Fassaden original vorhanden.

Wir starten an der Stelle, wo sich von 1885 bis 1967 das erste Hamburger Kontorhaus, der *Dovenhof*, befand. Die Bezeichnung „Kontor" leitet sich vom französischen Wort „Comptoir", dem Schreib- und Geschäftsraum ab. Ursprünglich bedeutete „Comptoir" Geld-Zähltisch. Das Wort „Büro" hingegen kommt vom französischen Begriff für den Schreibtisch.

2 Kontorhaus-viertel (1998)

Kontore gab es in Hamburg schon lange vor dem Kontorhaus. Sie befanden sich als Geschäftsräume in den Bürgerhäusern, in denen noch die Einheit von Leben und Arbeiten unter einem Dach herrschte (vgl. Fleet-Spaziergang). Das reine Kontorhaus steht so auch für

3 Dovenhof Ende des 19. Jahrhunderts

4 Fassade des Asia-Hauses

die Verteilung verschiedener Funktionen wie Arbeiten, Wohnen und Speichern auf unterschiedliche Gebiete der Stadt. Diese Funktionstrennung wurde in Hamburg maßgeblich durch großflächige Abrisse alter innerstädtischer Quartiere ab 1900 vorangetrieben. Von diesen euphemistisch „Sanierungen" genannten Abrissen waren vor allem die sogenannten „Gängeviertel" in den Stadtteilen Alt- und Neustadt betroffen. Hier lebten die Arbeitermassen unter miserablen Bedingungen in dicht bebauten, oft nur durch schmale Gänge erreichbaren Fachwerkhäusern. Insgesamt mussten im Zuge der Sanierungen etwa 50.000 Menschen ihre Quartiere verlassen.

Wurden in der südlichen Neustadt zwischen „Michel" und Hafen anschließend überwiegend neue Wohnhäuser gebaut, so waren es in der südlichen Altstadt vornehmlich Kontorhäuser.

Wo heute das 1967/68 von Werner Kallmorgen entworfene Hochhaus für das – mittlerweile in der Hafencity residierende – Nachrichtenmagazin „Der Spiegel" steht, war 1885/86 der *Dovenhof* von Martin Haller errichtet worden (Abb. 3).

Als Grundprinzip für Kontorhäuser gilt, dass sie nicht ausschließlich für eine Firma gebaut wurden, sondern frei vermietbare Büroflächen für verschiedene Mieter zur Verfügung stellten. Diese Idee war in den USA und *Großbritannien* entwickelt und von einem Investor nach Hamburg importiert worden.

Der *Dovenhof* wurde zum Prototyp aller folgenden Hamburger Kontorhäuser. Die Büroflächen waren aufgrund der Bauweise mit einem tragenden Gerüst anstelle tragender Wände frei einteilbar. In der Ausstattung war er mit Paternoster (dem ersten auf dem europäischen Kontinent), Dampfzentralheizung, Gaslicht und Rohrpost äußerst modern. Waren die unteren, teureren Räume mit Marmor und Holzvertäfelungen auch repräsentativ gestaltet, so musste man in den billigeren oberen Etagen mit Linoleum und Wandfarbe vorliebnehmen. Neben rund sechzig Kontoren gab es im Dovenhof auch Warenmusterlager, Geschäfte und zwei Restaurants.

Der *Dovenhof* war schnell vermietet, und die Kontorhausidee wurde ein voller Erfolg. Bis 1900 wurden in Hamburg ungefähr einhundert Kontorhäuser gebaut. Die Gründe für diesen Bauboom lagen in der großen Nachfrage nach Büroräumen, die durch ein massives Wirtschaftswachstum nach dem Zollanschluss an das Deutsche Reich 1888 ausgelöst worden war. Zwischen 1890 und dem Ersten Weltkrieg vervielfachte sich insbesondere der Handel über den Hafen. Im *Dovenhof* absolvierte übrigens der Dichter Joachim Ringelnatz seine Lehrzeit bei einer Dachdeckerfirma.

Die Häuser auf der gegenüberliegenden Straßenseite stammen noch aus den 1870er Jahren. Sie sind eine Mischform aus Wohn- und Geschäftshaus und beherbergten neben Wohnungen in den oberen Etagen Ladengeschäfte im Erdgeschoss sowie Kontore im ersten Stock. Das frühere „Spiegel"-Hochhaus, genau wie das dahinter stehende ehemalige IBM-Hochhaus (ebenfalls von Werner Kallmorgen), das an eine Lochkarte erinnern soll, sind übrigens beide keine Kontorhäuser, da sie ausschließlich für einen Mieter gebaut wurden.

Mit dem Bau der Hafencity wird die Brandstwiete aufgrund ihrer Lage zwischen Jungfernstieg und Überseequartier zur Hauptverbindungsachse zwischen der heutigen Innenstadt und dem Zentrum des neuen Stadtteils werden.

Überqueren wir nun die Brandstwiete und gehen ein Stück in die Straße Zippelhaus. Bei der Hausnummer 4 biegen wir rechts in den Hof ab und gelangen zum Hintereingang des *Asia-Hauses*.

Asia-Haus ❷

Der lang gestreckte Hof des *Asia-Hauses* zeigt den Gebäudegrundschnitt, wie er ursprünglich typisch für Bürgerhäuser in der Hamburger Altstadt war. Die Fassade ist im Hof schlichter gestaltet als zur Straße hin und erinnert an einen Fabrikhinterhof. Über den Hintereingang linker Hand gelangen wir ins Haus, das von Pfeilern an den Außenwänden und den Erschließungskernen (Treppenhäuser, Fahrstühle usw.) getragen wird. Die vermietbare Fläche kann dann den jeweiligen Bedürfnissen mit nicht tragenden Zwischenwänden angepasst werden. Gehen wir jetzt den langen, gekachelten Flur entlang, der zum Haupttreppenhaus führt.

Das *Asia-Haus* ist ein Repräsentant der älteren Generation von Kontorhäusern. Es wurde zwischen 1906 und 1909 von Georg Radel erbaut. Das eigentliche Treppenhaus verläuft neben einem Lichthof mit Galerie in jedem Stockwerk. Mit der reichen Jugendstilornamentik erweckt es einen repräsentativen Eindruck. Zur Ausstattung der Kontorhäuser wurde in „Hamburg und seine Bauten" 1914 vermerkt:

> *Heute herrscht im Kontor oft weit mehr Luxus als in der Wohnung; die großen Firmen namentlich wollen nach außen glanzvoll auftreten. Man findet daher in den neuzeitlichen Geschäftshäusern oft großen Aufwand an guten Baustoffen getrieben, Marmor, edle Hölzer, Bronze, Intarsien und Inkrustate, künstlerische Fenster, gute dekorative Malerei usw. gehören nicht mehr zu den Seltenheiten.*

Verlassen wir das Haus zur Willy-Brandt-Straße und werfen einen Blick auf die Fassade (Abb. 4). Sie verweist auf den Asienhandel des Bauherrn, eines Gewürzhändlers. Die asiatischen Masken mit den über ihnen thronenden Reichsadlern zeugen vom Machtanspruch der westlichen Kolonialherren über die Asiaten.

Folgen wir der Straße nach Westen bis zur nächsten Ampel, an der wir sie überqueren und links über die Ampel zum alten Hafen bei der Trostbrücke kommen.

❸ Laeisz-Hof

Auf der gegenüberliegenden Seite fällt mit dem historistischen *Laeisz-Hof* (Abb. 5) ein weiteres Kontorhaus ins Auge. Es steht seit 1898 am Nikolaifleet und wurde nach Plänen von Bernhard Hans-

5 Laeisz-Hof

sen, Emil Meerwein und Martin Haller erbaut. Über Jahrhunderte
hatte sich hier das Zentrum Hamburgs mit Börse, Rathaus, Bank,
Waage und Kran befunden. Die komplette Zerstörung im Großen
Brand 1842 setzte dem ein Ende. Anschließend verlagerte sich das
Zentrum einige Meter weiter nach Norden.

Der *Laeisz-Hof* ist nach wie vor Sitz der gleichnamigen Reederei. Zwischen den beiden Türmchen thront auf einem kleinen
Podest ein Pudel. Er ist ein Denkmal für die Gattin des einstigen
Firmeninhabers, Carl Laeisz, deren Spitzname „Pudel" war. Der
Anfangsbuchstabe „P" wurde im Weiteren zum Markenzeichen
aller Schiffe der Reederei, die zeitweilig als „Flying-P-Liner" in die
Seefahrtsgeschichte eingingen. Die Namen berühmter Segelschiffe wie „Preußen", „Peking" oder der 1957 auf tragische Weise ver-
sunkenen „Pamir" gehen alle auf Pudelchens Anfangs-„P" zurück
(vgl. Kolonial-Spaziergang).

Über die Trostbrücke mit den Statuen Bischof Ansgars und Graf
Adolf III. von Schauenburgs, den Symbolfiguren für die ersten bei-
den Siedlungskerne Hamburgs, gelangen wir zum Eingang des
Laeisz-Hofs.

6 Der zentrale
Lichthof im Laeisz-Hof
mit Paternoster

Auch diese Eingangshalle (Abb. 6) ist geprägt von einem zentralen Lichtschacht mit zahlreichen abzweigenden Türen für die verschiedenen Mieter. Linker Hand erblicken wir einen entschlossen dreinblickenden, leicht bekleideten Mann mit Südwester. Das Schiff in der Hand und die sich hinter ihm wölbende Weltkugel kennzeichnen ihn als mutigen Kaufmann, der seine Schiffe in die weite Welt ausschickt. Gestützt wird sein Unterfangen durch einen Seemann/Arbeiter sowie eine Frau mit Geschäftsbuch in der Hand; Symbol auch dafür, dass im frühen 20. Jahrhundert vermehrt Arbeitsplätze für Frauen in Büros entstanden (vgl. 7. Station). Die Weltkarte an der gegenüberliegenden Wand verweist auf den Anspruch der Hamburger Kaufleute, die ganze Welt als ihr Feld zu betrachten.

Geradeaus findet sich einer der noch rund dreißig letzten Paternoster Hamburgs (Abb. 6). Es ist nicht übertrieben, Hamburg als Deutschlands Hauptstadt der Paternoster zu bezeichnen. 1936 gab es in Deutschland 679 Paternoster, davon allein 344 in Hamburg! Wichtig waren Paternoster vor allem, weil die oberen Stockwerke schnell erreichbar waren und sich dadurch besser vermieten ließen. Der Name Paternoster leitet sich vom Prinzip des katholischen Rosenkranzes her, dessen Gebetsreihe mit der Exklamation „Pater noster" beginnt. Paternoster sind aber auch Symbol für die ständige Betriebsamkeit in einem Geschäftshaus und für das stete Auf und Ab der Börsenkurse. In den Anfangstagen des Paternosters schrieb der „Hamburgische Correspondent":

Die Bewegung ist so langsam, daß selbst Damen und Greise ohne jede Bedenken und ohne jede Hülfe und Begleitung die Kabinette im Fahren besteigen und verlassen können. [...] Diese Einrichtung, bei welcher einige höchst sinnreiche Sicherheitskonstruktionen angebracht sind, hat vor der sonst üblichen den Vortheil, daß jeder Zeit der Fahrstuhl zur Verfügung stehet, und man nicht erst auf sein Kommen lange zu warten hat.

Paternoster sind allerdings nicht ungefährlich. Zwischen 1890 und 1898 gab es in Hamburg immerhin 29 gezählte Unfälle, von denen fünf tödlich endeten. Seit 1988 dürfen Paternoster nicht mehr gebaut werden. Dem Denkmalschutz ist es zu verdanken, dass die vorhandenen Paternoster weiter in Betrieb sind.

Nach dem Verlassen des Gebäudes führt unser Weg zurück über die Trostbrücke, dann rechts in die Straße Neß und anschließend immer geradeaus. In der Großen Reichenstraße passieren wir das *Afrika-Haus* (Abb. 7, vgl. Kolonial-Spaziergang) und an der Brandstwiete den *Neuen Dovenhof*, ein Beispiel zeitgenössischer Kontorhausarchitektur, zwischen 1991 und 1994 von Kleffel, Köhnholdt, Gundermann erbaut. Mit den gläsernen Fahrstühlen im überdachten Innenhof kann man bis über das Dach hinauffahren und hat einen schönen Blick über die Stadt.

Auf dem weiteren Weg zum Meßberg kommen wir in der Kleinen Reichenstraße 7 an einem alten Bürgerhaus vorbei, dessen Fassade aus der Zeit um 1830 stammt. In diesem Haus, dessen heutige Straßenfront bis 1880 an ein Fleet grenzte, befanden sich Kontor-, Wohn- und Speicherräume noch unter einem Dach.

7 Afrika-Haus (Portal des Hinterhauses)

Meßberghof / Ballin-Haus

Lassen wir das berühmte *Chilehaus* zunächst einmal links liegen und gehen zum gegenüberliegenden *Meßberghof* (Abb. 8).

Der Meßberghof gehört ebenso wie Chilehaus, Sprinkenhof und Mohlenhof zu jenem Kontorhausensemble, das im Jahr 2015 zum UNESCO-Weltkulturerbe erklärt wurde. Das ursprünglich nach dem berühmten Generaldirektor der Reederei HAPAG benannte *Ballin-Haus* (heutiger Name: *Meßberghof*) wurde nahezu zeitgleich mit dem *Chilehaus* errichtet und im März 1924 eingeweiht. Mehr noch als das *Chilehaus* hat es mit seinen elf Stockwerken den Charakter eines Hochhauses. Dieser wird vor allem durch die vertikalen Gliederungselemente an der Hauptfassade unterstrichen. Entworfen wurde das Haus von den Gebrüdern Ernst, Hans und Oscar Gerson. Die Gersons hatten vorher vor allem Villen und Mehrfamilienhäuser gebaut, die meisten davon in rotem Backstein. Obwohl sie zum christlichen Glauben konvertierte Juden waren, wurden sie nach 1933 dennoch als Juden verfolgt. Mit dem Ausschluss aus dem Bund Deutscher Architekten war es für sie nahezu unmöglich, weiter als freie Architekten zu arbeiten. Ernst und Oscar Gerson emigrierten, Hans war bereits 1931 verstorben.

8 Meßberghof

9 Lichtschacht im Meßberg-Hof

Das *Ballin-Haus* wurde von einem anonymen Konsortium finanziert, das ebenso wie der Bauherr des *Chilehauses* über Devisen verfügte und somit in der Lage war, während der Inflation zu bauen. In der Nazizeit wurde das nach dem Juden Ballin benannte Haus in *Meßberghof* umbenannt. Die Namensänderung ist bis heute nicht rückgängig gemacht worden.

Im Zweiten Weltkrieg wurde das Gebäude leicht beschädigt und erhielt statt des ursprünglichen Spitzdachs ein Flachdach. Ehe das Gebäude 1983 unter Denkmalschutz gestellt wurde, drohte ihm mehrfach der Abriss. Mitte der 1990er Jahre wurde es saniert, das Spitzdach wiederhergestellt, die originalen Fensterformen rekonstruiert und die Farbgebung im Inneren restauriert. Neue Pfeilerfiguren von Ludwig Fischer wurden an der Fassade aufgestellt. Die originalen Pfeilerfiguren von Ludwig Kunstmann waren 1968 abgenommen worden und können heute im Keller des Hauses besichtigt werden. Im beeindruckenden Treppenhaus mit dem runden Lichtschacht (Abb. 9) ist noch erkennbar, wo sich einst Paternoster befunden haben. An den Seiten sind außerdem alte Fahrstuhleingänge mit historischen Stockwerksanzeigern zu sehen. Neben den Paternostern, die dem „Büro-Fußvolk" zur Verfügung standen, gab es des Öfteren noch Fahrstühle für die Chefs, die nur per Schlüssel in Gang gesetzt werden konnten. Aus Berlin sind für diese beiden Arten des Transports per Lift die Begriffe „Proletenbagger" und „Bonzenheber" überliefert.

Verlassen wir nun die Eingangshalle und gehen hinüber zum *Chilehaus*.

Chilehaus / Fischertwiete ➎

Für das Gebiet der südlichen Altstadt war vor dem Ersten Weltkrieg bereits ein Plan entwickelt worden, der vorsah, auch hier das Gängeviertel durch neue Wohnbauten zu ersetzen. Geplant war eine gleichmäßige Bebauung in der Architektur des Heimatstils. Trotz Abrissen noch vor dem Krieg wurden die Pläne nicht weiter verfolgt.

1921 ersteigerte Henry Barens Sloman das Gelände beiderseits der Fischertwiete. Er war der Neffe des Reeders Robert Miles Sloman und hatte mit dem Betrieb von Salpeter-Fabriken in Chile sowie dem Handel mit diesem vor allem als Dünger verwendeten Gut viel Geld verdient. Da Sloman über Devisen verfügte, war er in der Lage, ein solch großes Bauvorhaben trotz der herrschenden massiven ökonomischen Krise zwischen 1922 und 1924 zu realisieren. In Deutschland war die Bautätigkeit ansonsten nahezu zum Stillstand gekommen. Der Bau des *Chilehauses* in dieser „schlechten Zeit" hatte von daher eine große Symbolkraft. Immerhin wurde eines der größten Bürohäuser Europas in einem Land gebaut, das soeben den Weltkrieg verloren hatte und sich in einem wirtschaftlich miserablen Zustand befand.

Als Sloman das Gelände ersteigerte, existierte für die Gegend noch immer der Plan, hier überwiegend Wohnungen zu bauen. Erst Fritz Höger, den Sloman als Architekten gewonnen hatte, brachte Sloman dazu, den Antrag zu stellen, statt eines Wohnhauses ein Kontorhaus zu bauen. Unter der Auflage, wenigstens ein paar Wohnungen zu bauen, wurde diesem Antrag stattgegeben. Letztlich

10 Chilehaus

11 Innenhof des Chilehauses

wurden dann nur zwölf Wohnungen gebaut. Fritz Höger (1877–1949) erhielt den Bauauftrag vor allem, weil er in seinem Entwurf die Überbauung der Fischertwiete vorsah. Dies führte zu einem Gewinn an vermietbarer Geschossfläche und ermöglichte den Bau eines kompakten Baukörpers auf vormals zwei Grundstücken.

Besonders bedeutsam für die Wirkung des *Chilehauses* ist die Verwendung des Klinkers „dritter Wahl" (zum Baustil vgl. Hausfassaden-Spaziergang). Durch diesen unregelmäßig geformten und gefärbten Klinker wird die Fassade (Abb. 10) sehr lebendig und entwickelt je nach Lichteinfall ein reizvolles Farbenspiel. Sloman hatte den Klinker den Gebrüdern Gerson abgekauft, noch bevor Höger als Architekt feststand. Högers erster Ausspruch zum Baumaterial soll gewesen sein: „Was soll ich denn mit dem Dreck anfangen?" Später gab er hingegen vor, diesen Klinker bewusst gewählt zu haben, um die besondere Wirkung zu erzielen. Wichtig sind auch die Klinkerpfeiler zwischen den Fenstern, die je nach Standort den Eindruck diagonaler Muster in einer kompakten „bunten" Klinkerwand erzeugen. Die Verwendung des Klinkers war bei Höger nationalistisch aufgeladen, wie aus folgendem Zitat deutlich wird:

Wenn auch der Backstein nicht nur in Deutschland heimisch ist, so ist er aber dennoch deutsch zu nennen, genau wie die deutsche Eiche, weil in ihm das deutsche Gemüt schwingt. Was andernorts an Backsteinrohbau nur Zweck ist, ist bei uns außerdem seelisches Erleben.

Trotz der bald fünf Millionen verwendeten Steine ist der Bau ein Eisenbetonbau, bei dem die Fassade nicht das tragende Element ist. Die Überbauung der Fischertwiete wäre ohne Stahlbeton statisch gar nicht machbar gewesen.

Ein weiteres wichtiges Gestaltungsmerkmal des *Chilehauses* ist das aus mehreren Staffelgeschossen gebildete Dach (Abb. 11). Die 1912 eingesetzte Baupflegekommission machte sich für Staffelgeschosse im Kontorhausviertel stark, um die Höhe der Kontorhäuser etwas zurückzunehmen. Sie sollten lebendig wirken und mehr Licht in die Straßen bringen.

12 Ein Eingang des Chilehauses

Gehen wir nun ins Treppenhaus A: Das *Chilehaus* besitzt keinen Haupteingang, sondern verschiedene Zugänge (Abb. 12), die jeweils unterschiedlich gestaltet sind. Das Fehlen eines zentralen Eingangs ist in der unglaublichen Größe des Gebäudes begründet. Höger sprach davon, nicht nur ein Haus, sondern einen Stadtteil gebaut zu haben. Immerhin vormals 69 Häuser waren durch ein einziges ersetzt worden. Stilistisch kommt das Treppenhaus mit glasierten Backsteinen dem „Art Deco" und dem Expressionismus am nächsten. An den Wänden sind noch alte Tafeln erhalten, die verdeutlichen, wie viele verschiedene Mieter das *Chilehaus* einst hatte.

Spazieren wir anschließend die Fischertwiete stadteinwärts und wenden uns nach rechts in die Burchardstraße, bis wir zur berühmten Ostspitze des *Chilehauses* gelangen. Auf dem Weg lassen sich die Baukeramiken von Richard Kuöhl betrachten.

Chilehaus, Ostspitze   ❻

Die Ostspitze des *Chilehauses* ist sicher eine der bekanntesten Gebäudeansichten Deutschlands. Lange Zeit zierte sie z.B. eine 40-Pfennig-Briefmarke. Berühmt wurde sie vor allem durch ein Foto der Gebrüder Dransfeld von 1924 (Abb. 13), das mit Weitwinkel aufgenommen wurde und die Spitze von unten zeigt, so dass das Haus spitzer und höher erscheint, als es ist. Die beeindruckende Baumasse und die schwungvolle Dynamik des Gebäudes führten zu einer pathetischen Überhöhung des Geschaffenen. So äußerte sich Höger folgendermaßen über sein Werk:

13 Fotografie des
Chilehauses der
Gebrüder Dransfeld

Kühnheit ist [...] das stärkste Gepräge des Bauwerks. [...] Gotisch-dynamisch ist sein geistiger Wert [...], sein Wesen weist aufrecht sieghaft über die entsetzliche Zeit. Durch den Bau wurde das apathisch am Boden liegende Volk emporgerissen und schaute hoffnungsvoll zu ihm hinauf.

Berühmt wurde auch ein Artikel aus den „Hamburger Nachrichten" vom 21.1.1924:

Nichts – nicht die Pyramiden Ägyptens, nicht die Tempel Indiens, nicht die Säulenmacht des Parthenon, nicht die Paläste Roms, [...], nicht der Eiffelturm, [...], nichts, was Menschen erbaut, soll dir an Kühnheit und Kraft verglichen werden, du junges Haus Hamburgs, dessen Hüllen und Gerüste eben fielen. [...] Wer dieses Haus nicht erschüttert betrachtet, weiß nichts von Mut, nichts von Freiheit, Selbstbewußtsein, Zuversicht, Unerliegbarkeit, Unbesiegbarkeit; Einfachheit, Wahrhaftigkeit und Bekenntnis zu seiner Zeit.

Höger wurde später Mitglied der NSDAP und erhoffte sich eine große Karriere im Dritten Reich. So hetzte er gegen das Bauhaus, dem er vorwarf, „leere Hirngespinste, vollkommen ohne Seele" zu bauen. Den von vielen Nazis favorisierten Neoklassizismus lehnte er jedoch ebenfalls ab, da er ihn wegen seiner antiken Vorbilder als undeutsch ansah. Die erträumte Karriere blieb so aus.

Schräg gegenüber steht mit dem *Sprinkenhof* ein weiteres herausragendes Beispiel Hamburger Kontorhausarchitektur.

❼ Sprinkenhof

Der *Sprinkenhof* (Abb. 14) entstand als Gemeinschaftsarbeit von Höger und den Gebrüdern Gerson in drei Bauabschnitten: 1927/28 entstand der quadratische Kernbau, 1930 bis 1932 der Westflügel, 1939 bis 1943 folgte der Ostflügel, an dem die Gersons allerdings nicht mehr beteiligt waren (vgl. 4. Station).

Mit einer Geschossfläche von 52.000 Quadratmetern war der *Sprinkenhof* zeitweilig das größte Kontorhaus Europas. Gemeinsam mit dem *Chilehaus* und dem *Ballin-Haus* bildete er ein aufse-

14 Sprinkenhof

15 Büroarbeit in der Firma Seidenhaus Brandt (1921)

henerregendes bauliches Ensemble. Bedenkt man, dass hier zuvor vornehmlich dichtgedrängte Fachwerkhäuser mit wenigen Stockwerken standen, lässt sich nachvollziehen, dass Zeitgenossen die Gebäude als Hochhäuser empfanden, nicht unähnlich jenen der Zukunftsstadt „Metropolis" in Fritz Langs gleichnamigem Film von 1926. Die Kontorhäuser verweisen mit ihren riesigen Ausmaßen auch darauf, dass das Angestelltendasein in den 1920er Jahren zu einem Massenphänomen geworden war. Nach dem Soziologen Siegfried Kracauer gab es damals im Deutschen Reich 3,5 Millionen Angestellte, von denen 1,2 Millionen Frauen waren. Frauen wurden nach dem Ersten Weltkrieg in stärkerem Maße erwerbstätig. Neben den üblichen Stellungen als Dienst- und Kindermädchen drängten sie auch verstärkt ins Kontor (Abb. 15) und hinter die Ladentheken. Im Kontor saßen Frauen häufig an der Schreibmaschine oder auch den Computervorläufern, den Lochkartenmaschinen. Nicht ohne Ironie schreibt Kracauer hierzu:

Wie strapaziös die mechanische Dauertätigkeit in Wirklichkeit ist, geht mittelbar daraus hervor, daß etliche mir bekannte Betriebe sie [...] auf einen Bruchteil der Arbeitszeit beschränken und dem Maschinenpersonal fast durchweg Sonderzulagen zahlen. Daß den Maschinen so gern Mädchen vorgesetzt werden, rührt unter anderem von der angeborenen Fingergeschicklichkeit der jungen Dinger her, die freilich eine zu weit verbreitete Naturgabe ist,

um ein hohes Tarifgehalt zu rechtfertigen. Als es dem Mittelstand
noch besser ging, fingerten manche Mädchen, die jetzt lochen, auf
den häuslichen Pianos Etüden.

Der Sprinkenhof ist aber auch ein Symbol für die Weltwirtschaftskrise Ende der 1920er Jahre und den Rückgang der Nachfrage nach Kontorflächen. Im Sprinkenhof wurden deshalb zu dieser Zeit 120 Wohnungen eingerichtet. Es gab außerdem Werkstätten für Handwerksbetriebe und Lagerflächen. Auch die großen zeitlichen Abstände zwischen den Bauabschnitten stehen für die Unsicherheit der Krisenzeit.

Gehen wir nun durch den Sprinkenhof zur Altstädter Straße. Schräg links gegenüber gehen wir durch einen Hinterhof aus dem Jahr 1936 mit Reminiszenzen an die Olympischen Spiele in Berlin im selben Jahr, die Altstädter Twiete. An der Steinstraße fällt das lang gestreckte neoklassizistische ehemalige Karstadt-Verwaltungsgebäude ins Auge (vgl. Hausfassaden-Spaziergang). Ein Stück nach links und dann vor der St. Jacobi-Kirche rechts ab gelangen wir zur Mönckebergstraße.

❽ Mönckebergstraße

Zwischen 1908 und 1913 entstand mit der Mönckebergstraße eine Straße neuen Typs. In ihr befinden sich fast ausschließlich Kontorhäuser mit Ladengeschäften. Die Mönckebergstraße (Abb. 16) sollte eine repräsentative Verbindung zwischen dem 1906 eröffneten Hauptbahnhof und dem Rathaus schaffen. Ein weiterer Grund für ihre Entstehung war der Bau der U-Bahn, die hier unterirdisch geführt werden sollte und quasi im Tagebau eingegraben wurde.

Nachdem der Verlauf der neuen Straße feststand, kaufte die Stadt die 225 hierfür benötigten Grundstücke auf. Wer nicht verkaufen wollte, wurde enteignet. Danach versteigerte die Stadt die 28 neu zugeschnittenen Grundstücke an nur mehr 17 Eigentümer. Nach dem Abriss der alten Gängeviertel überwachte eine neu gegründete Kommission die Baumaßnahmen und achtete auf einheitliche Gebäudehöhen und Gestaltung. Durch eine geschwungene Straßenführung sollten die Satteldächer und zahlreichen Giebel besser zur Geltung kommen und für ständig neue Ansichten sorgen.

Die Mönckebergstraße ist das beste Beispiel für die planerisch herbeigeführte „Citybildung", also den Wandel von der Wohn- zur

16 Die Mönckebergstraße um 1910

17 Reste des Gängeviertels zwischen Steinstraße und Chilehaus Ende der 1920er Jahre

Geschäfts- und Verwaltungsinnenstadt. Während andere Straßen sich langsam durch Abriss und Neubau verwandelten, wurde mit der Mönckebergstraße ganz bewusst eine Kontorhausstraße geplant.

Die Citybildung hat den Charakter der Altstadt vollständig verändert (Abb. 17). Auch wenn es sich hier mittlerweile durch neue Hotels, Restaurants und Cafés in der City wieder etwas belebt hat, so ist der Eindruck doch überwiegend der einer tagsüber lebendigen Einkaufsgegend, die nachts nahezu ausgestorben wirkt. Dieses Phänomen wurde schon von den Zeitgenossen bemerkt, wie ein Zitat aus dem Jahr 1921 veranschaulicht:

Wo vordem elende Fachwerkhütten standen, erheben sich jetzt hohe Kontorpaläste, wo vordem sich Menschen mühselig finstere Stahlstiegen emportasteten, gleiten jetzt elektrische Fahrstühle leicht und sicher zur Höhe. Aber nicht nur äußerlich hat sich hier alles von Grund auf verändert, auch die innere Struktur der Gegend ist eine ganz andere geworden […]. Die Häuser dieser Gegend sind nicht mehr Stätten der Erholung, des Familienlebens, die sie früher wenigstens sein sollten, sie sind Stätten der Arbeit geworden. Tagsüber voller Leben, wimmelnd von arbeitsamen Menschen und nachts einsam, leer, kalt, tot – Geschäftsstadt.

Wer mehr über die Kontorhäuser in Hamburg erfahren möchte, kann dies auf regelmäßigen Rundgängen mit Stattreisen Hamburg e.V. (www.stattreisen-hamburg.de).

Kriminal-Spaziergang

Ilona Kiss

Startpunkt: Millerntorplatz (U-Bahn-Station St. Pauli / U 3)
Endpunkt: Lincolnstraße – Reeperbahn
(S-Bahn-Station Reeperbahn / S 1, S 2, S 3)
Dauer: ca. 1,5 Stunden

Übersichtskarte St. Pauli

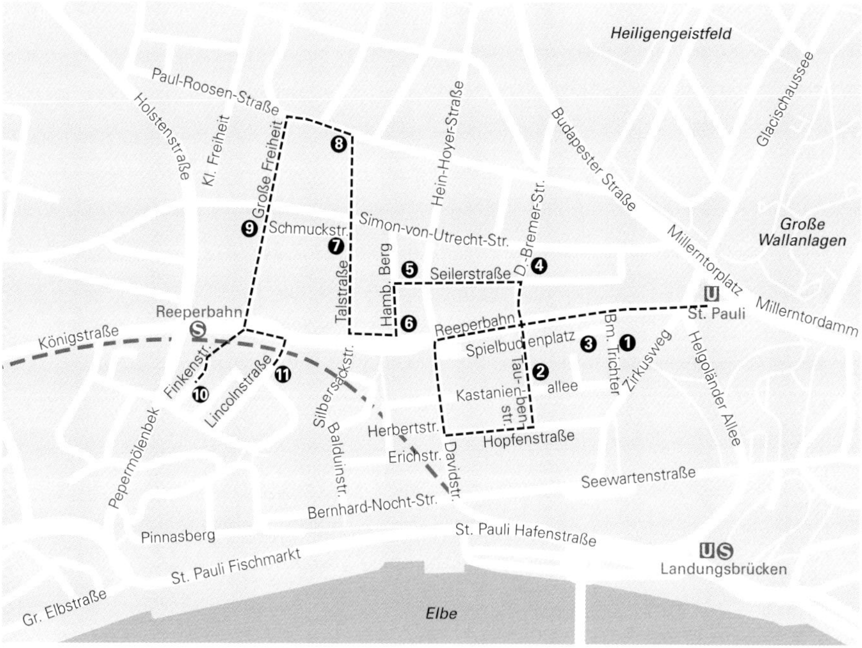

Um die Kriminalität auf St. Pauli ranken sich viele Geschichten und Gerüchte. In Film und Fernsehen wird das Thema gern aufgegriffen, es sind inzwischen ganze TV-Serien um die Davidwache und vermeintliche Kiezgrößen entstanden. Oft entsteht dabei der Eindruck, man könne sich auf St. Pauli seines Lebens nicht sicher sein und die Kugeln flögen einem nur so um die Ohren, sobald man die Reeperbahn betritt. Dass dem nicht so ist, erfährt der Besucher vor Ort. St. Pauli ist Wohnort (teilweise dreimal so dicht besiedelt wie andere Stadtteile Hamburgs), Amüsierviertel und Standort für legales und illegales Gewerbe. Normalerweise handhabt das „Milieu" seine Aktivitäten eher diskret, und Straßenprostitution wird in St. Pauli schon seit 1843 nicht geahndet, solange sie innerhalb bestimmter Regeln (zeitlich, räumlich) stattfindet. Dies geschieht im Einvernehmen mit den Behörden. Offenbar haben die Beteiligten kein Interesse an öffentlichen Skandalen, denn das wäre schlecht fürs Geschäft.

In St. Pauli sind legendäre Verbrechen begangen und aufgedeckt worden, auf diesem Spaziergang suchen wir die Tatorte auf. Die Verbrechen und Gaunereien, mit denen wir uns beschäftigen, haben zwischen 1900 und 1995 stattgefunden. Sie auf unserer Route chronologisch anzuordnen ist nicht möglich. Deshalb werden wir zeitlich springen und am Beginn jeder Station einen Hinweis zur historischen Orientierung geben.

Reeperbahn 1, ehemaliger Trichter – Ein Beutezug der Arbeiter

❶

1918 war der Krieg zu Ende, Deutschland eine Republik und auf St. Pauli herrschten Hunger und Arbeitslosigkeit. Die Arbeiterbewegung wuchs, was für St. Pauli große Bedeutung hatte, denn hier und in Altona lebten viele Arbeiter. Die Bevölkerungsdichte war damals noch größer als heute, und das Geld war knapp. Freilich gab es auch viele betuchte Amüsierwillige, die in den großen Vergnügungslokalen in St. Pauli feierten. Als sich 1919 die Arbeiterschaft im Spartakistenbund politisch organisieren und im Winterquartier des Zirkus Renz versammeln wollte, wurde die Zusammenkunft kurzerhand verboten. Daraufhin entschlossen sich die 300 verhinderten Parteigründer zu einer gemeinschaftli-

1 Trichter um 1906

chen Aktion von etwas anderer Art. Wie der Zufall es wollte, fand gegenüber dem ursprünglichen Versammlungsort eine Wohltätigkeitsveranstaltung im Trichter (Abb. 1) statt. Die verhinderten Parteigründer drangen dort ein und erleichterten die Anwesenden um ihre „dicken" Brieftaschen. Was einmal funktioniert, könnte wieder funktionieren, dachten sich die Beutezügler und zogen weiter in Richtung Davidwache. Nachahmer schlossen sich an, um ihr Einkommen ebenfalls aufzubessern. So kam die immer größer werdende Menge bis vor die Davidwache (Abb. 2), wo sich Polizeibeamte bereits verschanzt hatten. Ein Kommissar schilderte die Situation so: „Wir sind ungefähr 30 Mann und eine nach Tausend zählende Menschenmenge wälzt sich vom Millerntor über den Spielbudenplatz auf die Wache zu."

Zwei Wochen lang verwandelte sich St. Pauli in ein Bürgerkriegsgebiet, der Ausnahmezustand mit mitternächtlicher Ausgangssperre wurde verhängt. Auf dem Spielbudenplatz wurden Geschütze aufgefahren, im Trichter ein Lazarett errichtet, und die Restaurants bekochten die Sicherheitstruppen. Dann kehrte wieder Ruhe ein. Nach zwei Wochen zog das Militär ab.

Vorbei an der Davidwache biegen wir links ein in die Davidstraße, um dann links die Hopfenstraße entlangzugehen.

❷ Kastanienallee und Hopfenstraße – Die Schweden-Selma

Nun befinden wir uns bereits in unmittelbarer Nähe des Hafens. Deshalb einige Worte zur Situation der Seeleute, die sich gegenüber früher grundlegend verändert hat. Zu Beginn des 20. Jahrhunderts lagen die Schiffe bis zu drei Monate im Hafen, und die Seeleute konnten nicht an Bord logieren. Deshalb mussten sie sich andere Übernachtungsmöglichkeiten möglichst in der Nähe des Hafens suchen. Für die Seeleute gab es drei verschiedene Arten von Unterkünften – die Seemannsheime als eine Art Jugendherberge, günstige Hotels und die sogenannten Logishäuser. Die Logishäuser befanden sich in der Hopfenstraße (Abb. 3) und der Kastanienallee und wurden meist von alleinstehenden Damen betrieben, die die Schiffsbesatzungen „betüterten" und bekochten – sozusagen Pensionen mit Familienanschluss. Aber die Seeleute mussten aufpassen, wo sie sich einmieteten, denn unter den Wirtinnen gab

2 Davidwache   3 Hopfenstraße, Ecke Zirkusweg

es auch einige betrügerische Frauenzimmer. Ein sehr drastischer Fall der gewaltsamen Heuer (des sogenannten „Shanghaiens") ereignete sich 1907: Sieben Seeleute kamen im „Logishaus Kopenhagen" bei der „Schweden-Selma" unter. Diese Dame machte ihre Logisgäste mithilfe eines befreundeten „Heuerbasses" (eines Personalvermittlers für die Schifffahrt) unter dem Vorwand einer Feier betrunken. Die Seeleute unterzeichneten währenddessen einen Heuervertrag für eine Kap-Horn-Umseglung (ein sogenanntes „Himmelfahrtskommando"), was sie nüchtern selbstverständlich nicht gemacht hätten. Selma und ihr Verbündeter verfrachteten ihre Opfer auf das Schiff, das bereits am nächsten Tag ablegte. An Bord wachten die Unglücklichen erst kurz vor Erreichen der Nordsee nur mit ihrem Hemd bekleidet auf. Den Inhalt ihrer Seekisten hatte man durch Altpapier und Schutt ersetzt. Als sie schließlich den Kapitän um Kleidung baten, gab dieser die Bekleidung nur sehr unwillig ab, da die „Schweden-Selma" bereits eine Provision in Höhe der ersten Heuer kassiert hatte.

Wir gehen nun links die Taubenstraße entlang zurück zum Spielbudenplatz.

Spielbudenplatz – Eine Razzia im „Grenzfass" ❸

Nach der Verhängung des Ausnahmezustands unter Beteiligung des Militärs 1919 (vgl. Station 1) waren die kriminellen Umtriebe auf St. Pauli nicht unbedingt gestoppt, aber zumindest einge-

4 Das „Grenzfass" um 1920

5 Chinesenviertel (Foto-
montage, um 1920)

dämmt worden. So gab es zwölf verschiedene Lokale, die als Ga-
noventreffpunkte galten. Eine dieser Kneipen auf der Reeperbahn
nannte sich „Grenzfass" (Abb. 4). Die Polizei versuchte des Öfteren, die Ganoven dort festzunehmen, traf jedoch bei ihren Razzi-
en immer nur unbescholtene Bürger an. So entschlossen sich die
Ordnungskräfte, eine besondere Polizeiaktion durchzuführen.
1923 riefen Polizeibeamte unter falschem Namen in den Kneipen,
u.a. dem „Grenzfass", an und kündigten eine Razzia an. Vierzig
seit Langem gesuchte Ganoven versuchten, der Razzia zu entkommen, indem sie aus den Kneipen liefen. Sie konnten sich jedoch
nicht aus dem Staub machen, denn die Polizei wartete schon vor
den Lokalen und musste sie nur „einsammeln". Einer der Männer
wurde beim Versuch, einen Reisekorb mit einer Leiche abzutrans-
portieren, aufgegriffen. Besonders subtil ist man damals noch
nicht vorgegangen.

Nachdem wir den Spielbudenplatz und die Reeperbahn überquert haben, gelangen wir zur Detlev-Bremer-Straße.

❹ Detlev-Bremer-Straße – Zuhälter- und Verbrechervereine
Die Unterwelt entwickelte daraufhin andere Strategien, um sich
unverdächtig zu treffen. Und was wäre in Deutschland unauffäl-

liger, als einen Verein zu gründen? So kam es etwa zur Gründung eines Vereins der Zuhälter mit äußerst unverdächtigem Vereinszweck. In der Sophienburg an der ehemaligen Sophienstraße (heute Detlev-Bremer-Straße) traf sich ab 1926 der „Spar-, Gesellschafts- und Kegelclub Fidelio". Seine Mitglieder mussten mindestens ein Mädchen „laufen haben", und die Frauen hatten das Geld in die Sparfächer der Luden abzuliefern. Der Verein behielt einen Obolus zurück, um Anwälte, Kautionen und die medizinische Versorgung geschlechtskranker Frauen zu finanzieren. Auch die Interessen seiner Mitglieder gegenüber Konkurrenten oder Spitzeln vertrat der Verein. Somit war er gleichzeitig St. Paulis erstes Zuhältersyndikat.

Die Einbrecher organisierten sich im „Boxclub H.i.H.". Gemeinsam wurden hier Einbrüche geplant, und notleidende Kumpels bekamen Jobs als Portiers und Kellner. Spitzel hingegen wurden in die Arbeitslosigkeit gedrängt – durch handgreiflichen Druck auf deren Arbeitgeber. Dies war ein sicheres System, denn wenn die Mitglieder Kumpanen verpfiffen, waren sie nicht nur ihre illegale Beschäftigung, sondern auch ihren legalen Job los.

Seilerstraße Ecke Hamburger Berg – ❺
Das Ende des Chinesenviertels

Wenn wir nun die Detlev-Bremer-Straße weitergehen und links in die Seilerstraße einbiegen, gelangen wir am Ende der Straße in den Hamburger Berg. Auch hier lebten viele Menschen in der Illegalität. Die Straße spielte u.a. für chinesische Seeleute ein große Rolle (vgl. auch Station 7).

Zu Beginn des Zweiten Weltkriegs wurden bei der Festsetzung englischer Schiffe auch Chinesen festgenommen, und da niemand für die Deportation in ihr Heimatland aufkam, wurden sie mangels besserer Möglichkeiten ins Chinesenviertel (Abb. 5, hauptsächlich Schmuckstraße) nach Hamburg verbracht. Hier im Hamburger Berg, in der Nähe des Chinesenviertels, befand sich die Gaststätte von Chong Tin, einem Mittelsmann des chinesischen Konsulats in Berlin. Er vermittelte seinen Landsleuten die Reisepapiere von der Botschaft in Berlin für den Landweg nach Hause, die sie unter der Bedingung erhielten, sich nie wieder am Krieg gegen Deutschland zu beteiligen. In der Türkei zahlte ihnen indes der britische

6 Elbschlosskeller   7 Zum goldenen Handschuh

Botschafter die doppelte Kriegsheuer, so dass sie schließlich doch wieder auf britischen Schiffen anheuerten. Viele Chinesen sahen so eine Chance, schnell an Geld zu kommen. Die Gestapo statuierte daraufhin ein Exempel und ließ im Rahmen einer Großrazzia alle Chinesen festnehmen und in Arbeitslager bringen. Das war das Ende des Chinesenviertels.

⑥ Hamburger Berg – Der Frauenmörder Fritz Honka

Der Hamburger Berg hat noch mit ganz anderen Geschichten aufzuwarten. Ein Stückchen weiter Richtung Reeperbahn, im „Elbschlosskeller" und im „Goldenen Handschuh" (Abb. 6 und 7), hat einer der berüchtigtsten Massenmörder der 1970er Jahre seine Opfer gefunden: Fritz Honka. Er war von Beruf Nachtwächter bei den Wasserwerken und kam nach Feierabend bei Schnaps und Limonade mit seinen Opfern, meist ältere Prostituierte, ins Gespräch. Sobald man sich nähergekommen war, nahm Honka die Damen mit nach Hause in seine Wohnung in Ottensen. Dort sollten sie willige Gefährtinnen für seine sexuellen Fantasien sein und das Haus hüten. Wenn sie seinen Befehlen allerdings nicht folgten, brachte er sie um, zerstückelte sie und versteckte sie unter Verwendung einer Unmenge von Geruchsfressern auf dem Dachboden. Seine Verbrechen erregten großes Aufsehen und wurden im Juni 1975 nur zufällig entdeckt, als die Feuerwehr wegen eines Wohnungsbrandes im Haus auch die Dachböden kontrollierte. Anhand der Leichenfunde rekonstruierte die Polizei acht Mordfälle. Fritz Honka wurde vor Gericht gestellt, wo er sich weigerte, über seine Taten zu sprechen. Daraufhin wurde er lebenslang in geschlossene Anstalten eingewiesen und verbrachte einige Jahre in Ochsenzoll. Später wurde er verlegt und starb 1982 in einer Einrichtung an der Nordsee.

Schmuckstraße – Mord im Chinesenviertel

An der Hauptstraße des ehemaligen Chinesenviertels (vgl. Station 5) kommen wir vorbei, wenn wir rechts über die Reeperbahn und gleich wieder rechts in die Talstraße gehen. Von der Talstraße zweigt dann links die Schmuckstraße ab.

Chinesen kamen vermehrt schon seit 1860 nach Hamburg. Oft arbeiteten sie als Heizer oder Trimmer auf Schiffen der deutschen Handelsmarine. Bis sie die jeweils nächste Anstellung fanden und Hamburg wieder verließen, brauchten sie natürlich eine Unterkunft. Die üblichen Unterbringungen in Hotels, Logishäusern oder Seemannsheimen kamen für sie allerdings kaum in Frage, denn deutsche und „fremde" Seeleute wurden von den Arbeitgebern wegen der unterschiedlichen Bezahlung und nicht zuletzt aus rassistischen Gründen getrennt. Die chinesischen Seeleute suchten sich deshalb günstigen Wohnraum in Eigenregie und fanden diesen vornehmlich in den Kellern der Schmuckstraße. Dort siedelten sie sich schnell an und vermieteten weitere Kellerräume an Landsleute. So entstand eine fast reine Männergesellschaft, denn die Chinesen wollten hier kaum dauerhaft bleiben, sondern sich mit dem in Europa verdienten Geld zu Hause eine Existenz aufbauen. So war Hamburgs Chinesenviertel eher durch männliche Vergnügungen und weniger durch das Alltagsleben geprägt. Es gab Glücksspiel, Opiumhöhlen, Restaurants und jede Menge verwinkelter Keller. Der Legende nach wurde eine großflächige Unterkellerung (vom Hafen bis zum Pesthospiz) immer mehr erweitert, um im Fall von Razzien Fluchtmöglichkeiten zu schaffen. Der Straßenzug war geheimnisumwittert, wie dieser Auszug aus einem Reiseführer von 1930 deutlich macht:

Haus bei Haus ist von der gelben Rasse bewohnt, jedes Kellerloch hat über oder neben dem Eingang seine seltsamen Schriftzeichen.

Die Fenster sind dicht verhängt, über schmale Lichtritzen huschen Schatten, kein Laut dringt nach außen. Alles trägt den Schleier des großen Geheimnisses. Geht ein Mensch über die Straße, vielfach mit kurzen abgehackten Schritten, so ist es ein Chinese, eine Tür klappt und er ist verschwunden. Niemand weiß, was diese Menschen unter sich in den Wohnungen treiben. Die Schmuckstraße ist das Chinaviertel von St. Pauli, geheimnisvoll und rätselhaft wie das große Mutterland im fernen Osten. Kein Europäer durchdringt jemals den Schleier. (Ludwig Jürgens: St. Pauli. Bilder aus einer fröhlichen Welt, 1930)

Polizeiliche Ermittlungen im Milieu der Chinesen waren sehr schwierig. Die Beamten sprachen die Sprache nicht, konnten Zeugen und Tatverdächtige kaum unterscheiden, und mögliche Zeugen verschwanden oder schwiegen beharrlich. Am Silvestertag des Jahres 1925 wurde in der Schmuckstraße 7 ein Chinese namens Wong Chu umgebracht. An seinem Auge hinterließen die Täter mit einem Messer eine rätselhafte Kennzeichnung. Derartige Schnitte wurden häufig bei „Bestrafungsaktionen" von Triaden (Geheimbünde chinesischer Verbrecher) festgestellt. Aus diesem Grund befürchtete die Polizei Triadenhintergründe und ermittelte fieberhaft. Der Tatort war den Behörden bereits als Opiumgroßhandel und Waffenarsenal bekannt. Er gehörte Ah Wan, der im Erdgeschoss einen Zigarrenhandel betrieb. Die Keller waren allerdings weitaus interessanter, denn es handelte sich um ein Labyrinth aus zwölf Räumen, die als Lager, untervermieteter Wohnraum, Opiumhöhle oder Spielsalon dienten. Der hauptverdächtige Chinese, der mit der Mütze des Opfers aufgegriffen wurde, sagte selbst nach stundenlangen Verhören nichts aus und brachte sich in der Untersuchungshaft um. Der Fall wurde nie aufgeklärt. Wir gehen an der Schmuckstraße vorbei und weiter die Talstraße entlang.

❽ Talstraße 91 – Clans und Gangs

Die Talstraße kam in den 1990er Jahren durch Auftragsmorde in Verruf. Nach der Währungsreform und im Wirtschaftswunder waren Arbeitskräfte in Deutschland knapp, sie wurden zuerst in Italien und Jugoslawien, später auch in der Türkei angeworben. Im Zuge späterer Einwanderungswellen kamen dann auch nicht ganz so redliche Arbeitnehmer nach Hamburg, die ihr Geld weniger ehrenhaft verdienten. In den späten 1970er und 1980er Jahren kamen vornehmlich Türken und Kosovo-Albaner auf den Kiez. Wirklich etablieren konnten sie sich nur nördlich der Reeperbahn in der Paul-Roosen-Straße und umliegenden Straßen wie der Talstraße, denn das Kerngebiet um den Hans-Albers-Platz blieb fest in der Hand der deutschen Zuhältersyndikate. In unmittelbarer Nähe betrieb die ausländische Konkurrenz illegale Bordelle und Spielclubs in den Hinterhöfen, die hauptsächlich von ihren Landsleuten frequentiert wurden und in denen Drogen aus den Heimatländern für den Hamburger Markt gehandelt wurden. Etablierte Hamburger Kreise, bekannt als „GmbH" oder „Nutella Gang" (später „Chicago Clan"), sahen das nicht so gern und wollten die Ausbreitung der unliebsamen Konkurrenz stoppen. An die Familienclans kamen sie freilich nur schwer heran, denn weder hatten sie verwandtschaftliche Kontakte in dieses Milieu, noch verstanden sie die entsprechenden Muttersprachen.

8 Talstraße 91

Mit dem Fall des Albaners Bari Berisha kamen die unterschiedlichen Milieus allerdings miteinander in Berührung. Berisha war in die Geschäfte albanischer Einbrecherbanden und deren Drogengeschäfte verwickelt und spielte außerdem gern. In einem illegalen Spielclub in der Talstraße machte er Spielschulden von 60.000 DM, die er nicht zurückzahlte. Sein Gläubiger wiederum war mit der deutschen Konkurrenz befreundet, die nun den Zeitpunkt für gekommen hielt, ein Exempel zu statuieren. Allerdings erledigten die Syndikate solche Aufgaben nicht selbst, sondern delegierten sie. Für 100.000 DM und eine Beteiligung an einem seiner Spielclubs wurden von dem italienischstämmigen Salvatore Lavore („Chicago Clan") zwei italienische Mafiakiller engagiert, die den Auftrag getreulich erfüllten. Der Albaner wurde im Hinterhof der Talstraße 91 (Abb. 8), wo ein illegaler Spielclub als türkischer Kulturverein getarnt residierte, erschossen. Als Fluchtwagen benutzten die Profikiller den Mercedes der Gattin von Lavore. So kam man ihm auf die Spur, und er wurde schließlich gefasst und verurteilt, aber die Täter waren entkommen.

❾ Große Freiheit 39 – Ein Auftragsmord

Am Fall Berisha wird deutlich, dass die Zuhältersyndikate seit den 1980er Jahren unangenehme Aufgaben gern an Fremdkräfte abgaben. Das führte jedoch zu einer allgemeinen Verunsicherung im Milieu selbst, denn es war nicht nachzuvollziehen, aus welcher Richtung Bestrafungs- oder Racheaktionen kamen. Ein solcher Auftragsmord hat sich an dieser Stelle zugetragen. Hier befand sich früher die Transvestitenbar „Zur Schachtel" (heute „Highway"). 1994 wurde hier folgende Szene beobachtet: Zwei gepflegte, gut gekleidete Herren unterhielten sich kurz mit einem Gast an der Bar. Plötzlich zückte einer der beiden eine Waffe und hielt die Besucher des Lokals in Schach, während der andere auf den anwesenden Zuhälter Marco Krygier, der dem „Chicago Clan" zugerechnet wurde, einstach. Schnell verschwanden die Täter und der Gast, der mit ihnen gesprochen hatte. Dieser Mord konnte nie aufgeklärt werden, war aber symptomatisch für die wachsende Gewaltbereitschaft im Milieu. Charakteristisch an dem Verbrechen ist, dass nie klar wurde, wer hier aus welchen Gründen Rache genommen hat.

❿ Finkenstraße – Der Ganoventreff „Finkenbude"

Gehen wir in Richtung Reeperbahn, überqueren diese und nehmen den Durchgang beim „Schweinske", so gelangen wir in die Finkenstraße. In der Nr. 13 befand sich zwischen den Kriegen ein weiterer berüchtigter Ganoventreff: die „Finkenbude" (Abb. 9). Hier herrschte lange Zeit reger Verbrecherverkehr. Der Wirt war ein gelernter Buchhalter und eröffnete die Kneipe 1928. Wie in der Bank saß er hinter einer Luke und schob den billigen Schnaps nur gegen Vorkasse auf den metallbeschlagenen Tresen. Nach ausgiebiger Zecherei konnten die Gäste für zehn Pfennig in einem fensterlosen Raum, genannt „die Totenkammer", übernachten. Wenn alle Pritschen in diesem Raum belegt waren, blieben die Gäste auf den Tischen liegen, was kein Wirt besonders gern hat. So kam der Kneipier auf die Idee, in einer dunklen Ecke Seile zu spannen. In diese Seile wurden die Betrunkenen gehängt, um ihren Rausch auszuschlafen – sie „hingen in den Seilen". Diese Maßnahme wurde von vielen Kneipenbesitzern übernommen, da sie auf praktische

9 Finkenbude

10 Lincolnstraße 4, ehemals „Hamanns Lokal"

Art und Weise ein weitverbreitetes Problem löste. Zehn Jahre nur existierte die „Finkenbude", danach nutzten die Nationalsozialisten die Gelegenheit, einen Unruheherd auf St. Pauli loszuwerden, und verlängerten die Ausschanklizenz der Spelunke nicht mehr. Wieder zurück auf die Reeperbahn und dann rechts kommen wir in die Lincolnstraße.

Lincolnstraße 4 – Kokain auf dem Kiez ⓫

Im Dritten Reich ging es nicht nur Kommunisten, Prostituierten und Homosexuellen an den Kragen, auch die Kokaindealer wurden strenger verfolgt. Obwohl das Geschäft mit dem weißen Pulver in Hamburg weniger florierte als in London oder Berlin, gab es die Modedroge auch relativ früh in Hamburg. Eine besonders gute Quelle sprudelte in den 1930er Jahren genau hier, in „Hamanns Lokal" (Abb. 10), wo auch „Heidelberg-Toni" verkehrte. Zu „Geschäftsbeginn" stand sein Motorrad vor dem Lokal. Der Polizei blieb diese Routine nicht verborgen, deshalb kam sie, als das Motorrad hier parkte, in die Kneipe und verhaftete Toni. Bei der Vernehmung hielt er dicht, sein Kumpan „Humpelfuß" konnte fliehen. Die Ware wurde jedoch in einem zurückgelassenen Mantel in „Hamanns Lokal" sichergestellt, und in einem Hohlraum hinter einem Bild wurde das Drogenlager entdeckt. Also kam „Heidelberg-Toni" ins Gefängnis, „Hamanns Lokal" wurde geschlossen.

Literatur-Spaziergang

Olaf Irlenkäuser

Übersichtskarte Altstadt und Neustadt

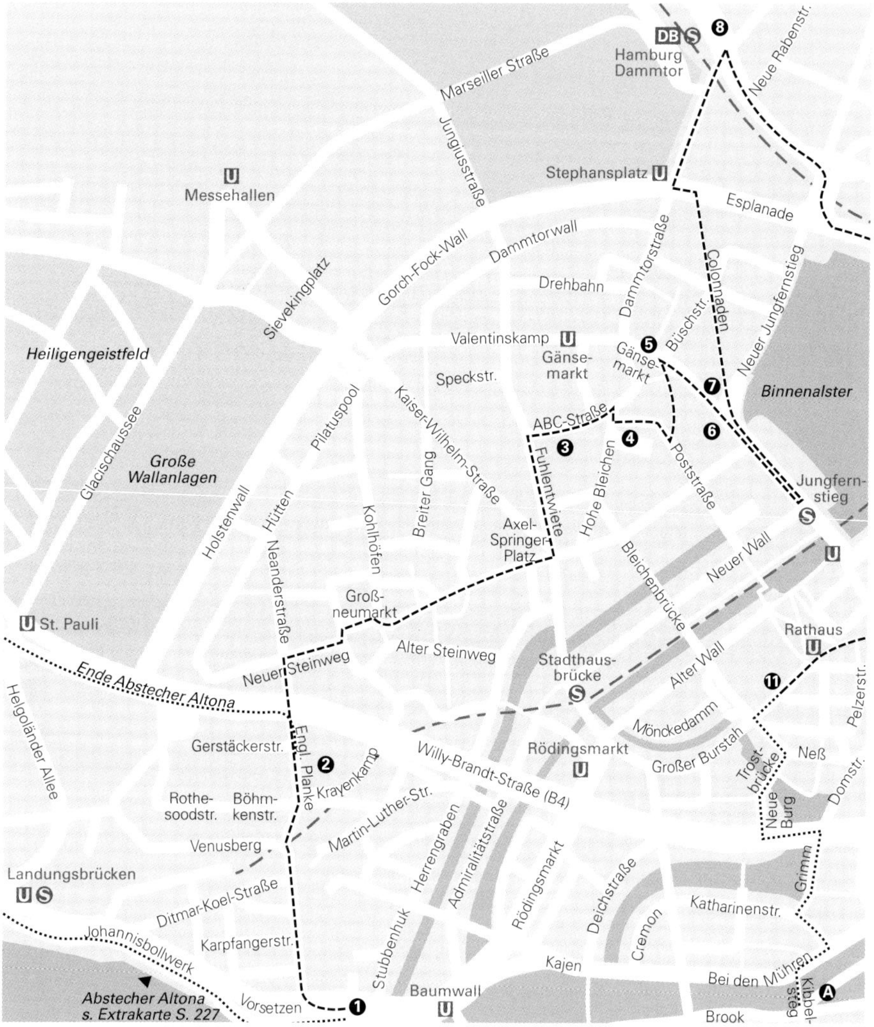

Marseiller Straße

DB S ❽

Hamburg
Dammtor

Neue Rabenstr.

Junggiusstraße

Stephansplatz U

Esplanade

U
Messehallen

Dammtorwall

Drehbahn

Dammtorstraße

Colonnaden

Neuer Jungfernstieg

Gorch-Fock-Wall

Sievekingplatz

Valentinskamp U

Speckstr.

Gänse-
markt

Gänse-
markt ❺

Büschstr.

Heiligengeistfeld

ABC-Straße

❸

❹

❼

❻

Binnenalster

Glacischaussee

Kaiser-Wilhelm-Straße

Fuhlentwiete

Hohe Bleichen

Poststraße

Jungfern-
stieg

S

Große
Wallanlagen

Pilatuspool

Breiter Gang

Axel-
Springer-
Platz

Bleichenbrücke

Neuer Wall

U

Holstenwall

Hütten

Kohlhöfen

Neanderstraße

Groß-
neumarkt

Rathaus
U

U St. Pauli

Alter Steinweg

Stadthaus-
brücke
S

Alter Wall

❶❶

Pelzerstr.

Ende Abstecher Altona

Neuer Steinweg

Mönckedamm

Rödingsmarkt
U

Großer Burstah

Trost-
brücke

Neß

Domstr.

Heligoländer Allee

Gerstäckerstr.

❷

Krayenkamp

Willy-Brandt-Straße (B4)

Neue
Burg

Grimm

Rothe-
soodstr.

Böhm-
kenstr.

Martin-Luther-Str.

Herrengraben

Admiralitätsstraße

Rödingsmarkt

Deichstraße

Katharinenstr.

Cremon

Landungsbrücken
U S

Venusberg

Ditmar-Koel-Straße

Johannisbollwerk

Karpfangerstr.

Stubbenhuk

Baumwall

Kajen

Bei den Mühren

Klingel-
steg

Ⓐ

Abstecher Altona
s. Extrakarte S. 227

Vorsetzen

❶

U

Brook

Startpunkt: Hafen / Baumwall (U-Bahn-Station Baumwall / U 3)
Endpunkt: Rathaus (U-Bahn-Station Rathaus / U 3)
Dauer: ca. 3 Stunden

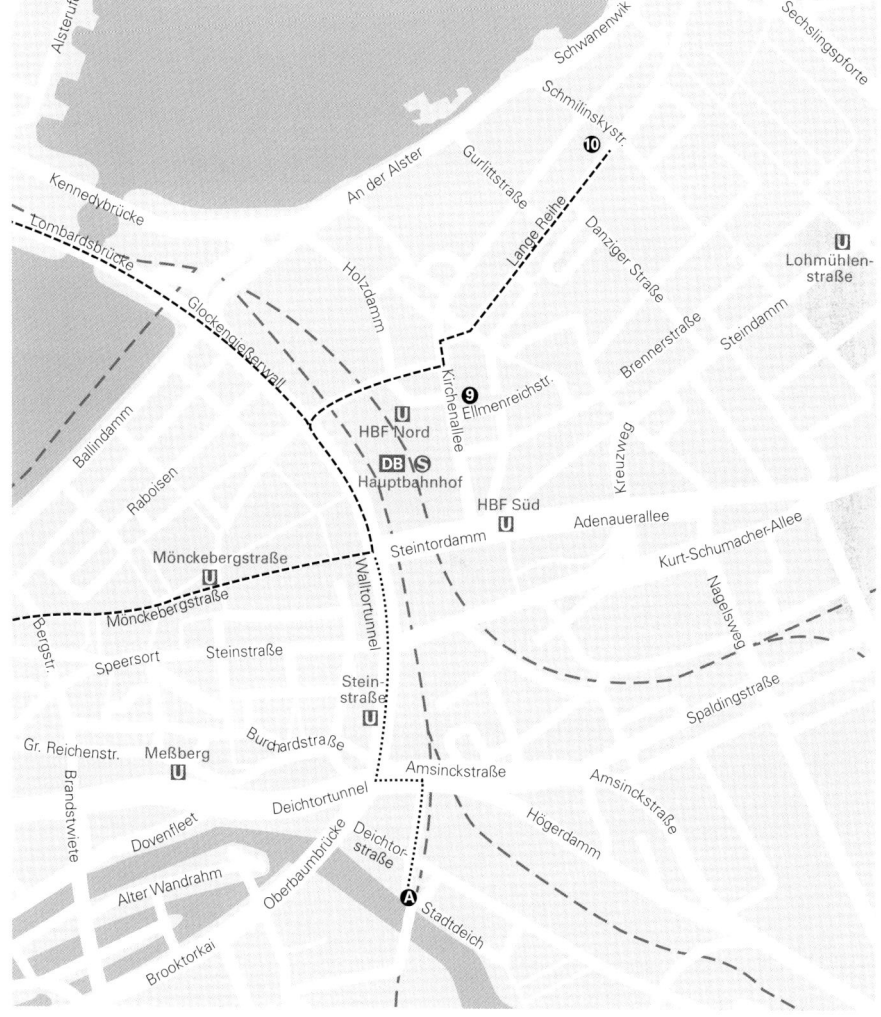

1 Lessing zwischen Herder und Claudius auf der Galerie des Baumhauses

Hamburg gilt nicht gerade als literarische Hochburg Deutschlands. Völlig zu Unrecht, macht man sich in den Straßen und an den Gebäuden der Hansestadt einmal auf literarische Spurensuche. Denn die Zeugnisse der literarischen Vergangenheit Hamburgs sind zahlreich. Einigen Dichtern hat Hamburg sogar Denkmäler auf zentralen Plätzen der Stadt errichten lassen. Wenn Hamburg seine Dichter vielleicht auch nicht liebt, so achtet es sie doch.

❶ Baumwall

Beginnen wir unseren literarischen Rundgang durch Hamburgs Innenstadt am Baumwall im Hafen. Als *Georg Christoph Lichtenberg* 1773 nach Hamburg reiste, schrieb er: „Es könnte kommen, daß Sie es im Himmel bereuten, Hamburg nicht gekannt zu haben." Er schwärmte vom Baumhaus, das 1662 als Zollstation vor dem Binnenhafen am Baumwall gleich hinter dem Niederhafen errichtet wurde, denn von dessen Galerie im Obergeschoss hatte der Besucher einen malerischen Blick über die vielen Schiffe im Hamburger Hafen. Hier feierten Hamburgs Bürger ihre Feste. Auch *Gotthold Ephraim Lessing* war zu seiner Hamburger Zeit häufig Gast im Baumhaus (Abb. 1).

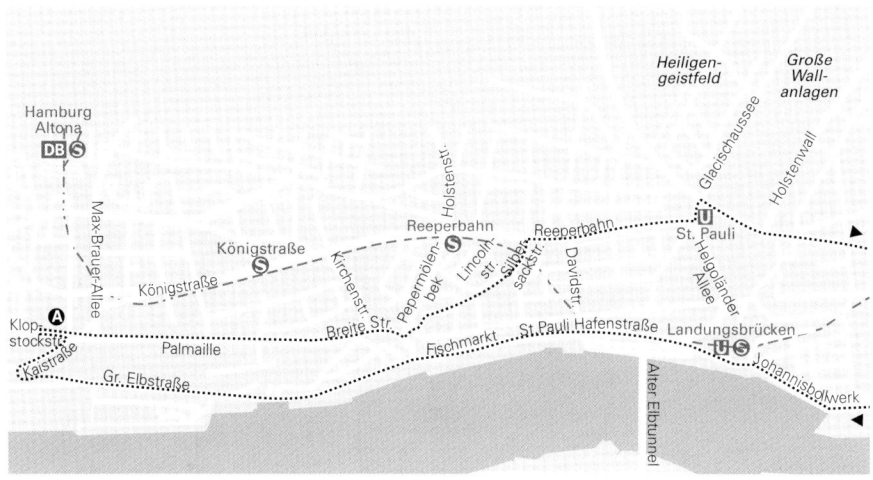

Karte zum Abstechertipp nach Altona

Wer viel Zeit für diesen Spaziergang hat, kann nun einen knapp zweistündigen Abstecher an der Elbe entlang nach Altona machen, oder wir gehen vom Baumwall durch den Neustädter Neuen Weg bergan in Richtung Michel.

Wer nach Altona gehen möchte, spaziert vom Baumwall aus am Hafen entlang über den Fischmarkt bis nach Altona. Hier – von der Großen Elbstraße aus den Elbberg hinauf – steht die Christianskirche, auf deren Friedhof sich *Friedrich Gottlieb Klopstock* schon früh einen Grabplatz kaufte. In Hamburg lernte Klopstock 1751 seine spätere Frau Meta kennen, die, als sie – bereits 1758 – starb, auf dem Friedhof der Christianskirche beigesetzt wurde. Obwohl Klopstock wieder heiratete – auch seine zweite Frau liegt in Altona begraben –, blieb er Meta seelisch besonders verbunden. Das Begräbnis Klopstocks geriet zu einem Staatsakt. *Heinrich Heine* schrieb Jahre später über den Begräbnisort am Elbufer: „Die Ufergegenden der Elbe sind wunderlieblich. Besonders hinter Altona, bei Rainville. Unfern liegt Klopstock begraben. Ich kenne keine Gegend, wo ein toter Dichter so gut begraben liegen kann wie dort. Als lebendiger Dichter dort zu leben,

Abstechertipp

2 Klopstock-Grab

3 Liliencrons Wohnhaus in der Palmaille 100   4 Liliencrons Arbeitszimmer

ist schon weit schwerer." Auch der Dichter *Friedrich Rückert* war einer der vielen prominenten Besucher der Grabstätte (Abb. 2). Er dichtete: „Zu Ottensen, von Linden / Beschattet, auf dem Plan, / Ist noch ein Grab zu finden, / Dem soll, wer trauert, nahn." In *Theodor Fontanes* Roman „Unwiederbringlich" schreibt eine Heldin in einem Brief an ihren Mann, dass ihr Sohn nach Ottensen wollte, „um sich Meta Klopstocks Grab anzusehen". Die Linde, die das Grab heute so malerisch beschirmt, wurde übrigens bereits zu Klopstocks Zeiten gepflanzt.

Die Christianskirche ist der westliche Wendepunkt unseres Abstechers, und wir kehren nun über die Palmaille in Richtung Hamburger Innenstadt zurück. Seit 1891 lebte *Detlef von Liliencron*, ein bekannter Vertreter des Naturalismus, in Altona, 1892 zog er zunächst an die Palmaille Nr. 5. Hier freundete er sich mit dem Dichterkollegen *Richard Dehmel* an – der später in Blankenese lebte. Auch *Gustav Falke*, der erste Dichter, dem die Stadt Hamburg ein Salär bezahlte, gehörte zum Freundeskreis. Später zog Liliencron in die Palmaille Nr. 100, Hamburgs ältestes erhaltenes Etagenhaus (Abb. 3 und 4). An der Fassade ließ die Patriotische Gesellschaft eine Plakette befestigen, die an den Dichter erinnert.

Wir gehen die Verlängerung der Palmaille (Breite Straße / Lange Straße) weiter. Hier, auf dem Kiez, befindet sich linker Hand der *Hein-Köllisch*-Platz, der an den populären Volksdichter und Liedersänger aus den letzten Jahren des 19. Jahrhundertes erinnert. Er wuchs hier am ehemaligen Pauls-Platz auf.

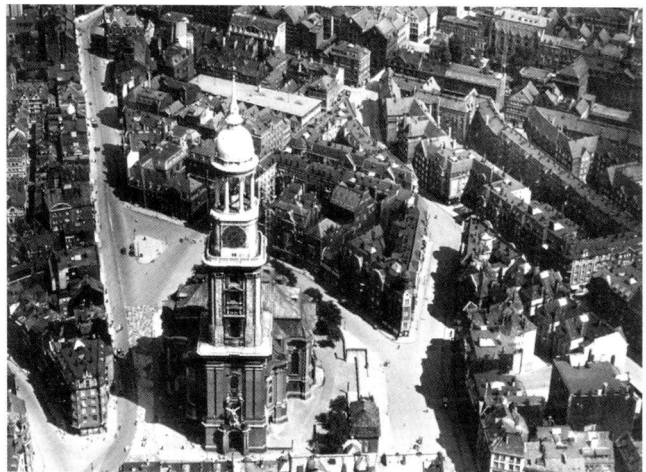

5 Michel um 1930

Vom Hein-Köllisch-Platz aus gehen wir über Reeperbahn und Millerntor in Richtung Michel, wo wir den Rundgang fortsetzen.

Michel
❷

Von einer kleinen Erhebung dominiert die St. Michaelis-Kirche, Michel genannt, den Hamburger Hafen (Abb. 5). Er gilt bis heute als Wahrzeichen der Stadt. Über den Ausblick vom Turm schrieb der Bremer Schriftsteller *Manfred Hausmann* in den „goldenen" 1920er Jahren beeindruckt: „Da stand ich nun in den sonnigen, brausenden, blauen Luftmassen, die fortwährend wie Brandungswellen über mich hindröhnten. Ich klammerte mich an eine Säule und neigte mich über die Brüstung. Großer Gott im Himmel, was für eine Welt!"

ABC-Straße / Hohe Bleichen
❸

Vom Michel aus überqueren wir die Ludwig-Erhard-Straße und gehen den Neuen Steinweg rechts weiter über den Großneumarkt, wo der Schriftsteller *Hans Erich Nossack* eine Banklehre machte, zum Axel-Springer-Platz. Ein paar Schritte die Fuhlentwiete hinauf, wo

6 Karl Gutzkow

früher *Klopstock* häufig bei seinem Freund Dr. Bolten verkehrte, gelangen wir zur kleinen ABC-Straße, die früher noch enger bebaut war als heute. Im Haus Nr. 41 a, in dieser einst sehr dunklen Gasse, wohnte und arbeitete zwischen 1838 und 1843 *Karl Gutzkow* (Abb. 6) als Redakteur der Zeitschrift „Telegraph für Deutschland", die im *Verlag Hoffmann und Campe* erschien. Über die Atmosphäre im Viertel schrieb er: „In einer der düstersten Gassen, der ABC-Straße, wohnend, mußte ich am Tage Licht brennen, um schreiben zu können. Aber mein ‚Telegraph' blühte auf. Es zeigte sich, was buchhändlerische Verwendung vermag."

In den Hohen Bleichen 22 sitzt heute die *Kulturbehörde*, von wo aus viel für die Hamburger Literaturszene getan wird. An der Ecke Große Bleichen / Heuberg steht das ehemalige *Druckhaus Broschek*, dessen Gebäude heute das Renaissance-Hotel beherbergt. Broschek war früher die wichtigste Druckerei Hamburgs. Das hoteleigene Restaurant heißt heute noch „Broschek", und Schreiberlinge fühlen sich an diesem Ort gut aufgehoben, weil Vorspeisen hier „Vorwort des Herausgebers" heißen und Hauptgerichte „Leitartikel".

❹ Poststraße

Wir gehen nun die Poststraße, die ehemalige Königstraße, hinunter, wo in der Nr. 36 ab 1774 *Klopstock* wohnte (Abb. 7). Hier hatte er sich der Familie von Winthem angeschlossen, die mit der Familie seiner Frau verwandt war. Die Hansestadt verließ Klopstock in seinen späten Jahren nur noch selten, stattdessen kam die große Welt zu ihm. Hier in der Poststraße starb der Dichter des „Messias" 1803. Heute erinnert in der Poststraße eine Büste an den „ersten Dichter Deutschlands". Nicht weit entfernt, in den Großen Bleichen, befand sich bis vor einiger Zeit das Hamburger Stammhaus der Buchhandlungskette *Thalia*.

7 Klopstocks Wohnhaus in der Poststraße

❺ Gänsemarkt

Durch die Gerhofstraße gelangen wir auf den Gänsemarkt. *Hubert Fichte* setzte in den 1960er Jahren der Kneipe „Palette" am Gänsemarkt mit dem gleichnamigen Roman ein literarisches Denkmal. Die „Palette" war ein Treffpunkt der „Gammler", Prostituierten und Strichjungen, die der Jazzpianist Michael Naura allesamt

„Nachteulen" nannte. Ebenfalls auf dem Gänsemarkt begegnete *Heinrich Heine* in „Deutschland. Ein Wintermärchen" seinem alten Zensor und schrieb ironisch: „Wie freute er sich, mich wieder zu sehn! Es war eine rührende Szene."

Am 1. Februar 1767 schrieb *Gotthold Ephraim Lessing* in einem Brief: „Ja, in Hamburg bin ich gewesen; und in neun bis zehn Wochen denke ich wieder hinzufahren – wahrscheinlicher Weise, um auf immer da zu bleiben." Im Auftrag einer Hamburger Investorengruppe um Konrad Ackermann sollte Lessing ein „Nationaltheater" begründen. Er wurde Berater und Dramaturg am *Hamburger Nationaltheater* am Gänsemarkt, konnte hier aber nur kurze Zeit wirken, weil das Theater bereits 1769 wieder die Pforten schloss. Das Hamburger Publikum wollte lieber unterhalten werden, als ernstes Theater sehen. Immerhin wurde am Gänsemarkt Lessings berühmte „Minna von Barnhelm" uraufgeführt. Außerdem schrieb Lessing in Hamburg seine Theorieschrift „Hamburgische Dramaturgie", die einen Wandel vom adligen Schauspiel hin zum bürgerlichen Theater bewirkte. Hamburg ehrte den Dichter erst an seinem 100. Todestag mit der Errichtung eines vom Berliner Bildhauer Fritz Schaper gestalteten Denkmals mitten auf dem Gänsemarkt (Abb. 8). Die Bronzereliefs am Sockel zeigen den Schauspieler *Konrad Ekhof* und den *Professor Hermann Samuel Reimarus*. Der Andrang bei der Einweihung war so groß, dass Eintrittskarten für die Zeremonie ausgegeben werden mussten. Heute schmückt sich Hamburg mit Lessing, indem es den renommierten *Lessing-Preis* vergibt.

8 Lessing-Denkmal am Gänsemarkt

Jungfernstieg

Vom Gänsemarkt begeben wir uns zum Jungfernstieg 38, wo uns vor dem ehemaligen „Streit's Kino" (Abb. 9) eine Bronzetafel darauf aufmerksam macht, dass an dieser Stelle, als sich hier noch das Streit´s Hotel befand, am 5. Oktober 1841 das „Deutschlandlied" uraufgeführt wurde. Mitglieder der Hamburger Turnerschaft von 1816 und der Liedertafel von 1823 brachten einem Hotelgast, dem bekannten badischen Staatsrechtler und liberalen Politiker Karl Theodor Welcker, ein Ständchen, mit dem sie ihre Hoffnung auf eine Vereinigung der zahlreichen kleindeutschen Länder aus-

9 Das Streit's, Ort der Uraufführung des „Deutschlandlieds"

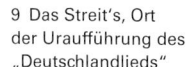

10 Friedrich Christoph
Perthes

drückten. Eine Kapelle des Bürgermilitärs begleitete die Sänger. Den Text hatte *Heinrich August Hoffmann von Fallersleben*, der bei der Uraufführung anwesend war, im August des gleichen Jahres auf Helgoland in tiefer Sehnsucht nach der deutschen Einheit geschrieben und wenige Tage später dem Hamburger Verleger *Julius Campe* verkauft, der ihn bereits am 4. September in seinem *Verlag Hoffmann und Campe* veröffentlichte. Das Lied, gesungen zur Melodie von Joseph Haydns Kaiserhymne aus dem Streichquartett „Gott erhalte Franz, den Kaiser", wurde 1922 von Reichspräsident Friedrich Ebert zur Nationalhymne erklärt (vgl. Musik-Spaziergang).

Ein paar Meer weiter, am Jungfernstieg 22, veränderte der Hamburger Buchhändler *Friedrich Christoph Perthes* (Abb. 10) mit seiner Sortimentsbuchhandlung die Bücherwelt. Er war nicht nur Verleger und Buchhändler in einer Person (wie alle seine damaligen Kollegen), sondern er bereitete seinen Kunden die Bücher, deren Druckbogen damals in der Regel noch nicht aufgeschnitten waren, schon zur Lektüre vor und band sie ein, so dass sie den Lesern ein völlig neues Buchgefühl vermittelten. Perthes war mit der Tochter des Dichters *Matthias Claudius* verheiratet, der in Wandsbek wohnte und 1815 im Hause seines Schwiegersohnes starb. Außerdem war Perthes Begründer der ersten buchhändlerischen Ständevertretung, des bis heute existierenden *Börsenvereins des deutschen Buchhandels*, der verdienstvollen Mitgliedern heute die *Perthes-Medaille* verleiht.

Im Eckhaus Jungfernstieg / Neuer Wall wohnte zwischen 1921 und 1931 der in Hamburg gebürtige Schriftsteller *Hans Leip* in dem sogenannten „Atelier Himmelsecke", das dem Juwelier Hans Wilckens gehörte, genannt „Muckelmann". Wilckens stellte die ausgebaute Dachgeschosswohnung gern seinen Dichterfreunden zur Verfügung. Auch *Joachim Ringelnatz* übernachtete häufiger bei „Muckelmann", er schrieb in seinen Reisebriefen: „Um in dem originellen Erkerhaus ins Gästezimmer zu gelangen, mußte man über eine in einem leeren Kleiderschrank verborgene Leiter klettern, was bei nächtlicher Heimkehr nicht immer ganz einfach war."

Der Jungfernstieg wurde bereits 1235 als Mühlendamm angelegt und nach dem Müller Reesendamm genannt. Im 17. Jahrhundert wurde er hübsch bepflanzt und Jungfernstieg genannt. Seinen Reiz erhält er vor allem durch den Blick auf die Alster.

Bereits 1799 entstand der erste Alsterpavillon, der seit *Heinrich Heines* Büchern so große Berühmtheit erlangt hat. Heine schrieb: „Für Leser, denen die Stadt Hamburg nicht bekannt ist – und es giebt deren vielleicht in China oder Ober-Bayern – für diese muß ich bemerken: daß der schönste Spaziergang der Söhne und Töchter Hammonias den rechtmäßigen Namen Jungfernstieg führt; daß er aus einer Lindenallee besteht, die auf der einen Seite von einer Reihe Häuser, auf der anderen Seite von dem großen Alsterbassin begrenzt wird; und daß vor letzteren, ins Wasser hineingebaut, zwey zeltartige lustige Kaffeehäuslein stehen, die man Pavillons nennt. Besonders vor dem einen, dem sogenannten Schweitzerpavillon, läßt sich gut sitzen, wenn es Sommer ist ...“ Diesen Schweizerpavillon gibt es heute nicht mehr, er stand bis 1842 am anderen Ende der Binnenalster, dort, wo sich heute die Europapassage der kauflustigen Menge öffnet.

11 Hagedorn-Denkmal im Eichenpark

Die Alster bietet viel Literarisches, vom *Hoffmann und Campe Verlag* am Harvestehuder Weg über *Friedrich von Hagedorn*, dem im Eichenpark ein Denkmal gewidmet ist (Abb. 11), bis zum *Literaturhaus* am Schwanenwik. Aber das wäre bereits ein neuer Spaziergang.

12 Wohnhaus von Heinz Liepman in den Colonnaden 5

Colonnaden / Esplanade

Wir gehen stattdessen an der Wasserseite der Alster zurück in Richtung zum Haus in den Colonnaden 5 (Abb. 12), wo einst der Schriftsteller und spätere Literaturagent *Heinz Liepman* wohnte. Im Mai 1933 wurden seine Bücher verbrannt, er selbst wurde von der SA verhaftet. Doch er konnte fliehen und emigrierte 1937 in die USA. Die Machtübernahme der Nationalsozialisten hat Liepman in seinen Exil-Romanen „Das Vaterland“ und „... wird mit dem Tod bestraft“ beschrieben. Die Literaturagentur Liepman, die er nach dem Krieg mit seiner Frau Ruth gründete, ist bis heute eine der erfolgreichsten Literaturagenturen im deutschsprachigen Raum.

Am Ende der Colonnaden stoßen wir auf die Esplanade. Dieser Boulevard wurde ab 1827 als Stadterweiterungsgebiet für die gehobenen Stände angelegt. Das Haus Esplanade 37 (Abb. 13) beispielsweise war das Modell für das Wohnhaus des Großvaters von Hans Castorp in *Thomas Manns* „Zauberberg". In der Esplanade 39 wohnte Charlotte Embden, *Heinrich Heines* Schwester.

❽ Dammtor- und Hauptbahnhof

Gehen wir nun über den Dammtordamm zum Dammtor-Bahnhof, so sehen wir auf der rechten Seite, allerdings etwas versteckt, ein *Schiller*-Denkmal (Abb. 14). Es wurde zum 100. Geburtstag Schillers 1859 vom Hamburger Bildhauer Julius Lippelt geschaffen und stand bis 1958 am Platz vor der Kunsthalle am Ferdinandstor.

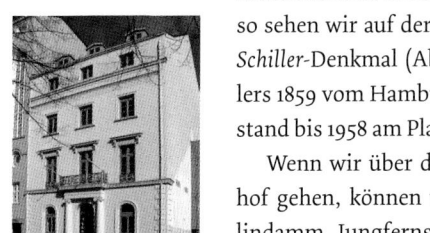

13 Esplanade 37, Vorbild eines Wohnhauses im „Zauberberg"

Wenn wir über die Lombardsbrücke in Richtung Hauptbahnhof gehen, können wir den Blick über die Binnenalster mit Ballindamm, Jungfernstieg und Neuem Jungfernstieg genießen und gedenken der Worte des Hamburger Schriftstellers *Hans Erich Nossack*, der beim „Nachtgespräch auf der Lombardsbrücke" einen Engel sagen ließ: „Stellen Sie sich doch einmal auf die Landungsbrücken. Die Luft darüber, die Atmosphäre, die zarten Aquarellfarben und die sanft streichelnden Schatten, das wagt man doch nicht zu träumen."

Der Hauptbahnhof ist kein literarischer Ort und wird es auch nicht unbedingt durch *Arno Schmidts* Roman „Aus dem Leben eines Fauns", in dem ein kleiner Beamter am Hauptbahnhof auf seine Rückkehr in die Lüneburger Heide wartet: „Im brikettschwarzen Eisen des Hauptbahnhofs: mein furchiges Gesicht neben gehörnten rasenden Lokomotiven; hinter grünstelzigen Mädchenhüften. Und der donnernde Dampf sackte uns beulig ein, mich Nebeltaster, und ihren runden goldbeschlagenen Koffer (und daneben die zarte braun umsponnene Wade). ‚Achtung!‘ auf Bahnsteig 5 fährt sofort der Schnelltriebwagen nach Bremen ab: Bitte einsteigen und Türen schließen!‘"

14 Schiller-Denkmal

❾ Schauspielhaus

Literarischer wird es schon, wenn man den Hauptbahnhof in Richtung Norden verlässt, wo einen von der anderen Seite der Kirchenallee, vom großen Schauspielhaus die großen Dichter der Welt anschauen: *Goethe, Schiller, Lessing, Kleist, Shakespeare* und *Grillparzer* (Abb. 15). *Klaus Mann* schrieb sein wohl berühmtestes Buch

„Mephisto" über ein bedeutendes Kapitel Hamburger Theaterge-
schichte, das in der Umgebung des Schauspielhauses spielt. Das
Buch löste einen Skandal aus, weil Mann in dem Schlüsselroman
Privates und Denunziatorisches über *Gustaf Gründgens* verband. In
dem Buch „Wendepunkt" erinnert sich *Klaus Mann* allerdings auch
an die Zeit mit Gründgens, seiner Schwester *Erika Mann* und *Pamela Wedekind* am Hamburger Schauspielhaus: „Ich hatte es gut
in Hamburg. Die Tage mit Erika, Pamela, Gustaf und einer bunten
Auswahl von neuen Freunden, die Abende im Theater, die Nächte
in den Kaschemmen und Matrosen-Dancings von St. Pauli, alles
war danach angetan, mich restlos glücklich zu machen."

15 Schiller-Büste am
Schauspielhaus

Gleich neben dem Schauspielhaus, in der Kirchenallee 46, steht
das Hotel Kronprinz. Hier traf sich der Dichter *Gottfried Benn* mit
seiner Hamburger Gefährtin Ursula Ziebarth beispielsweise am
13./14. Dezember 1954 in den Zimmern 202 und 203. Sein Tage-
bucheintrag für den 13. lautete allerdings lapidar: „7:58 ab Zoo,
11:48 Hamburg, Hotel Zum Kronprinz. Nachm. Ruhe."

St. Georg

Die Hauptstraße von St. Georg ist die Lange Reihe. In der Langen Reihe 91 (Abb. 16) betrieb der Vater des 1893 in Hamburg ge-
borenen Schriftstellers *Hans Leip* ein Ladengeschäft, in dem er
Fettwaren und Bier verkaufte. 1895 zog er mit seiner Familie in
die Kellerwohnung der Langen Reihe 110, ein Jahr später in den
vierten Stock in Nr. 91 – von 1900 bis 1912 wohnte die Familie in
der Alexanderstraße, einer Seitenstraße des Steindamms. In der
Mitte der Langen Reihe befindet sich der *Carl-von-Ossietzky*-Platz,
benannt nach dem Friedensnobelpreisträger, der 1936 an den Folgen von Misshandlungen in Nazi-Konzentrationslagern starb. Der
„Weltbühne"-Redakteur hatte in früheren Jahren über die nahe
Alster nach einem Besuch geschrieben: „Wie wohltuend wirkt
nicht der Anblick der klaren Wasserfläche, wenn wir aus dem Häu-
sermeer hinausgelangen!"

16 Wohnhaus von
Hans Leip in der Lan-
gen Reihe 91

Wer noch genügend Ausdauer hat, kann auf dem Weg einen weiteren kleinen Abstecher zum Oberhafen machen, wo am Stadtdeich
32 zwischen Februar und Dezember 1835 *Friedrich Hebbel* ein knap-

Abstechertipp

17 Hebbels Wohnhaus am Stadtdeich 1836 (langes Fachwerkhaus rechts im Bild)

pes Jahr wohnte (Abb. 17). Früher war dies sicher eine schöne Lage am Oberhafen. Durch Vermittlung seiner Förderin Amalie Schoppe lernte Hebbel hier die Stieftochter seines Vermieters, Elise Lensing, kennen, die seine langjährige Vertraute und Geliebte wurde (ihr Grabmal befindet sich in Ohlsdorf) und die mit ihm zusammen zwei Söhne hatte. Von der Atmosphäre des Jahres 1835 ist heute in der Nachbarschaft des gut gesicherten Großmarkts freilich bemerkenswert wenig übrig geblieben. Gehen wir vom Stadtdeich über den Deichtorplatz in Richtung Meßberg und zurück zur Innenstadt und Hafen, ist das Chilehaus nicht zu übersehen. Durch Fischertwiete und Molenhofstraße gelangen wir auf die Mönckebergstraße.

⓫ Rathausmarkt

Wir gehen nun zurück durch den Hauptbahnhof in die Innenstadt und über die Mönckebergstraße in Richtung Rathaus. Am *Gerhart-Hauptmann*-Platz sehen wir die ehemalige Lesehalle, in der lange Zeit ein Burgerbrater sein Unwesen trieb. Zwischen 1935 und 1937 war hier der Schriftsteller *Friedo Lampe* als Bibliothekar beschäftigt, bevor er seit 1937 als Lektor im *Rowohlt Verlag* arbeitete. Dann passieren wir auf der rechten Seite die Bergstraße 26, wo *Karl Marx* am 12. April 1867 seinem Verleger *Otto Meissner* einen Besuch abstattete.

Auf dem Rathausmarkt steht ein kleines *Heinrich-Heine*-Denkmal, das 1982 eingeweiht wurde, nach einer Initiative von Arie Goral-Sternheim. Die beiden früheren Heine-Denkmäler stehen nicht mehr bzw. nicht mehr in Hamburg. Eines wurde 1926 im Stadtpark aufgestellt und 1943 für Rüstungszwecke eingeschmolzen, das andere steht in Toulon in Frankreich.

Auf dem Gelände des heutigen Rathausmarktes befand sich zwischen 1529 und 1840 das Johanneum, die älteste Hamburger höhere Bildungseinrichtung. Hier sind viele bekannte Schriftsteller zur Schule gegangen oder haben als Lehrer gearbeitet – einer darunter war 1835 *Friedrich Hebbel*. Seine Schulkarriere verlief allerdings unglücklich und bereits Ende des Jahres 1835 verließ er Hamburg wieder. 1840 zog das Johanneum auf den Domplatz am Speersort, 1914 nach Winterhude.

Wer hier den Spaziergang noch fortsetzen möchte, kann dies von der Börse (hinter dem Rathaus) aus über die Trostbrücke tun. An der Trostbrücke befindet sich das Haus der *Patriotischen Gesellschaft*. Weiter geht es an der Neuen Burg vorbei, wo *Julius Campe* ein paar Jahre lang den *Hoffmann und Campe Verlag* betrieb, dann bei der Zollenbrücke, der ältesten erhaltenen Brücke der Hansestadt, über die Willy-Brandt-Straße und an der Katharinenkirche – von wo aus der Hauptpastor *Johann Melchior Goeze* sich einen bedeutenden theologischen Streit mit *Lessing* lieferte – vorbei über den hübschen neuen Kibbelsteg in die Speicherstadt. Hier sehen wir nicht nur die Neubauten der Hafencity, sondern können uns auch vorstellen, dass sich an diesem Ort eine beliebte Wohngegend befand. Im Holländischen Brook zum Beispiel wohnte Lessing. Die alten Wohnhäuser fielen allerdings 1885 dem Bau der Speicherstadt zum Opfer. Heute ist hier ein neuer Stadtteil entstanden, der seine literarischen Fußabdrücke erst noch schaffen muss.

Abstechertipp

Musik-Spaziergang

Birgit Kiupel

Startpunkt: Ecke Jungfernstieg/Neuer Jungfernstieg (U-/S-Bahn-Station Jungfernstieg/U1, U2, S1, S2, S3)
Endpunkt: Brahms-Museum, Petersstraße (Haltestelle Museum für Hamburgische Geschichte/HVV-Buslinie 112; U-Bahn-Station St. Pauli/U3; S-Bahn-Station Stadthausbrücke/S1, S2, S3)
Dauer: ca. 2 Stunden

Übersichtskarte Altstadt und Neustadt

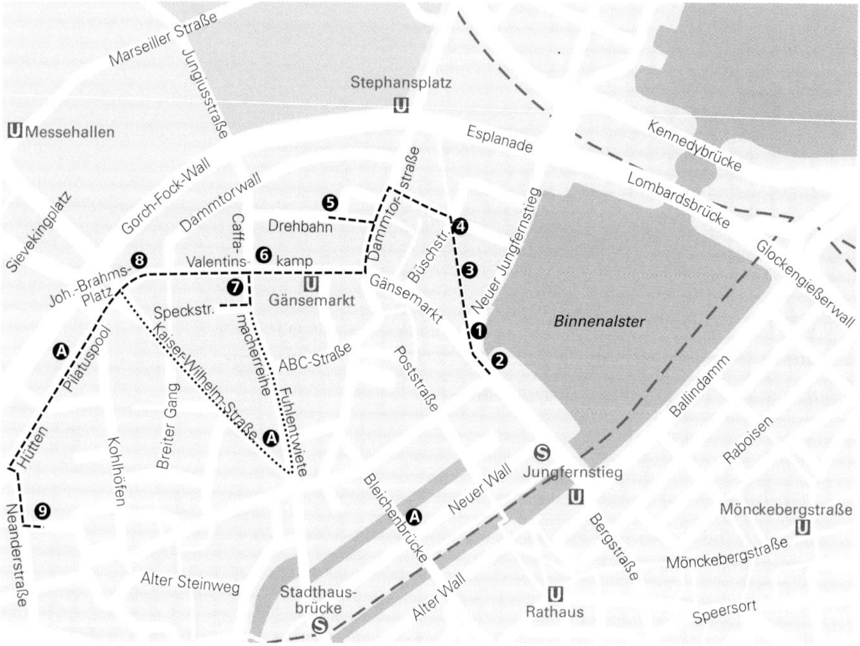

1 Feuerwerk auf der Binnenalster anlässlich der Krönung von Karl VII. von Bayern zum deutschen Kaiser am 24. April 1742

Alster ❶

Die Expedition in das Musikleben Hamburgs beginnt an der Binnenalster, die seit jeher als wogendes Konzertpodium genutzt wurde – auch in Hamburg wurde die Kombination von Musik und Wasserblick geschätzt. In *Georg Philipp Telemanns* sogenannter *Alster-Ouverture* (TWV 55: F11) quaken sogar die Frösche.

Musikalische „Mega-Events" auf der Binnenalster lassen sich früh nachweisen. Dazu zählte z.B. 1742 ein stundenlanges Spektakel aus Anlass der Krönung von Karl VII. zum Deutschen Kaiser. Auf einer schwimmenden Bühne begann man gegen „7 Uhr abends [...] mit der Erleuchtung des Theatrum". Hunderte Lampen leuchteten, bevor um 21 Uhr das Feuerwerk angezündet wurde (Abb. 1),

welches mit mannigfaltigen Veränderungen in drei Abteilungen,
sowohl aus den auf dem Theater befindlichen Vasen, Bankwerken,
Pyramiden und Postamenten, als den Wasser-Feuerwerken, bis in
die Nacht dauerte, sodann unter dem Knallen von sieben Kanonen
und dem Schalle von Trompeten, Waldhörnern und Pauken alles
ein genügtes Ende genommen.

2 Norddeutsches Musikfest auf der Alster, 1841

Rund einhundert Jahre später, beim dritten *Norddeutschen Musikfest* 1841, feierten bürgerliche Musikenthusiast(inn)en rund um einen klingenden, auf der Alster schwimmenden „Feentempel" mit Fassaden in „byzantinischem Charakter" (Abb. 2). Gesungen und musiziert wurde auch auf Booten, die rings um den, „feenhaft erleuchteten" Palast ruderten. Benedict Avé-Lallemant berichtet:

> *In den erwähnten Booten, zwanzig an der Zahl, fährt die Gesellschaft von Zeit zu Zeit in Abtheilungen auf der Alster umher, um das Ganze übersehen und das Schauspiel aus der Ferne genießen zu können. […] Die anliegenden Häuser, von denen viele auf Veranlassung dieser Lustfahrt erleuchtet sein werden, bilden den glänzenden Rahmen dieses schönen Tableaus.*

Konzertiert wurde ebenfalls in einer eigens errichteten hölzernen Festhalle auf dem heutigen Glockengießerwall (Höhe Kunsthalle). Im „Maurischen Styl" errichtet und innen mit Friesen von Musikerheroen ausgemalt, fasste die Halle rund 6.000 Zuhörer(innen) – auf der terrassierten Orchesterbühne war Platz für 600 Musiker.

Im 17. und 18. Jahrhundert war Hamburg berühmt für die geistliche Musik, für prächtige Orgeln, versierte Organisten und Kantoren. Dazu zählten *Hieronymus Praetorius, Thomas Selle, Johann Schop, Matthias Weckmann, Johann Adam Reincken, Georg Philipp Telemann* und *Carl Philipp Emanuel Bach*. Die Hamburger Musikdirektoren waren verantwortlich für die Organisation und Komposition von Kirchenmusik, der Ratsmusikdirektor hingegen war zuständig für die weltliche Musik, die der Rat zu Amtseinführungen oder anderen repräsentativen Ereignissen aufführen ließ. Zum damaligen Musikleben gehörten heute längst zerstörte oder abgerissene „Musikhallen" – wie die Kapellen des Waisen- und Zuchthauses, des Spinnhauses, der Dom und das Drillhaus. Das Musik- und Konzertleben funktionierte damals anders als heute. Abends mal einfach ins Konzert zu gehen war nicht möglich. Mit der Gründung des *Großen Collegium Musicum* 1660 gab es im Remter des Doms allerdings erstmals eine Vorform des öffentlichen Konzerts jenseits der Kirchen- und Wirtshausmusik sowie der nur bedingt öffentlichen Auftritte der Ratsmusikanten. Diese Tradition führte der städtische Musikdirektor *Georg Philipp Telemann* fort. Zu hören war bei den Konzerten eine Mischung aus weltlicher und geistlicher Musik – aber keine liturgische Musik.

Übrigens musizierten in der Hauptsache Männer: professionelle Musiker, Studenten oder Dilettanten. Bürgerliche und adlige Mädchen und Frauen erhielten nur privat Musikunterricht und durften in der Öffentlichkeit kaum konzertiert haben. Aber sie saßen zumindest im Publikum. Privilegierte Musikfreunde trafen sich auch zu privaten Konzerten.

Eine Keimzelle des öffentlichen Konzertwesens war das *Drillhaus*, 1672 für die Bürgerwache zum Drillen, Exerzieren und zur Aufbewahrung von Waffen und Munition gebaut. Der Saal wurde bereits zu Beginn des 18. Jahrhunderts für Konzerte genutzt, für die im Hamburger „Relations-Courier" geworben wurde. Am 28. September 1842 brannte das Drillhaus ab.

Alsterpavillon ❷

Der *Alsterpavillon*, ein Ort des musikalischen und kulinarischen Genusses mit Alsterblick, wurde seit 1799 mehrere Male umgestaltet. 1830 wandelte der Violinvirtuose *Niccolò Paganini* hier „unter den grünen Bäumen des Hamburger Jungfernstieges" und soll Kostproben seines Könnens gegeben haben. Sein abendliches Konzert im Stadttheater hat Heinrich Heine beschrieben, der „bei jedem Tone", den er hörte, „auch die adäquate Klangfigur" sehen konnte. Und so wurde Heine Zeuge einer „tönenden Bilderschrift", in der *Paganini* „grelle Geschichten" erzählte.

Ab 1840 ging es im *Alsterpavillon* mondän zu, zwischen Kaffeesahne und Likör konzertierte hier nachmittags das Sextett des Alsterpavillons – am Kontrabass *Johann Jakob Brahms*, der Vater von Johannes. In der zweiten Hälfte des 19. Jahrhunderts musizierten hier *Johann Strauß Sohn* und *Paul Lincke*, derweil auch auf der anderen Seite des Jungfernstieges in vornehmen Hotels und Sälen zur gepflegten Unterhaltung aufgespielt wurde.

An Musik im Dienste politischer Bewegungen erinnert eine Gedenktafel am „Streit's Hotel" (Jungfernstieg 38). Hier wurde 1841 erstmals das *Lied der Deutschen* von *August Heinrich Hoffmann von Fallersleben* im Rahmen eines Fackelzugs zu Ehren des liberalen Politikers Karl Theodor Welcker gesungen, der hier logierte (vgl. auch Hausfassaden- und Literatur-Spaziergang). Der Hamburger Verleger Julius Campe sicherte sich die Textrechte und brachte es mit der Melodie zu *Joseph Haydns* Kaiserhymne *Gott erhalte Franz den Kaiser* im Druck heraus.

Erinnert werden muss auch an die *Tonhalle*, ein „Konzert- und Wirtschaftsetablissement", das hier in der Nähe 1843/1844 an der Ecke Neuer Wall/Bleichenbrücke errichtet wurde und als eines der „schönsten und größten Privatgebäude" Hamburgs galt. Die Tonhalle lag malerisch am Fleet und verfügte über Säle für Konzerte, Schaustellungen und Bälle sowie Übungs- und Unterrichtsräume. Beliebt waren hier Konzerte in Kombination mit akrobatischen und gymnastischen Darbietungen, die sogenannten „Lebenden Bilder". Das Hamburgische Adressbuch für 1845 berichtet, dass die Decke des Saales ein allegorisches Gemälde mit der „Verherrlichung Mozarts" zierte. Beleuchtet wurde die Tonhalle mit Gaslicht, was sie bisweilen in eine Sauna verwandelte.

Gehen wir nun durch die Colonnaden Richtung *Opernhaus am Gänsemarkt* (Abb. 3) und machen uns eine Vorstellung von pracht-

3 Opernhaus am Gänsemarkt 1726

vollen Aufführungen. Denn zu sehen ist von der Oper nichts mehr.

Colonnaden / Hintereingang Hotel Vier Jahreszeiten

Am Hintereingang des Hotels „Vier Jahreszeiten" hallen sie noch nach, die Melodiefetzen à la *Keiser*, *Händel* oder *Telemann*, wie Pulsschläge aus einer frühen Opernglanzzeit. Denn ungefähr hier schlug einst ein Herz des Hamburger Musik- und Geisteslebens, hier stand die Hamburger *Oper am Gänsemarkt*. Ein schlichter Fachwerkbau mit großer Bühne, der wohl 2.000 Besuchern Platz bot. Zwar gilt sie gemeinhin als „Bürgeroper", da sie von einem Bürger-Konsortium gegründet wurde und als kommerzielles Unternehmen betrieben wurde. Doch darf der Einfluss des Adels nicht unterschätzt werden, war die Oper doch ein Treffpunkt der High Society aus Bürgern, Adeligen und Diplomaten. Außerdem zählte Herzog Christian Albrecht von Holstein-Gottorf zu den ideellen und finanziellen Gründern. Über den Unterhalt der Oper und ihre Bedeutung für die Stadt schrieb der Komponist, Diplomat und Musikschriftsteller *Johann Mattheson*:

> *Opern zu halten, und mit Beifall heraus zu bringen, ist mehr eines großen Herrn, oder einer gantzen Societät, als eines Privat=Mannes Werck; [...] Die gute Ordnung und Einrichtung einer solchen Societät bringen dem gemeinen Wesen vielen Nutzen: weil durch berümte Vorstellungen offt große Fürsten und Herren bewogen werden, ihren und ihrer Hoffstatt Auffenthalt in einer Stadt zu suchen, und derselben häuffige Nahrung zuzuwenden. Wissenschafften, Künste und Handwercker fahren wol dabey, und der Ort macht sich so ausnehmend mit guten Opern, als mit guten Bancken: denn diese nützen, und jene ergetzen. Die letzten dienen zur Sicherheit, die ersten zur Lehre. Es trifft auch fast ein, daß, wo die besten Bancken auch die besten Opern sind. Man frage alle Compositeurs vom ersten Rang, was sie gewust haben, ehe sie mit Opern zu thun gehabt?*

Eröffnet wurde das *Opernhaus am Gänsemarkt* am 2. Januar 1678 mit dem biblischen Singspiel *Adam und Eva*. Etliche der während ihres Bestehens rund 320 aufgeführten Werke hatten eine explizit politische Funktion. Ungefähr ein Sechstel davon waren eigens für Krönungen, Fürstengeburtstage oder militärische Erfolge geschrieben worden. Wohl in keiner anderen Reichsstadt wurde in dieser Zeit so konsequent mit Opern Politik gemacht. Denn Hamburg war ein Zentrum der Diplomatie und der Nachrichtenübermittlung. Feste mit Musik, Tanz und Oper gehörten dazu, mochten die Stadtkämmerer auch auf die Sparbremse treten. Hamburg als reichsunmittelbare, von Bürgern regierte Stadt war zwar keinem Landesherrn unterworfen, aber doch geprägt von einflussreichen Vertretern der Adelskultur, die den höfisch-galanten Lebensstil pflegten, der auch etliche Bürger faszinierte und zur Nachahmung anregte.

Für die Oper war ein Netzwerk von Musikern, Dichtern und Intellektuellen tätig, darunter so bekannte Namen wie *Reinhard Keiser, Georg Friedrich Händel* und *Georg Philipp Telemann*. Aber auch italienische Komponisten waren zu hören. Als einzige weibliche Verfasserin eines Librettos ist die *Gräfin Maria Aurora von Königsmarck* bekannt. Sehr prominent war die Sängerin *Margaretha Susanna Kayserin*, die 1708 erstmals in Hamburg auftrat, ein breites Rollenspektrum verkörperte (vom Dienstmädchen bis zur Königin) und die Oper eine Zeit lang leitete. Sie war zudem Konzertveranstalterin und konzertierte z.B. mit *Johann Mattheson* im Dom. Singende Frauen in der Kirche waren damals noch außergewöhnlich – und umstritten.

Ein Beispiel für die Hits im Opernhaus ist eine Dienstmächen-Klage des „nieder-sächsischen Mädgens" Trintje aus der Oper *Der angenehme Betrug oder: der Carneval von Venedig* (1707), wohl eine Team-Komposition unter der Federführung von *Keiser*. Diese Oper gehörte zu den am häufigsten gespielten und wurde bis 1735 immer wieder aufgeführt. Trintjes Klage wurde ein Gassenhauer und wiederholt auf fliegenden Blättern gedruckt und verkauft. Hier ein Auszug:

Wat wart uns armen Deerens suer
Umm Kost und Kleer to winnen,
Gewiß man drillt uns up dee duer
Mit schüren, neyen, spinnen,

Dat Lohn ist höchstens dörtich Marck,
Forwahr dat is een groten Quarck.
Doch t'best ist, dat darneven
Noch Accedentzen geven.

Übersetzung:
Was wird es uns armen Mädchen sauer
um Kost und Kleider zu erwerben.
Gewiß, man quält uns auf Dauer
mit Scheuern, Nähen, Spinnen.
Der Lohn beträgt höchstens 30 Marck,
das ist fürwahr ein großer Quark,
doch es ist gut, daß es daneben
noch Akzidentien gibt.

4 Das Ackermann'sche
Comödienhaus 1764/65

Das Plattdeutsche, in dem Trintje über die Arbeitsüberlastung und zu geringen Lohn klagt, war die Umgangssprache in der Stadt. Genau beobachtet sind in ihrem Lied die Lebens- und Arbeitsbedingungen der Dienstboten, und es wird nicht mit spöttischer Kritik am Lebenswandel der Dienstboten und ihrer Herrschaft gespart.

Auch aus dem 19. Jahrhundert gibt es etliche Zeugnisse von Hamburger Straßenmusik. Mit Drehorgeln und anderen Instrumenten wurden bekannte Bühnenmusiken parodiert, aber auch aktuelle Ereignisse kommentiert: 1883 etwa wurde mit dem Abbruch eines großen Wohngebietes für die Speicherstadt begonnen. Fast 20.000 Menschen mussten ihre Wohnungen verlassen und wurden umgesiedelt. Dazu wurden Lieder gesungen und verkauft wie *Hamborgs goldne Tied, du büst nich mehr* oder *Abschiedsklage der Einwohner.*

Bis 1738 gab es an der Gänsemarktoper ein festes Ensemble, danach gastierten reisende Opern- und Schauspieltruppen wie z.B. jene von *Sophie Charlotte Schröderin* (1714–1792). Doch ab 1751 stand das Haus leer, ehe es um 1760 wegen Baufälligkeit abgerissen wurde.

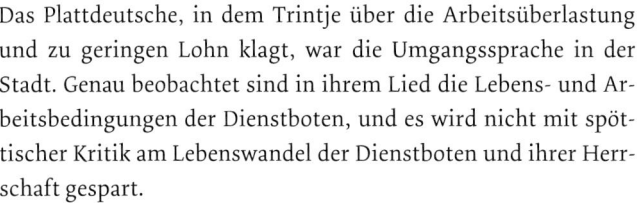

An gleicher Stelle wurde 1764/65 das *Ackermann'sche Comödienhaus* mit Platz für über 1.600 Personen errichtet (Abb. 4) – denn die

Schröderin war wiedergekommen. Gemeinsam mit ihrem zweiten Ehemann *Konrad Ernst Ackermann* (1712–1771) eröffnete sie eine neue Spielstätte. Die vielseitige Schauspieltruppen-Chefin nähte auch Kostüme selbst und half ihren Töchtern Dorothea und Charlotte bei ihrer Schauspielerinnen-Karriere. Gegeben wurden Schauspiele, gelegentlich Ballette und ab 1769 auch Opern.

Ein Dauerproblem blieben die Finanzen. Nach *Ackermanns* Tod übernahmen *Madame Ackermann* und ihr Sohn *Friedrich Ludwig Schröder* (1744–1816) die Leitung. Dieser war Tänzer, Ballettmeister, Darsteller und Komponist einfacher Lieder. *Schröder* junior war von 1780 bis 1785 am *Wiener Burgtheater* und hatte dort *Mozarts* Werke und sein Umfeld kennengelernt. Für Hamburg engagierte *Schröder* die Schwestern und Sängerinnen *Aloysia Lange*, *Mozarts* erste große Liebe, und seine Witwe *Constanze*. Dazu importierte er *Mozart*-Werke nach Hamburg, nicht ohne sie aber sittlich zu entschärfen, denn eigentlich hatte er das Theater mittels anspruchsvoller Schauspiele im Zeichen der Vernunft zu einer „moralischen Anstalt" umgestalten wollen. Das Hamburger Publikum liebte es allerdings bunter. So standen vor allem unterhaltsame Singspiele auf dem Spielplan. Passend zu seinen moralischen Vorstellungen verfasste *Schröder* 1798 eine Hausordnung, die z.B. festlegte, dass die Schauspieler(innen) sich nicht auf den Mund, sondern nur „auf Backen oder Stirne" küssen durften.

1827 wurde das Theater geschlossen, zu Wohnungen umgebaut und schließlich beim Bau der Colonnaden 1877 abgerissen, als hier herrschaftliche Etagenhäuser im Gründerzeitstil entstanden.

❹ Colonnaden Ecke Büschstraße

Viele werden sich noch an den Musikalienhandel von *Steinway & Sons* erinnern, wo Noten, Instrumente und manch guter Tipp zu bekommen waren. 2005, nach 52 Jahren, verließ *Steinway* die Colonnaden. Das neue Verkaufshaus befindet sich heute gegenüber der *Steinway-Fabrik* am Rondenbarg 15.

Von diesem Standpunkt, Colonnaden Ecke Büschstraße aus blicken wir auf den „Achtersteven" der *Hamburgischen Staatsoper*, das 2005 eingeweihte Betriebsgebäude mit Probebühnen, Werkstätten und Magazinen. Es liegt am *Gustav-Mahler*-Platz, der seit 1997 nach

5 Hamburgische Staatsoper

6 Stadttheater, Bau von 1826/27

einem der bekanntesten Ersten Kapellmeister am Stadttheater benannt ist. Zwischen 1891 und 1897 erhielt *Mahler* hier wichtige Impulse für sein Wirken als Dirigent und Komponist.

Spazieren wir nun durch die Große Theaterstraße zur Front des Opernhauses an der Dammtorstraße (Abb. 5). Mit dem Bau des neuen *Stadttheaters* 1826/27 (Abb. 6), das Platz für 2.800 Personen bot, hatte sich dieses musikalische Zentrum ein wenig verschoben. Es wurde nach Plänen von Karl Friedrich Schinkel und Carl Ludwig Wimmel, dem späteren Hamburger Baudirektor, auf einem Staatsgrundstück errichtet, für gründerzeitlichen Protz sorgte der Umbau von Martin Haller 1873/74 mit Säulenattika zur Straßenseite.

1920 wurde das *Stadttheater* zu einem reinen, staatlich subventionierten Musiktheater. In der Nazizeit wurde es dann in *Hamburgische Staatsoper* umbenannt, und Werke unliebsamer Komponisten wie *Jacques Offenbach* oder *Camille Saint-Saëns* wurden abgesetzt. Zwölf Stolpersteine (vgl. Jüdischer Spaziergang) weisen vor den Fenstern des Foyers auf ehemalige Mitglieder des Opernhauses und weitere Hamburger Künstler hin, die während der NS-Zeit verfolgt und ermordet wurden. Nach Zerstörung im Bombenkrieg 1943 wurde 1955 ein neues, von Gerhard Weber entworfenes Opernhaus eröffnet.

Vor dem Opernhaus wenden wir den Blick auf die Häuserinsel auf der anderen Seite. Nichts erinnert hier noch an ein Areal

von Konzerthallen, an den *Apollosaal* und an das französische
Apollotheater, das ab 1795 von französischen Flüchtlingen betrieben wurde – und für *Konrad Ackermann* eine große Konkurrenz war.

❺ Apollosaal und „Sagebiels Etablissement"

Zwischen Dammtorstraße und *Apollotheater*, dem französischen
Schauspielhaus an der Großen Drehbahn, ließ Secretarius Dr. An-
derson 1804 den *Apollosaal* errichten. Lob gab es für die Akustik
des großen Saales, der den alten Konzertsaal auf dem Kamp ab-
löste (s.u.). Die *Philharmonische Gesellschaft*, eine bürgerliche Kon-
zertvereinigung, aus der schließlich die heutigen *Philharmoniker
Hamburg* hervorgingen, nutzte den *Apollosaal* in den ersten Jahren
ihres Bestehens. Bei ihrem ersten Konzert an diesem Ort 1829 diri-
gierte *Friedrich W. Grund Beethovens 5. Sinfonie* – damals noch kein
Hit. Diverse Umbauten folgten: Es gab Säle, die für Konzerte, Bälle
und Ausstellungen gebucht wurden. Ein Stargast war *Clara Schu-
mann*, die im November 1854 hier auftrat. Doch im Laufe der Jahre
standen immer weniger Konzerte und immer mehr Tanzveranstaltungen auf dem Programm. 1875 wurde der *Apollosaal* an einen Lu-
xuswagenhersteller verkauft. Neben dem *Apollosaal* gab es an der
Großen Drehbahn auch noch *Sagebiels Etablissement*, das ab 1862
ebenfalls etliche Konzertsäle beherbergte.

❻ Valentinskamp / „Concertsaal Auf dem Kamp 4"

Der Sinfonie der Großstadt lauschend gehen wir nun die Dammtorstraße entlang und biegen rechts in den Valentinskamp. Unter
den Arkaden des *Berolina-Hauses* im neuen Kontorhausstil an der
Ecke Caffamacherreihe verweilen wir – hier stand ein Gebäude, das
einen Wendepunkt im Konzertleben Hamburgs darstellte: Der erste speziell für öffentliche Konzerte gebaute (und beheizbare) Saal,
der *Concertsaal Auf dem Kamp 4*, eröffnete 1761 und war ein gesell-
schaftlicher Treffpunkt. Hier wirkte nach *Telemann* sein Nachfolger *Carl Philipp Emanuel Bach*. 1767 kam er vom Hof Friedrich II. als
Musikdirektor der Hauptkirchen nach Hamburg.

Zu sehen und zu hören waren reisende Virtuos(inn)en, Sänger-
(innen) und Ensembles – und außergewöhnliche Instrumente:

1764: Einige aus Dresden allhier angekommene Virtuosen, werden Donnerstags, als den 25sten October, in den Concertsaal auf dem Camp mit einen ganz neu erbaueten Musicalischen Instrument, Carillon genannt, Concert aufführen. Bemaldtes Instrument ist 3 Ellen lang, bestehet aus 48 weissen Porzelainen Tönen, und ist nicht nur, wegen seines anmuthigen Klanges und dessen künstlichen Art zu spielen, von verschiedenen hohen Personen, sondern auch von vielen gelehrten Thonkünstlern gehöret und admiret worden. [...] Der Anfang ist Nachmittags um 5 Uhr. Das Billet zur Entree a 1 eine halb Mark.

7 Bronzetafel am ehemaligen Standort des Conventgartens

Ein Carillon ist ein großes Turm-Glockenspiel, es besteht aus chromatisch oder diatonisch gestimmten Glocken, die mittels einer Klaviatur oder/und mechanisch (z.B. mittels einer Walze) gespielt werden können. Die „World Carillon Federation" verlangt von einem Carillon, dass es über mindestens 23 Glocken verfügt und die Glocken direkt von einem Spieltisch mittels Seilzügen angeschlagen werden können.

Speckstraße / Brahms-Quartier

Von der Kreuzung Valentinskamp/Caffamacherreihe aus erblicken wir links das Brahms-Quartier und die Gebäude des Axel-Springer-Verlags. Rechts vor dem Brahms-Quartier zweigt die kleine Speckstraße ab. Hier wurde *Johannes Brahms* am 7. Mai 1833 in Schlüters Hof im damaligen Specksgang 24 geboren, einem Fachwerkhaus im Gängeviertel, das im Juni 1943 zerstört wurde.

Wer einen kleinen Abstecher machen mag, kann in die Caffamacherreihe hineingehen und um das Springer-Haus herumspazieren. Dort findet sich an der Kaiser-Wilhelm-Straße eine Bronzetafel (Abb. 7):

Abstechertipp

Hier stand neun Jahrzehnte lang, von 1853–1943 Hamburgs Conventgarten, in dessen großem Konzert- und Vortragssaal die berühmtesten Orchester und Solisten sowie Meister des Worts gewirkt haben. Am 24. Juli 1943 fiel das Gebäude den Kriegsbomben zum Opfer.

8 Konzerthaus Conventgarten (1853 bis 1943, Foto von 1939)

Der *Conventgarten* (Abb. 8) befand sich in der heutigen Fuhlentwiete. 1853 wurde hier der *Wörmersche Saal* eröffnet – mit Garten-Pavillon und Lokal – für einen „angenehm fesselnden Vergnügungsaufenthalt". Abends wurde im Garten konzertiert, im Winter im Pavillon, „wo nicht geraucht werden darf". Der Pavillon war wohl ein großer ovaler Glaspalast, der beim Hauptausgang zu einer Anhöhe mit einem gasbeleuchteten Springbrunnen führte.

Für acht Schilling Eintritt konnten die Musikfreunde und -freundinnen unter „blühenden Bäumen die neuesten Walzermelodien hören und sich der Gasbeleuchtung erfreuen, die noch den Zauber ausübte, den heute, 1896, das electrische Licht ausübt", so ein späterer Bericht.

Im *Wörmerschen Concertsaal* spielte z.B. *Brahms* 1859 sein *Konzert für Klavier und Orchester op. 15*. Allerdings war nicht er die Hauptperson, sondern der Geiger *Josef Joachim* bzw. der Sänger *Julius Stockhausen*. Ab 1866 wurde das Etablissement dann umbenannt in *Conventgarten*, und neue Säle für Bälle und Diners wurden gebaut. Überhaupt wurde dieser glanzvolle Treffpunkt ständig vergrößert,

9 Laeiszhalle

so dass ab 1872 der Große Saal für große Chorkonzerte zur Verfügung stand und dank einer Orgel auch für Kirchenmusik. 1855 zog dann die *Philharmonische Gesellschaft* vom *Apollosaal* in den *Conventgarten*.

Richtung *Laeiszhalle* schlendern wir den Valentinskamp hinauf, vorbei an der Nummer 40–42, einem Gebäudekomplex, der in seinen ältesten Teilen aus dem 17. Jahrhundert stammt. Auf der blauen Gedenktafel heißt es:

> *Der um 1800 hier bestehende Tanzsaal, 1865 zur zweitgrößten Saalanlage Hamburgs erweitert, hieß seit 1866 Tütjes Etablissement, später Neustädter Gesellschaftsräume.*

Leider wird auf die Witwe Handje nicht hingewiesen, eine Gaststättenbetreiberin und die erste Frau mit Theaterkonzession, die im Hinterflügel des Hauses den Gasthof „Hotel de Rom" betrieb, wo seit 1804 Theater, Possen und Schwänke mit Musik gezeigt wurden. Seit einigen Jahren mühen sich Partykönige und Edelgastronomen mit mehr oder weniger Erfolg um eine Wiederbelebung. 2005 wurde in der Beletage der „Hamburger Engelsaal" gegründet, ein „Theater der leichten Muse" für Operetten und Komödien.

❽ Laeiszhalle

10 Simone Young dirigiert in der Laeiszhalle.

Blick frei auf die neobarocke *Laeiszhalle* (Abb. 9) am *Johannes-Brahms*-Platz, 1904 bis 1908 von den beiden Rathausarchitekten Martin Haller und Erwin Meerwein errichtet und erst seit 2005 nicht mehr *Musikhalle*, sondern nach ihren Spendern benannt. Die Projektierung der Halle weist Parallelen zu heutigen Großprojekten auf, schließlich ging es um viel Geld und die Frage, wie sich der Staat für repräsentative Kultur engagieren kann und welchen Anteil Mäzene übernehmen sollten. Der Reeder Carl Heinrich Laeisz und seine Ehefrau Sophie Christine stifteten insgesamt zwei Millionen Mark für eine „würdige Stätte für die Ausübung und den Genuß edler und ernster Musik" – ohne Bierwirtschaft und komödiantische Einlagen.

Eröffnet wurde das damals modernste Konzerthaus Deutschlands am 4. Juni 1908 u.a. mit den Fest- und Gedenksprüchen op. 109, die *Brahms* 1888 als Dank für seine Ernennung zum Ehrenbürger Hamburgs komponiert hatte.

Im Zweiten Weltkrieg blieb die Halle weitgehend unbeschädigt. Zwischen Mai 1945 und Januar 1953 war sie Stützpunkt des Rundfunks der Britischen Streitkräfte – die Garderoben und Konzertsäle wurden umfunktioniert zu Studios und Redaktionsräumen.

Die *Laeiszhalle* ist auch Sitz der *Hamburger Symphoniker,* die 1957 gegründet wurden. Sie konzertieren regelmäßig im großen, rund 2.000 Personen fassenden Saal.

Seit 1997 können im *Klingenden Museum* im Untergeschoss der *Laeiszhalle* über einhundert Instrumente ausprobiert werden, vom Alphorn bis zur Zugtrompete. 1998 wurde der Platz vor der Halle von „Karl-Muck-" in „Johannes-Brahms-Platz" umbenannt. *Karl Muck* (1859–1940), ein berühmter Dirigent und Leiter des *Philharmonischen Orchesters*, war u.a. wegen antisemitischer Äußerungen umstritten.

Vor der *Laeiszhalle* steht die Plastik von Maria Pirwitz, eine abstrakte Umsetzung des „Wesens der Musik von *Brahms*". Begeis-

11 Brahms-Kubus von Thomas Darboven

tert, zumindest von Musik und Wesen des jungen *Brahms*, war der Frauenchor, den dieser als junger Mann zwischen 1860 und 1861 in Hamburg leitete. Einen Eindruck vom jungen Komponisten bietet der *Brahms-Kubus* aus Granit von Thomas Darboven, auf dem seine vier Lebensalter nachempfunden sind (Abb. 11).

Peterstraße / Brahms-Museum ❾

Zum Schluss gehen wir in den Pilatuspool und seine Verlängerung Hütten zu den heutigen Instrumentenbauern. Hamburg war einst ein Ort berühmter Vertreter dieses Handwerks, etwa für Lauten oder Cembalos. So fertigte beispielsweise *Joachim Tielke* (1641–1719) Zupf- und Streichinstrumente, darunter auch das Hamburger Cithrinchen. Auf dieser bei den Damen der Gesellschaft geschätzten kleinen Zither wurden Hits aus beliebten Opern nachgespielt. Der Weg dorthin führt gleichzeitig zur Peterstraße, wo sich in einem Barockhaus das *Brahms-Museum* befindet. Das Haus hat im Leben von *Brahms* allerdings keine Rolle gespielt.

NS-Zeit-Spaziergang

Jörn Dobert

Startpunkt: Gedenkstein Provinzialloge, Moorweidenstraße
(S-Bahn-Station Dammtor / S 11, S 21, S 31)
Endpunkt: Rathausmarkt (U-Bahn-Station Rathausmarkt / U 3;
U- / S-Bahn-Station Jungfernstieg / U 1, U 2, S 1, S 3)
Dauer: ca. 2 Stunden

Übersichtskarte Rotherbaum und Neustadt

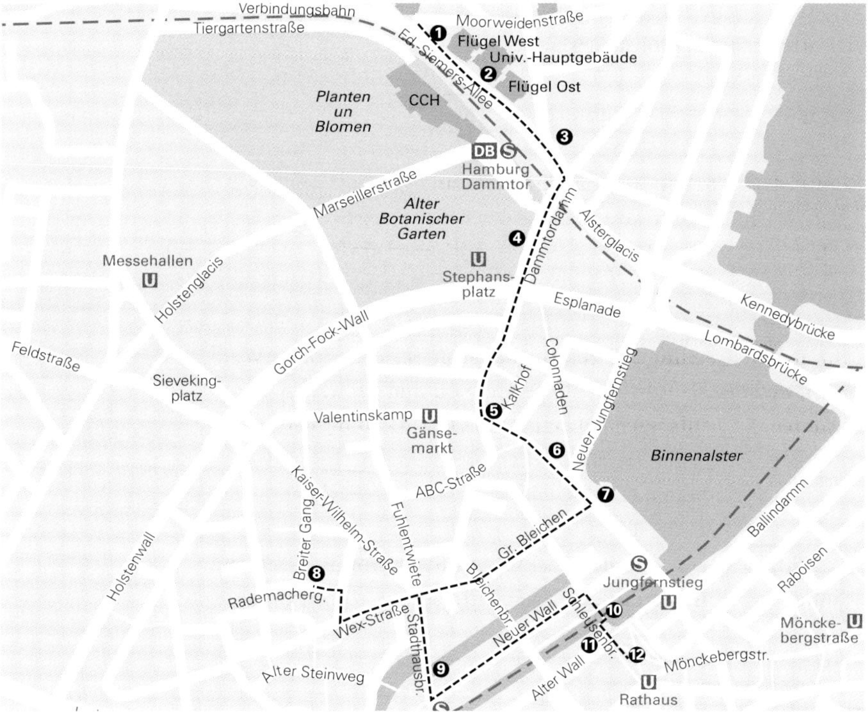

Gedenkstein Provinzialloge, Moorweidenstraße (neben dem Flügelbau West der Universität) ❶

Die Nazis fielen in Hamburg 1933 nicht plötzlich vom Himmel, auch wenn dies nach 1945 viele glauben wollten. Lange wurde die Legende gepflegt, in Hamburg sei es „nicht so schlimm" gewesen. Schon 1947 behauptete der Bürgermeister Rudolf Petersen, „dass in Hamburg die Verhältnisse günstiger gelegen haben als in anderen Teilen Deutschlands". Er schrieb dies dem „relativ gemäßigten Benehmen des Statthalters" zu und meinte, die hamburgische Bevölkerung habe einen „mäßigenden" Einfluss ausgeübt, der sich „stets gegenüber allen radikalen von außerhalb nach Hamburg eindringenden Elementen durchgesetzt" habe. Dass dies nicht mehr war als eine Legende, ist mittlerweile unbestritten. In Hamburg hat es in gleichem Maße wie anderswo Verfolgung von Juden, politisch Andersdenkenden, Sinti und Roma, Homosexuellen und anderen Bevölkerungsgruppen gegeben. Weder war der Statthalter Karl Kaufmann ein „gemäßigter" Nationalsozialist, noch musste die Partei Hamburg von außen erobern.

Gerade im Grindelviertel sind einige der Wurzeln der NSDAP zu finden, ein Viertel, in dem ein großer Teil der jüdischen Bevölkerung Hamburgs lebte. In der Nachbarschaft von Synagoge und Talmud-Thora-Schule lag das Zigarrenwarengeschäft von Josef Klant, der 1922 erster Vorsitzender der neuen Partei wurde. Das Hinterzimmer seines Ladens in der Grindelallee war die erste Parteizentrale. Klant war, typisch für einen Nationalsozialisten der ersten Jahre, ein Vertreter des Kleinbürgertums. Geschäftsinhaber, Offiziere, Angestellte und Beamte waren in der Partei stark vertreten, weniger die Arbeiter, die mit der SPD und der KPD sympathisierten. Dementsprechend erzielte die NSDAP in bürgerlichen Stadtteilen wie Rotherbaum und Harvestehude mehr Stimmen als in den Arbeitervierteln St. Pauli und Neustadt. Im Eckhaus Grindelallee / An der Verbindungsbahn befand sich die erste Parteikneipe des Kreises Rotherbaum, der „Grindeler Schinkenkrug", dessen Räume heute das australische Kneipenrestaurant „Down Under" bewirtschaftet.

Schräg gegenüber erinnert ein Gedenkstein des Künstlers Ulrich Rückriem daran, dass hier ein zentraler Sammelort für die

1 Bücherverbrennung am 15. Mai 1933 durch Mitglieder der SA-Studenten-schaft, des Stahlhelm und studentischer Verbindungen

Deportation jüdischer Bürger in die Vernichtungslager war. Von über 20.000 Hamburger Juden wurden annähernd 8.000 ermordet. Bei einem Gang durch das Grindelviertel erinnern zahlreiche sogenannte „Stolpersteine" des Künstlers Gunter Demnig daran, wer hier gelebt hat und von hier aus in die Lager verschleppt wurde (vgl. Jüdischer Spaziergang).

❷ Universität Hamburg

In der zweiten Hälfte der 1920er Jahre veränderte sich das Klientel der NSDAP: Die Partei bekam großen Zulauf von jungen Männern, die den Ersten Weltkrieg und die Niederlage 1918 als Kinder und Jugendliche erlebt hatten. Sie glaubten, mit der NSDAP die Partei gefunden zu haben, welche die als Schmach empfundene Niederlage 1918 tilgen könne. Viele Männer aus den Geburtsjahrgängen 1900 bis 1910 machten im Dritten Reich Karriere. Dazu gehörte auch, damals gerade 29 Jahre alt, Karl Kaufmann, der 1929 neuer Gauleiter der Partei in Hamburg wurde.

An der Universität wird der „junge" Charakter der „Bewegung" deutlich. Schon vor den großen Wahlerfolgen wurde der nationalsozialistische Studentenbund im Wintersemester 1930/31 stärkste Kraft im Studentenparlament und erzielte über vierzig Prozent der Stimmen. 1919 gegründet, war die Hamburger Universität selbst noch eine junge Einrichtung, die maßgeblich aus dem Kolonialinstitut hervorgegangen war. An diese Geschichte wollten die Nazis anknüpfen und benannten die Universität 1935 in „Hansische Universität" um. Was mit diesem Namen bezweckt war, wird aus der Presseerklärung anlässlich der Umbenennung deutlich: Die Universität „verkörpert und pflegt die hansische Tradition und hält den hansischen und kolonialen Gedanken in der Wissenschaft und in der akademischen Jugend wach". Kein Wunder, dass in derselben Mitteilung die Förderung der „Übersee- und Kolonialkunde" als wichtigste Aufgabe der Universität galt. Jüdische Gelehrte hatten nach 1933 keinen Platz mehr in der Universität (Abb. 1). Der Psychologe William Stern und der Philosoph Ernst Cassirer, der erste jüdische Rektor einer deutschen Universität, gehörten zu den prominentesten Wissenschaftlern, die aus der Universität gedrängt wurden. Unter dem Eindruck der Verfolgung nahm sich Sterns Assistentin Martha Muchow im September 1933 das Leben.

Bunker an der Rothenbaumchaussee

❸

Wenn es ein typisches bauliches Erbe aus der NS-Zeit gibt, dann sind dies mit Sicherheit die Bunker, die im Zweiten Weltkrieg errichtet wurden. Von den 1.000 für den Zivilschutz erbauten Bunkern sind in Hamburg noch etwa 700 erhalten. Eine Besonderheit im Stadtbild bilden die neun noch erhaltenen Rundturmbunker, die mit ihrem Kegeldach und der Backsteinverkleidung an mittelalterliche Wachtürme erinnern und wegen dieser Backsteinverkleidung häufig nicht mehr als Bunker wahrgenommen werden. Auch die Nutzung als Restaurant, wie hier am Dammtorbahnhof (Abb. 2), lässt die ursprüngliche Nutzung verblassen. Die Lage an der großen Straßenkreuzung gegenüber vom Bahnhof sollte im Falle eines Bombenangriffs die Aufnahme der vielen Menschen ermöglichen, die sich an diesem Ort stets aufhielten. Geplant für 500 Menschen, kam es nicht selten zu totalen Überfüllungen mit bis zu 1.800 Leuten. Damit sie nicht über die Treppen stolperten, wurde das Innere in Form einer Spirale gestaltet, so dass man sich langsam über eine schiefe Ebene nach oben bewegte. Der Ausgang im ersten Stock sollte einen Ausstieg ermöglichen, falls rundherum alles in Trümmern lag und der Eingang verschüttet war. Der Turm

2 Rundturmbunker am Bahnhof Dammtor

3 Deserteursdenkmal von 2015 und „76er Denkmal" von 1936

ist auf seine Art eine Erinnerung an den Krieg, und seine Erscheinung erinnert an den Versuch, Kriegsbauten schon im Krieg so zu
gestalten, dass sie danach unauffällig ins Stadtbild passen.

**❹ 76er Denkmal und Gegendenkmal, Deserteursdenkmal
(Dammtordamm, vor dem Eingang von Planten un
Blomen)**

Wohl kein anderes bauliches Überbleibsel hat in den Jahren nach
dem Zweiten Weltkrieg bis heute so heftige öffentliche Kontrover-
sen ausgelöst wie das „76er Denkmal". Die Frage, wie ein geeigneter
Umgang mit dem nationalsozialistischen Denkmal aussehen kann,
wurde jahrzehntelang diskutiert. Die Errichtung eines Gedenkortes
für Deserteure und andere Opfer der NS-Militärjustiz Ende 2015 bildet den vorläufigen Schlusspunkt der Diskussion (Abb. 3).

Doch zunächst zur Entstehungsgeschichte: Nach dem Ersten
Weltkrieg bemühten sich Veteranenverbände erfolglos um ein
Denkmal an zentraler Stelle zu Ehren des 76er Regiments. Mit dem
Ehrenmal an der Kleinen Alster waren sie nicht einverstanden,

4 Gegendenkmal von Alfred Hrdlicka von 1985/86

doch dazu später mehr. Nachdem die Nazis an die Macht gekommen waren, wurde ein neuer Anlauf gestartet, diesmal mit Erfolg. Das von Richard Kuöhl entworfene Denkmal wurde 1936 im Rahmen einer großen Feier eingeweiht. Es war so etwas wie der „Tag von Potsdam" in der hamburgischen Variante. Das alte Militär der Wehrmacht und die neuen Machthaber feierten gemeinsam, Stahlhelm und Pickelhaube waren vereint. In der NS-Zeit wurde das „Ehrenmal für das Infanterie-Regiment ‚Hamburg' (2. hanseatisches) Nr. 76 und das Reserve-Infanterie-Regiment Nr. 76", wie es komplett heißt, zum Aufmarschplatz für Militärparaden. Wenn Hitler in Hamburg war, stattete er dem Denkmal einen Besuch ab.

Welchen Charakter hat das Denkmal? Was ist seine wichtigste Aussage? Zeigt es in den Krieg ziehende Soldaten oder die heimkehrende Truppe? Zu seiner Entstehungszeit stand eindeutig der kriegerische Aspekt im Vordergrund. Kuöhl selbst sprach davon, er habe eine Truppe dargestellt, die sich „auf dem Vormarsch zum Kampfe" befinde. Die Inschrift an der Wand neben dem Denkmal spricht ebenfalls eine deutliche Sprache: „Großtaten der Vergangenheit sind

Brückenpfeiler in die Zukunft." Hier geht es nicht um Trauer für die Kriegstoten, sondern um Ruhm für die Soldaten vergangener Kriege.

1945 drängten die britischen Besatzer auf Beseitigung des Denkmals, doch der Hamburger Denkmalschützer Hopp erwirkte eine Ausnahmegenehmigung, da es schließlich nur dem Gedenken militärischer Einheiten diene. Damit kehrte er die von den Nazis durchgesetzte Deutung seiner Aussage in ihr Gegenteil. 1958 erweiterte Kuöhl das Denkmal durch eine große Grabplatte für die Gefallenen des Zweiten Weltkriegs.

Im Laufe der 1970er Jahre geriet das Denkmal verstärkt in die Kritik, nicht zuletzt, weil dort am Volkstrauertag noch immer Bundeswehrsoldaten eine Mahnwache abhielten. Nach verstärkten Protesten durch die Friedensbewegung fasste die Bürgerschaft den Beschluss, dem 76er Denkmal ein anderes Denkmal gegenüberzustellen. Die zwei ersten Teile des Gegendenkmals von Alfred Hrdlicka wurden 1985 und 1986 aufgestellt (Abb. 4). Sie zeigen den Hamburger Feuersturm, also die Zerstörung und das Leid der Bevölkerung im Zweiten Weltkrieg, und die Flüchtlingsgruppe Cap Arcona, die an den Tod Tausender KZ-Häftlinge erinnert, die in den letzten Kriegstagen auf Schiffe in die Ostsee verbracht und dort versehentlich bombardiert wurden. Hrdlickas Gegendenkmal blieb unvollendet. Dreißig Jahre später wurde die Lücke zwischen 76er Denkmal und Gegendenkmal mit dem Deserteursdenkmal von Volker Lang geschlossen. Erst mehr als fünfzig Jahre nach Ende des Zweiten Weltkriegs wurden damit Deserteure endlich als Opfer des Nationalsozialismus anerkannt und nicht mehr als „Verräter" geschmäht. An die mehr als 200 Opfer der Wehrmachtsjustiz in Hamburg erinnert Langs Denkmal.

❺ Kalkhof (Eingang Gänsemarkt)

Heute weist nichts mehr darauf hin, dass sich hier zwischen Staatsoper und Gänsemarkt anstelle eines Hinterhofs früher die kleine Straße Kalkhof befand, die eine Bordellstraße war. Wie die Herbertstraße auf St. Pauli war auch der Kalkhof ab 1933 mit Sichtblenden versehen. Prostituierte wurden in der NS-Zeit kaserniert. Sie mussten in den dafür vorgesehenen Straßen arbeiten und wohnen. Hielten sie sich nicht daran, drohten ihnen drakonische

Strafen bis hin zu Konzentrationslagerhaft, in der viele dann wieder als Prostituierte arbeiten mussten. Prostituierte galten in der Nazi-Terminologie als „Asoziale". Mit dieser Stigmatisierung wurde ihre zwangsweise Sterilisierung und Entmündigung gerechtfertigt. Fürsorgerinnen, die Gesundheitsbehörde und die Polizei arbeiteten Hand in Hand gegen die Frauen. Um die Sterilisationen zu rechtfertigen, wurden alle möglichen Daten gesammelt. Ein konstruierter Zusammenhang zwischen „Geistesschwäche" und Geschlechtskrankheiten diente dazu, Entmündigungen in die Wege zu leiten. Den Nationalsozialisten ging es letztlich darum, die Arbeit der Prostituierten zu kontrollieren und sie je nach Bedarf einsetzen zu können. Von den Nazis betriebene Bordelle für die Wehrmacht, die SS und in Konzentrationslagern zeigen, dass es ihnen kaum um die Abschaffung der Prostitution ging.

Buchhandlung am Jungfernstieg (Nr. 50) ❻

Die „Buchhandlung am Jungfernstieg" war ein Treffpunkt bürgerlicher Intellektueller, Studenten, literarisch und künstlerisch interessierter Menschen, die die Ablehnung des Nazi-Regimes verband. Die Bezeichnung „Hamburger Zweig der Weißen Rose" ist eine nachträgliche, die den Eindruck erweckt, bei der „Weißen Rose" aus München habe es sich um eine weitverzweigte Widerstandsorganisation gehandelt, die überall in Deutschland aktiv gewesen sei. Dabei waren es eher Freundeskreise, lose Gesprächskreise, die sich in ihrer oppositionellen Einstellung austauschten und Pläne für die Zeit nach dem Nationalsozialismus schmiedeten. Eine direkte Verbindung zur „Weißen Rose" in München gab es durch Traute Lafrenz. Die Hamburger Medizinstudentin ging für zwei Semester nach München und gelangte dort in den Kreis von Hans und Sophie Scholl. Sie brachte das dritte Flugblatt der „Weißen Rose" mit nach Hamburg und sorgte dafür, dass es auch hier verteilt wurde. Nach den Verhaftungen in München geriet auch Traute Lafrenz in das Visier der Gestapo. Sie wurde zu einem Jahr Gefängnis verurteilt und später noch einige weitere Male inhaftiert. Die schwarze Gedenktafel an der Wand des Hauses nennt auch die Namen weiterer Widerständler, von denen einige noch kurz vor Ende der Nazizeit hingerichtet wurden.

❼ Alsterpavillon

Jazz und Swing galten den Nationalsozialisten als „entartete Negermusik". Sie durften weder im Radio gespielt werden, noch waren sie in den Cafés und Tanzlokalen erlaubt. Jugendliche, die diese Musik hören wollten, trafen sich privat oder gingen in eines der wenigen Lokale, die trotzdem hin und wieder verbotene Musik spielten. Ein solches Lokal war der Alsterpavillon. Die Jugendlichen, die sich hier trafen, unterschieden sich äußerlich sehr vom gewöhnlichen Bild des Jugendlichen im Nationalsozialismus. Die Mädchen trugen Hosen, gaben sich betont modebewusst und schminkten sich auffälliger als üblich; die Jungs hatten relativ lange Haare, trugen Anzüge und hatten häufig einen Regenschirm dabei. Dies nicht, weil es in Hamburg so oft regnet, sondern weil sie damit britischen Lebensstil verbanden. Vorbilder für Kleidung und Musik fanden die Jugendlichen in den amerikanischen und britischen Tanzfilmen, die noch bis Kriegsbeginn im Original im Waterloo-Kino in der Dammtorstraße gezeigt wurden. Und unterm Ladentisch war es in einigen Geschäften möglich, weiterhin die Platten von Swing-Musikern wie Teddy Stauffer zu erwerben.

Von der Hitler-Jugend wurden diese Jugendlichen als „Swing-Jugend" bezeichnet – ein Name, den sie sich selbst nicht gegeben hatten. In der Hamburger Presse wurde Propaganda gegen diese „Swing-Jugendlichen" gemacht. Unter dem Titel „Schräge Vögel mausert euch!" machten die „Gaunachrichten" deutlich, welchen Ort die Nazis für die Jugendlichen am geeignetsten hielten: das Gefängnis. Ein wild tanzender „Swing-Jugendlicher" wurde mit einem Jungen in Sträflingskleidung beim Arbeitseinsatz gezeigt, beide in gebückter Haltung. Auch die Hitler-Jugend observierte „Swing-Jugendliche" auf ihren Veranstaltungen. Die HJ hatte einen eigenen Streifendienst, der Jugendliche beobachtete, die versuchten, sich dem HJ-Dienst zu entziehen. In einem Bericht des Streifendienstes über einen Tanzabend kam der Beobachter zu der Schlussfolgerung: „Bei manchen konnte man ernsthaft an deren Geisteszustand zweifeln, derartige Szenen spielten sich auf der Swingfläche ab. In Hysterie geratene Neger bei Kriegstänzen sind mit dem zu vergleichen, was sich dort abspielte."

So kurios dies heute klingt, so gefährlich war die Propaganda für die Jugendlichen. Es gab Razzien auf den Tanzveranstaltungen, mit zahlreichen Festnahmen. Zwischen 1940 und 1944 wurden ungefähr 400 Jugendliche in Hamburg wegen „Zugehörigkeit zur Swing-Jugend" inhaftiert. Viele kamen nach kurzer Zeit mit kurzem Haarschnitt wieder frei, doch zwischen vierzig und siebzig Hamburger „Swing-Jugendliche" verschleppte man als politische Häftlinge in Konzentrationslager. Dabei hatten die meisten kein politisches Selbstverständnis. Sie wollten ihre Musik hören, tanzen und eine Jugendkultur leben, die den Machthabern nicht passte.

5 Hummelbrunnen

Hummelbrunnen (Breiter Gang Ecke Rademachergang)

Neben der Zitronenjette ist der Wasserträger Hummel die bekannteste volkstümliche Figur der Stadt. Er ist ein beliebtes Postkartenmotiv, das daran erinnert, wie im 19. Jahrhundert das Wasser zu den Menschen kam (vgl. Fleet-Spaziergang). Der Hummelbrunnen in der Neustadt (Abb. 5) wurde 1937 von Richard Kuöhl, dem Bildhauer des 76er Denkmals, entworfen. Der Brunnen steht in einer Wohnanlage, die Mitte der 1930er Jahre errichtet wurde. Ihr musste das letzte Gängeviertel weichen, das die Sanierungsmaßnahmen der vorigen Jahrzehnte überstanden hatte. Enge Gassen, Fachwerkhäuser und Hinterhöfe prägten das Bild dieses Viertels in der Neustadt bis 1933. Im Jahr der nationalsozialistischen Machtübernahme wurde sofort mit dem Abriss begonnen und die alte Bewohnerschaft vertrieben. Darum ging es den Nazis in erster Linie. Der Stadtteil galt als polizeilich schwer kontrollierbar, die Bewohner wählten überwiegend KPD und SPD. Durch den Abriss sollte den Menschen das vertraute Viertel und der Zusammenhalt genommen werden. Gleichzeitig wollte die NSDAP zeigen, dass sie in der Lage sei, neuen Wohnraum zu schaffen. Der rote Backstein knüpft an die Bauten aus der Weimarer Republik an, doch im Stil unterscheiden sich die Gebäude erheblich. Waren moderne Flachdächer und vor allem vom Bauhaus inspirierte klare Linien das Kennzeichen der letzten Siedlungen vor 1933, so ist die Siedlung in der Neustadt ein Beispiel für eine Art norddeutschen Heimatstils, der viele Bauten der Nazizeit prägt. Erker, plattdeutsche Sprüche, Spitzdächer und eine Volkstümlichkeit, für die der Hummelbrunnen steht, sind typisch für den Wohnungsbau der Nazizeit (Abb. 6 und 7). Insgesamt wurde in Hamburg allerdings nicht viel Wohnungsbau betrieben, so dass diese kleine Siedlung im ehemaligen Gängeviertel eines von wenigen Beispielen für die nationalsozialistische Wohnungsbaupolitik in der inneren Stadt ist.

⑨ Ehemalige Gestapo-Leitstelle im Stadthaus

Im Stadthaus, wo bis 2013 die Behörde für Stadtentwicklung und Umwelt ihren Sitz hatte, befand sich in der NS-Zeit die Hamburger Zentrale der Gestapo, der Geheimen Staatspolizei (Abb. 8). Schon vor 1933 beherbergte das Stadthaus die Polizeibehörde. Die Gedenktafel am Eingang ist nicht nur anders gestaltet als die sonst üblichen schwarzen Tafeln, die an Verfolgung und Widerstand in der Nazi-Zeit erinnern, sie spricht auch eine außergewöhnlich deutliche Sprache. Denn tatsächlich war für viele Verfolgte das Stadthaus die erste Leidensstation auf dem Weg in die Konzentrationslager. Wer aus politischen Gründen verhaftet wurde, gelangte häufig zunächst hierher. Der Sozialdemokrat Walter Schmedemann beschrieb in einem Flugblatt den Vorgang der Verhaftung. Sobald man die Räume betrat, „beginnen die ersten Mißhandlungen. Von fast jedem wird er in irgendeiner Weise getreten oder geschlagen. Dies alles, bevor überhaupt irgendeine Vernehmung stattgefunden hat. Vom ersten Augenblick muß man in den Räumen mit dem Gesicht zur Wand stehen." Es gab hier einige Selbstmorde von Häftlingen, die die Folter nicht ertrugen. Ein Inhaftierter stürzte sich aus einem Fenster auf die Straße.

Der erste Chef der Hamburger Gestapo war Bruno Streckenbach, der genau wie Karl Kaufmann der sehr jungen Generation der Anfang 30-Jährigen angehörte, die im Dritten Reich in wichtige Positionen gelangten. Streckenbach war ein enger Vertrauter Kaufmanns und befand sich mit ihm im ständigen Austausch. Gleich 1933 wurden in Hamburg die ersten Konzentrationslager eingerichtet, in Wittmoor und in einem leerstehenden Gefängnisflügel in Fuhlsbüttel. Bei einem Besuch in Fuhlsbüttel beklagte Kaufmann, dass die Gefangenen nicht hart genug angefasst würden. In der Folge wurde der Terror verschärft, viele Häftlinge litten unter der Folter, starben oder begingen Selbstmord. Auch im Krieg zeigte Kauf-

6 Hausdekor der NS-Zeit

7 Erker

8 Hamburger Zentrale der Gestapo

mann, dass er alles andere als ein „gemäßigter" Nationalsozialist war. So bat er als erster Gauleiter um die „Evakuierung" der Hamburger Juden, da er Platz für Ausgebombte schaffen wollte. Dass „Evakuierung" nichts anderes bedeutete als die Deportation in die Konzentrationslager, war Kaufmann klar. Auch Streckenbach machte im Krieg Karriere: Als Chef des „Reichssicherheitshauptamtes" war er ein enger Mitarbeiter Heinrich Himmlers. 1973 wurde er des Mordes an mindestens einer Million Menschen angeklagt, doch die Richter erklärten den 71-Jährigen für prozessunfähig.

Schleusenbrücke

Gedenktafeln erinnern hier an die Reichspogromnacht am 9. November 1938, allerdings in sehr schwammiger Form, da sie weder Opfer noch Täter eindeutig benennen. In dieser Gegend befanden sich einige alteingesessene Bekleidungsgeschäfte, die von jüdischen Inhabern geführt wurden. Dazu gehörten die Modehäuser Robinsohn und Hirschfeld, die zwischen Neuem Wall und Rathausmarkt lagen. Auch ihre Geschäfte wurden in der Pogromnacht verwüstet und die Inhaber bedroht. In den Jahren vor dem offenen Terror mussten die jüdischen Geschäftsleute Demütigungen, Benachteiligungen und Vertreibungen über sich ergehen lassen. Die Verdrängung aus dem Wirtschaftsleben beschrieb der Bankier Max Warburg: „Die Enthebung von der Aufsichtsratsstelle beim Hamburgischen Wirtschaftsdienst, den ich ins Leben gerufen hatte, wurde mir durch den Besuch eines jungen Mannes mitgeteilt, den ich gar nicht kannte [...] Ich mußte aus der Hamburg-Amerika-Linie ausscheiden [...] Wir hatten zweimal der Linie geholfen, als andere Freunde und Banken versagten." Er beschreibt das Gefühl zunehmender Isolation. Schon im April 1933 wurde von den Nazis ein reichsweiter Boykott von Geschäften mit jüdischen Eigentümern organisiert, der auch in Hamburg nicht ohne Wirkung blieb. Zu beobachten war auch, wie andere Geschäftsinhaber in vorauseilendem Gehorsam ihr „Deutschsein" kundtaten, wie z.B. das Schuhhaus Salamander und die Drogeriekette Budnikowsky, oder jüdische Mitarbeiter bereits entließen, als es noch gar nicht gesetzlich verlangt wurde, wie Karstadt dies tat. Der Historiker Frank Bajohr schätzt, dass zudem ungefähr 100.000 Hamburger auf Auktionen jüdisches Eigentum in ihren Besitz brachten, das in Belgien und Holland geraubt worden war.

⓫ Kriegerdenkmal an der Kleinen Alster

Die Stele des Architekten Klaus Hoffmann (Abb. 9) steht in enger Beziehung zum 76er Denkmal am Stephansplatz. 1932 errichtet, gefiel vielen Veteranen die Aussage der Stele nicht. Besonders das Relief von Ernst Barlach mit der schwangeren Frau wurde als zu traurig und wenig ruhmreich kritisiert. Die Inschrift auf der anderen Seite des Denkmals, „40.000 Söhne der Stadt ließen ihr Leben für euch", stieß wiederum den Pazifisten sauer auf. Denn wer ist mit „euch" gemeint? Für wen ließen die Söhne ihr Leben? In der NS-Zeit wurde das Barlach-Relief entfernt. Es galt als „entartete Kunst" und wurde durch einen aufsteigenden Phoenix-Adler ersetzt. Nach dem Zweiten Weltkrieg wurde das Denkmal in seiner Originalgestalt wiederhergestellt.

Rathausmarkt

Bei Wahlen haben die Nationalsozialisten in Hamburg keine Mehrheit errungen, bei der Reichstagswahl am 5. März 1933, die schon unter irregulären Bedingungen stattfand, erzielte die NSDAP in Hamburg ein Ergebnis von 38,8 Prozent. Zwar wurde sie damit stärkste Partei, doch blieb das Ergebnis etwa sechs Prozent unter dem Reichsdurchschnitt und war weit von der absoluten Mehrheit entfernt. Andererseits erzielte die NSDAP in Hamburg ein besseres Ergebnis als in anderen Großstädten. An die Regierung gelangte die NSDAP durch die Gleichschaltung des Reichstagswahlergebnisses. Bei der Besetzung der Regierungsmannschaft, der auch Mitglieder der bürgerlichen Parteien angehörten, versuchten die Nationalsozialisten die totale Machtübernahme zu verschleiern. Bürgermeister wurde Carl Vincent Krogmann, der aus einer Kaufmannsfamilie stammte. Krogmann gehörte zu Hitlers wirtschaftspolitischem Beraterkreis und hatte ansonsten wenig zu sagen. Die Macht lag in den Händen des Statthalters Karl Kaufmann, der Bürgermeister hatte eher repräsentative Funktionen.

9 Stele an der Kleinen Alster

Wenn Hitler nach Hamburg kam, besuchte er auch das Rathaus. Es gibt Fotos, die eine jubelnde Menge zeigen, während Hitler über den Rathausmarkt fährt. Beim ersten Besuch Hitlers nach der Machtübernahme hatten die örtlichen Parteigrößen noch die Befürchtung, die Straßen würden leer sein, wenn Hitler durch die Straßen führe. Vorsichtshalber wurden Schulklassen an der Strecke postiert, die extra vom Unterricht befreit wurden. Es zeigte sich jedoch, dass dies gar nicht nötig war, denn die Hamburgerinnen und Hamburger kamen freiwillig an die Strecke, um Hitler zuzujubeln. Ein Teil der Legende, nach der in Hamburg die NS-Zeit „nicht so schlimm gewesen" sei, bezog sich auf das Verhältnis Hitlers zu Hamburg. Es hieß, er habe die Stadt nicht gern besucht, da ihm Hamburg einerseits zu rot und andererseits zu bürgerlich gewesen sei. Tatsächlich hat Hitler Hamburg 33 Mal besucht, so häufig wie keine andere Stadt außer München, seinem Wohnort, Nürnberg, der Stadt der Reichsparteitage, und der Reichshauptstadt Berlin.

Vergnügungsviertel-Spaziergang

Jörn Tietgen

Startpunkt: Millerntorplatz (U-Bahn-Station St. Pauli / U 3)
Endpunkt: Hans-Albers-Platz (S-Bahn-Station Reeperbahn / S 1, S 2, S 3)
Dauer: ca. 1,5 Stunden

Übersichtskarte St. Pauli

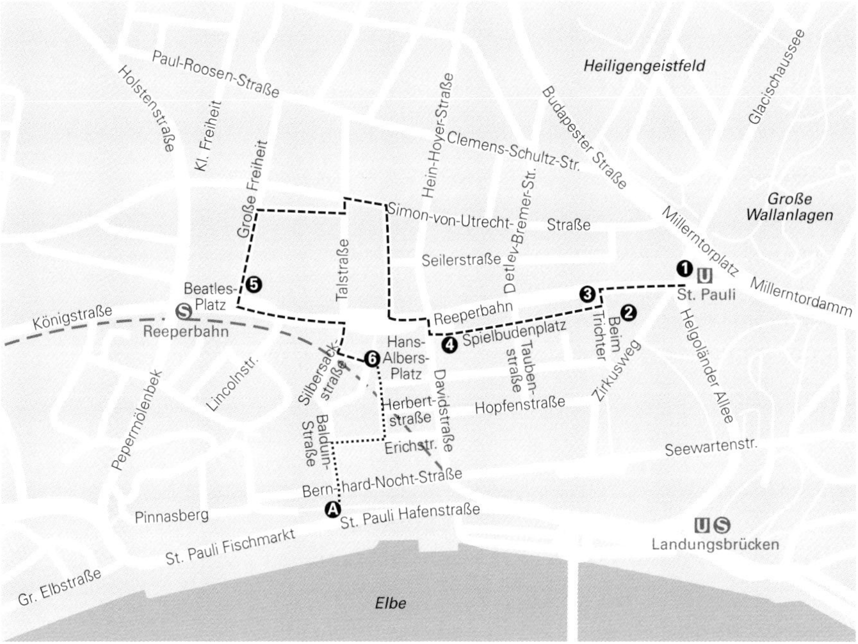

Paul-Roosen-Straße
Holstenstraße
Kl. Freiheit
Große Freiheit
Heiligengeistfeld
Budapester Straße
Glacischaussee
Hein-Hoyer-Straße
Clemens-Schultz-Str.
Simon-von-Utrecht-Straße
Detlev-Bremer-Str.
Seilerstraße
Straße
Große Wallanlagen
Talstraße
Millerntorplatz
Millerntordamm
❶
U
St. Pauli
Beatles-Platz Ⓢ
❺
❸
❷
Königstraße
Reeperbahn
Reeperbahn
Spielbudenplatz
❹
Beim Trichter
Beim Zirkusweg
Helgoländer Allee
Pepermölenbek
Lincolnstr.
Silbersackstraße
Hans-Albers-Platz
❻
Tauben-straße
Hopfenstraße
Seewartenstr.
Baldum-Straße
Davidstraße
Herbert-straße
Erichstr.
Bernhard-Nocht-Straße
Ⓐ
St. Pauli Hafenstraße
Ⓤ Ⓢ
Landungsbrücken
Pinnasberg
St. Pauli Fischmarkt
Gr. Elbstraße
Elbe

1 Die „Reeperbahnen"-Anlage der Reepschläger beim Millerntor

2 Das Millerntor als Grenzstation zwischen Hamburg und St. Pauli zur Zeit der Torsperre

Millerntor / U-Bahn-Station St. Pauli

St. Pauli gehört sicher zu den berühmtesten Stadtvierteln der Welt. Seit über zweihundert Jahren gründet sich dieser Ruf auf die unterschiedlichsten Vergnügungen. Als Vorstadt vor den Toren der eigentlichen Stadt Hamburg wurden hier gern all jene Dinge angesiedelt und zugelassen, die in der Stadt selbst unerwünscht waren. Hierzu gehörten unliebsame Gewerbe, die viel Dreck und Lärm machten oder viel Platz benötigten wie z.B. die Seilherstellung auf den „Reeperbahnen" (Abb. 1), aber auch die Prostitution. Ein erster Aufschwung des Nachtlebens auf St. Pauli begann mit der Dampfschifffahrt nach 1813. Die Dampfer legten unterhalb des „Hamburger Bergs", so der alte Name der Vorstadt bis 1833, also außerhalb Hamburgs an, weil man Angst vor explodierenden Schiffen hatte. So kamen die Matrosen nach St. Pauli, und mit ihnen eine erhöhte Nachfrage nach Kneipen und Bordellen. Dieser Prozess wurde mit der Abschaffung der Torsperre Silvester 1860 weiter beschleunigt. Zuvor waren die Hamburger Stadttore bei Dämmerung geschlossen worden (Abb. 2). Wer noch passieren wollte, musste eine Sperrgebühr entrichten, was sich nicht jeder leisten konnte. Am Millerntordamm ist noch ein letztes Wachgebäude zu sehen. In der Folge siedelten sich Bierpaläste, Varietés und ähnliche Etablissements auf St. Pauli an, in denen es Unterhaltung für jeden Geschmack gab.

Im 19. Jahrhundert standen größeren Bevölkerungsteilen erstmals mehr Freizeit und Kaufkraft zur Verfügung. Die vorindus-

3 Der „Trichter"
um 1805

trielle Gesellschaft kannte eine Trennung von Arbeit und Freizeit noch nicht. So entstand vor allem in den Großstädten um 1900 allmählich ein kultureller Massenmarkt, der sich an den Wünschen der Mehrheit der Bevölkerung orientierte, die nicht an der Hochkultur des Bürgertums partizipierte. Zu jener Zeit lebten aufgrund starken Zuzugs sehr viele junge, alleinstehende Personen in den Städten, die sich auch vergnügen wollten. Geld, Zeit und Aufmerksamkeit dieses städtischen, lohnabhängigen Publikums waren knapp. Dennoch wurden pompöse Gebäude für Theater und Varietés gebaut, deren repräsentativem Äußeren das in ihnen Dargebotene nicht unbedingt entsprach. Man bevorzugte stark reizbetonte, alltagsbezogene und unterhaltsame Kunst als Ablenkung vom strikt reglementierten städtischen Arbeitsalltag. Kraft, Geschicklichkeit, opulente Ausstattung, Technik, Illusion, Witz, Stereotypen – dies waren die Erfolgsfaktoren der Vergnügungsangebote, die um das wenige Geld der Unterschichten konkurrierten. Viele Massenkultur-Angebote sind deshalb standardisiert und profitorientiert. Gerade das Kino lässt sich als erstes echtes Massenkulturgut bezeichnen. Zumindest in seiner „sprachlosen" Anfangszeit bot es den gleichzeitigen Konsum desselben Produkts für ein millionenfaches Publikum über nationale und soziale Grenzen hinweg. Das wichtigste Freizeitvergnügen jener Zeit war aber der Tanz. Dieser hatte sich gegen Ende des 19. Jahrhunderts grundlegend verändert. Mit dem Walzer entstand der Paartanz, also eine weitaus intimere Tanzform als der dörfliche Gruppentanz.

Gehen wir nun über die Ampel in Richtung Reeperbahn und dann links über die nächste Ampel.

❷ Ehemaliger Trichter

Hier stand ab 1805 eines der wichtigsten Etablissements St. Paulis: der „Trichter". Der erste „Trichter" war eine Bierbude mit trichterförmigem Spitzdach als letzte Trinkgelegenheit vor dem Weg zurück durch die Stadttore nach Hamburg (Abb. 3). Von hier aus ließ sich die arme Meute beobachten, die in Torschlusspanik nach Hamburg stürmte, um keinen Eintritt in die Stadt bezahlen zu müssen. Mehrfach neu- und umgebaut, war der „Trichter" im 19. Jahrhundert vor allem ein Biergarten mit Gartenlauben, die bei

4 Trichter nach 1906

5 Innenaufnahme des Trichters

verliebten Pärchen sehr beliebt waren. 1889 wurde schließlich ein luxuriöses Etablissement mit Garten, rundem Ballsaal und einer prächtigen Kuppel eröffnet (Abb. 4 und 5). Im „Trichter" gab es Gartenkonzerte mit Militärmusik und Feuerwerk sowie Tanz im Saal bis vier Uhr nachts. Ab 1926 zeigte das an der Stelle des Biergartens errichtete „Schauburg"-Kino mit 1.800 Plätzen und einer riesigen Orgel Filme. Hier liefen auch „linke" Filme, die bei der Konkurrenz, den UFA-Kinos, nicht gezeigt wurden. In den 1920er Jahren war der „Trichter" ein international bekannter Revuepalast. Im Krieg zerstört, existierte er bis 1958 noch einmal als schnöder Nachkriegsbau, ehe 1969 eine Bowlingbahn gebaut wurde. Seit 2012 stehen hier die „Tanzenden Türme" (Abb. 6, BRT Architekten), ein Bürohaus mit Restaurant, Bar und Dachterrasse in den oberen Etagen und dem berühmten „Mojo-Club" im Keller.

6 „Tanzende Türme" auf dem Gelände des ehemaligen Trichters

Die Eingangssituation zur Reeperbahn war vom Ende des 19. Jahrhunderts bis zum Zweiten Weltkrieg geprägt durch noblere, bürgerliche Vergnügungspaläste, denn gegenüber dem „Trichter" war 1889 auch das mondäne „Concerthaus Hamburg" (Abb. 7, ab 1917 „Hamburger Volksoper") eröffnet worden; ein riesenhaftes, sehr pompöses, dem Wiener „Burgtheater" nachempfundenes Gebäude mit Konzertsaal, Speisesaal, Kegelbahn, farbig-elektrisch beleuchtetem Wintergarten, Tuffsteingrotten und einem 17 Meter hohen Wasserfall. Trotz der eleganten Ausstattung und des hohen Anspruchs mischte sich das Publikum auch hier, da der Eintritt

7 Das „Concerthaus Hamburg" um 1900   8 Café Heinze um 1935

mitunter, wie auch in vielen anderen Theatern und Konzerthallen St. Paulis, sehr günstig war. Vor allem ab 1917 wurden in der „Volksoper" niveauvolle Aufführungen geboten. Viele Stars konnten für Auftritte gewonnen werden. 1943 wurde das Haus zerstört, ebenso wie die umliegenden Gebäude, deren Cafés und Kneipen zur Bedeutung dieser Ecke beitrugen.

In der Zwischenkriegszeit hielt auch der Jazz Einzug auf St. Pauli, und es grassierte ein regelrechtes Tanzfieber. Die Zeit war geprägt von großen Unsicherheiten und der Verarbeitung traumatischer Erlebnisse wie dem Ersten Weltkrieg, dem Zerfall des Kaiserreichs, Inflation und Wirtschaftskrisen. Dies führte – neben der politischen Radikalisierung – im Freizeitbereich zu einer gesteigerten Suche nach Vergnügen, nach unmittelbarem Genuss. Kino, Schausport, Radio oder Schallplatte wurden zu Massenkulturphänomenen, auch weil die Lohnabhängigen mit der Einführung des Acht-Stunden-Tags nach 1918 mehr Freizeit erlangten. Gleichzeitig waren diese Jahre auch von einer ausgeprägten Körperlichkeit gekennzeichnet. Die Kleidung wurde bequemer und natürlicher, die Tänze waren zunehmend sexuell konnotiert. Dabei riefen die modernen Massenkünste und Vergnügungen allerdings auch angstvolle konservative Gegenreaktionen auf den Plan. Gerade der Jazz galt als Inbegriff der dekadenten Metropolenkultur.

Ein wichtiges Tanzcafé war das direkt neben der „Volksoper" gelegene „Café Heinze" (Abb. 8). Es wurde 1931 eröffnet, besaß einen gläsernen, beleuchteten Turm und wurde zum exklusivsten Tanz-lokal Hamburgs. Die Tanzfläche war ebenfalls gläsern und von unten goldschimmernd beleuchtet. Im „Heinze" haben die besten Bands der 1930er-Jahre Swing gespielt. In der NS-Zeit wurde das „Heinze" deshalb auch zum Treffpunkt der Hamburger Swing-Ju-gend, die eine betont lässige, anglophile Selbstinszenierung pfleg-te. Hinter dieser Attitüde verbarg sich ein zunächst unpolitischer Jugendprotest gegen schneidige NS-Ideale sowie die Ablehnung des Militarismus und der Formierung des individuellen Lebens von oben. Demgegenüber wurden persönliche Freiheit, erotische Freizügigkeit und spontanes Vergnügen betont. Viele Swing-Ju-gendliche waren später der Verfolgung durch die Nazis ausgesetzt (vgl. NS-Zeit-Spaziergang).

Wenige Meter weiter nach Westen gelangen wir zum Spielbu-denplatz.

Spielbudenplatz / Operettenhaus ❸

Der Spielbudenplatz hat seinen Namen von den kleinen Buden und wechselnden Zelten, die hier zum Vergnügen der Hamburger ab 1795 aufgestellt waren (Abb. 9). Man muss sich das Ganze wie einen großen Jahrmarkt vorstellen, der sich immer wieder dem je-weiligen Zeitgeschmack anpasste und ständig neue Attraktionen aufbieten musste. Der letzte Hamburger Domherr F. J. L. Meyer be-schrieb den Platz im Jahr 1800 als

> *Reihen und Gruppen von hölzernen Schaubuden mit wilden Thie-ren, Taschenspielern, Wachsfiguren, Seiltänzern, Polichinellen, Luftspringern, Kunstreitern, monströsen Menschenracen, Stein-fressern, Misgeburten, Marionetten, Bänkelsängern, Harlekins, Komödianten [...], Naturalien, optischen und mechanischen Künsten [...]. Belustigend sind unter diesen Gaukeleien die Künste der Industrie und der Täuschung, womit leichtgläubige Zuschauer von landstreichenden Artisten für bares Geld geneckt werden.*

In den 1840ern wurden die Buden mehr und mehr durch feste Ge-bäude verdrängt, und der Spielbudenplatz wurde zum Zentrum einer stärker institutionalisierten Unterhaltungsszene. Das Pub-

9 Der Spielbudenplatz um 1800

10 Spielbudenplatz um 1895, rechts das Ernst-Drucker-Theater

likum hier war eher kleinbürgerlich und sehr spontan. Gefiel den Zuschauern ein Stück nicht, so wurden die Schauspieler in den Theatern schon mal mit Kartoffeln beschmissen oder gar verprügelt. Klassische Stücke wurden dem Publikumsgeschmack entsprechend umgeschrieben: Da Fausts Treuebruch immer zu einem Hagel von Äpfeln und Kartoffeln führte, musste er eben versprechen, Gretchen zu heiraten; die „Jungfrau von Orléans" wurde auf sechzig Minuten zusammengestrichen und nahm natürlich ein gutes Ende, und im „Käthchen von Heilbronn" gab es Gefechte, Tanz und Feuerwerk als Extra-Unterhaltung. Ansonsten wurden in den Theatern auch viele Parodien auf bekannte Stücke gespielt – häufig mit aktuellen Bezügen und auf Plattdütsch.

Neben dem „Operettenhaus", an dessen Stelle bereits seit etwa 150 Jahren unter wechselnden Namen Darbietungen der leichten Muse geboten werden, hatte zwischen 1864 und 1943 der Zirkus Renz, später Busch, sein Zuhause (Abb. 11 und 12). Ab 1889 fanden die Aufführungen in einem festen Gebäude mit 3.000 Plätzen statt. Massenangebote und -publikum ließen auf St. Pauli Ende des 19. Jahrhunderts eine Vielzahl großer Veranstaltungsgebäude mit insgesamt zigtausend Plätzen entstehen.

Gehen wir jetzt den Spielbudenplatz entlang bis zum St. Pauli Theater.

11 Circus Renz 1889

12 Ankündigung
des Circus Renz im
Juli 1889

Spielbudenplatz / St. Pauli Theater

Um 1900 war die Reeperbahn mit dem Spielbudenplatz ein eher bürgerlicher Vergnügungsort mit schicken Theatern, Varietés, Cafés,
Restaurants und Kneipen und keineswegs verrufen (Abb. 10). Eines
der bekanntesten Gebäude hier ist sicher das „St. Pauli-Theater", das
älteste erhaltene Gebäude am Spielbudenplatz, auch wenn die Fassade erst von 1898 ist. 1841 wurde es unter dem Namen „Urania-Theater"
als Theater für die Vorstädter eröffnet, damit diese den bei einem The-
aterbesuch in Hamburg fälligen Torauslass-Obolus sparen konnten.
Dies funktionierte nur bedingt. Viele Leitungswechsel kennzeichnen
die Entwicklung bis 1861. Nach Aufhebung der Torsperre lief es besser
für das mehrfach umbenannte Haus, in dem vor allem volkstümliche
Stücke und Varieté, oft auch auf Plattdütsch oder Missingsch, dem
Hamburger Mix aus Hoch- und Niederdeutsch, aufgeführt wurden.
Ab 1884 gehörte das Theater dem Schauspieler Ernst Drucker (1895 in
„Ernst-Drucker-Theater" umbenannt, vgl. Abb. 10). Ein Riesenerfolg
wurde 1885 das Stück „Familie Eggers", besser bekannt als „Thetje
mit de Utsichten", was zum geläufigen Sprichwort wurde. Das Stück
dreht sich um den Unterschichtler Thetje, der immer gut gelaunt ist,
immer neue „Utsichten" auf einen guten Job, doch nie wirklich Erfolg hat. Erst in der Nazizeit wurde das Theater in „St. Pauli-Theater"
umbenannt – Drucker war Jude.

13 Harry's Hafenbasar

14 Hagenbeck's Anfänge am Spielbudenplatz

Der Spielbudenplatz war im 19. Jahrhundert auch Ort für mehrere „Naturalienkabinette", in denen man fremdländische, exotische Dinge bestaunen und erstehen konnte, die Seeleute aus der weiten Welt mitbrachten. Ein Anklang an diese Zeit war bis 2011 noch „Harry's Hafenbasar" (Abb. 13) an der Ecke Erichstraße / Balduinstraße, wo der am Ende dieses Spaziergangs vorgeschlagene Abstecher entlangführt. 1902 konnte man hier z.B. einen ausgestopften Gorilla bewundern, was damals eine große Sensation war. Es wurden jedoch auch zweifelhafte Veranstaltungen geboten wie beispielsweise 1890 eine „Exotenschau" mit Amazonen aus Afrika. Außerdem wurden hier in „Handelsmenagerien" Tiere ausgestellt und gehandelt. So nahm die Geschichte von „Hagenbeck's Tierpark" auf dem Gelände des heutigen „Docks" ihren Anfang (Abb. 14 und 15). 1848 begann der Fischhändler Hagenbeck mit sehr erfolgreichen Seehundsvorführungen auf dem Spielbudenplatz. Die Seehunde waren Fischern, die seine Fischhandlung belieferten, zufällig ins Netz gegangen. Ab 1863 betrieb er hier eine Art Zoo samt Tierhandlung im Hinterhof. 1874 zog Hagenbeck zum Pferdemarkt, bevor 1907 der Tierpark in Stellingen eröffnet wurde.

Am Spielbudenplatz wurden also auch in der zweiten Hälfte des 19. Jahrhunderts weiterhin kuriose Dinge dargeboten. Ein Kuriosum war Ende des 19. Jahrhunderts beispielsweise „Naucke's Varieté". Hier trat der extrem dicke Besitzer Emil Naucke auf (Abb. 16 und 17). Eigentlich war er Seiltänzer, artistischer Radfahrer und

15 Anzeige zu Hagenbeck's Handlungs-Menagerie am Spielbudenplatz

erfolgreicher Ringer und konnte sich wohl trotz seiner Leibesfülle recht grazil bewegen. Naucke war 1,70 Meter groß, hatte aber einen Hüftumfang von 1,83 Meter und wog 462 Pfund! Die größten Lacherfolge, die den derben Humor des Publikums deutlich machen, erzielte er allerdings, wenn er im Ballettröckchen zusammen mit dem nur achtzig Zentimeter großen „Zwerg Hansen" auftrat, der ihm auf der Bühne den Hof machte. Zur gleichen Zeit betrieb der volkstümliche Sänger Hein Köllisch ein eigenes Theater am Spielbudenplatz.

Auch die erste Cocktailbar und das erste „echte" Kino Hamburgs fanden sich hier. In „Knopf's Lichtspielen", dem heutigen „Docks", wurden die laufenden Bilder anfangs auf ein Rollo projiziert, das als Leinwand in der Mitte des Raums aufgehängt war. Die Hälfte des Publikums musste die Filme deshalb seitenverkehrt betrachten. Bis in die 1970er Jahre war hier ein Kino, ehe 1985 eine Konzerthalle einzog. Seit jener Zeit hat sich St. Pauli stark verändert. Mitte der 1980er Jahre kam es, bedingt durch hohe Arbeitslosigkeit und AIDS, auf dem Kiez zur Krise. Doch barg diese Krise auch die Chance zum Wandel. In den Folgejahren veränderte sich St. Pauli von der leicht heruntergekommenen Sex- und Altmännermeile zum Amüsierviertel für alle – vom Touristen bis zum Szenegänger. Veranstaltungsorte wie das Operettenhaus („Cats"), „Schmidt", „Molotow" oder „Docks" dienten als Zugpferde einer Unterhaltungskultur abseits von Bierhallen, Nepp und Sex.

16 Emil Naucke

17 Plakatankündigung für Emil Naucke als „Pauline vom Ballett"

Die benachbarte Davidwache (vgl. auch Film-Spaziergang) hat ihren Ort hier seit 1868. Das heutige Gebäude ist von 1914 und im Stil eines Hamburger Bürgerhauses gehalten. Die Legionärsköpfe dienen als Zeichen für strikte Gesetzesüberwachung.

Am Ende des Spielbudenplatzes überqueren wir die Reeperbahn nach rechts und folgen der Hein-Hoyer-Straße. Dann biegen wir links in die Seilerstraße und gehen zum Hamburger Berg. In dieser Straße findet sich eine enorme Anhäufung von Kneipen, die auf völlig verschiedene Kundschaft spekulieren. Hier findet sich für (fast) jeden Geschmack etwas, und teilweise mischt sich das Publikum auch.

Kneipen sind eine Entwicklung der Neuzeit. Im Mittelalter herrschte meist noch unbezahlte Gastfreundschaft. Die Kommerzialisierung von Gaststätten ist z.B. ablesbar an der Einführung des Tresens Anfang des 19. Jahrhunderts, der quasi den privaten Bereich des Wirts vom Gastraum trennt. Die Kneipenkultur im 19. Jahrhundert war vor allem eine Sache der Arbeiter und, im Falle St. Paulis, der Matrosen, die ihre Kneipen häufig mit Souvenirs aus der weiten Welt verschönerten.

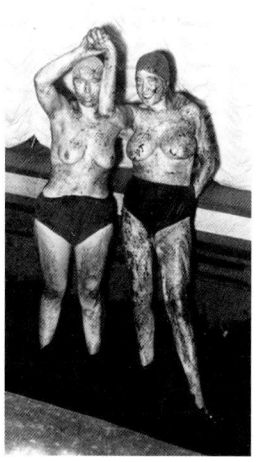

18 Hippodrom in der Großen Freiheit

19 Schlammcatchen in der „Jungmühle" (1951)

Folgen wir nun dem Hamburger Berg nach rechts und gehen links in die Simon-von-Utrecht-Straße, um dann durch die
Schmuckstraße zur Großen Freiheit zu gelangen.

Große Freiheit

❺

Der Name der Straße „Große Freiheit" weist noch auf die Gewer-
be- und Religionsfreiheiten hin, die die Nachbarstadt Altona ihren
Bewohnern seit dem frühen 17. Jahrhundert zugestand. Mehrere in
Hamburg nicht erwünschte Glaubensgemeinschaften hatten hier
ihre Gebetshäuser. Ein Relikt aus dieser Zeit ist die katholische St.
Josephs-Kirche.

Um 1800 ist die Große Freiheit aber bereits ein Vergnügungsort
der Handwerksgesellen und der Dienstmägde mit recht luxuriösen
Cafés und Tanzlokalen, später auch Theatern. Zu einer Amüsier-
meile wurde die Straße verstärkt um 1900. Ein wichtiges Etablissement war zu jener Zeit ein „Hippodrom", wo man im Keller des
Hauses an der Ecke Schmuckstraße für wenig Geld ein paar Runden auf einem Pferd drehen und sich lächerlich machen konnte
(Abb. 18). Star des „Hippodroms" war das lachende und biertrin-

20 Bunte Bemalung an der Disko „Grünspan"

21 Die Kneipe „Silbersack"

kende Pferd „Fanny". Interessant war das „Hippodrom" aber vor allem auch, weil die Männer dort auf wogende Busen und die hochrutschenden Röcke der Damen schauen konnten. In den 1920er Jahren werden die ersten Striptease-Nummern dargeboten, ehe die Große Freiheit sich in der Nachkriegszeit zu einer Sex-Meile entwickelt. War eine Attraktion der 1950er Jahre noch das Schlammcatchen stämmiger halbnackter Damen (Abb. 19), so folgten in den 1960er Jahren die Live-Sex-Shows und Groß-Bordelle.

Die Große Freiheit hat aber auch eine große Tradition als Ort der Live-Musik. Rock-Kultur und mit ihr viele Jugendliche kommen seit Anfang der 1960er Jahre wieder auf den Kiez.

Für die Jugend wurde die Popmusik zum Leitmedium. Gleichzeitig stiegen die verfügbare freie Zeit und die Einkommen. Einen wichtigen Einschnitt für die Freizeitgestaltung stellte die Einführung der Fünf-Tage-Woche dar. Bis Ende der 1950er Jahre ähnelten sich die Jugendlichen- und Erwachsenenfreizeit weitgehend. Um sich zu amüsieren und moderne Unterhaltung zu finden, musste man, dank komfortablem Mobiliar, Fernsehen, Radio und Musiktruhe, danach nicht mehr aus dem Haus gehen. Jugendliche bildeten ab Ende der 1950er Jahre dann aber verstärkt Subkulturen aus. Musik und Freizeitgüter dienten so der symbolischen Opposition und Abgrenzung gegen die häusliche Enge der Erwachsenenwelt. Ab 1965 etablierte sich insbesondere die Rockmusik als Ausdruck von Protest und Eigenständigkeit.

Bereits seit 1960 gab es jenseits der Simon-von-Utrecht-Straße Beat und Rock'n'Roll im „Indra", wo die „Beatles" das erste Mal in Hamburg auftraten (vgl. Beatles-Spaziergang). Die benachbarte Disko „Grünspan" wurde 1968 eröffnet. Vor allem die bunte Bemalung an der Seite erregte Aufsehen (Abb. 20). Das „Grünspan" wurde zum Zentrum von Psychedelic- und Hippie-Kultur und war der Ort, wo man erstmals allein tanzen konnte. Ab 1989 wurde das „Grünspan" ein wichtiger Wegbereiter für die Technomusik in Hamburg und ist heute vor allem ein Ort für Live-Konzerte.

Schräg gegenüber der „Großen Freiheit 36" befand sich von 1962 bis 1969 der „Star-Club", der damals berühmteste deutsche Beat- und Rock-Club Deutschlands. In einem Reiseführer von 1968 wird der „Star-Club" wie folgt beschrieben:

> *Von der Bar überschauen Sie die stufenförmig abfallenden Tischreihen, das ständige Kommen und Gehen, die wogende Tanzmanege und die bühnenhoch darüber tobenden Hexenmeister an Gitarre und Schlagzeug. Schallmauer-Durchbrüche sind sanftes Säuseln dagegen. ‚Let's go' – Donnerschläge – ‚Let's go' – ekstatischer Bewegungszwang! Jugend aus allen Schichten [...], viel hübsche Mädchen, viel langes Haar (nicht jede Innenrolle krönt hier holde Weiblichkeit), viel Coca und viel, viel Lärm.*

In einem Gebäude, in dem sich in der Weimarer Zeit der „Sternensaal", ein vornehmlich von Arbeiter-Jugendlichen besuchter Tanzschuppen, wo auch der KPD-Vorsitzende Ernst Thälmann sprach, später eine Großküche und dann ein Kino befand, eröffnete der Betreiber eines Sex-Kinos im Hinterhof den „Star-Club", um seiner persönlichen Musikleidenschaft zu frönen. Hier spielten die meisten berühmten Bands und Musiker der Zeit, woran ein Gedenkstein im Hof erinnert (vgl. Beatles-Spaziergang).

Am Ende der Großen Freiheit biegen wir wieder nach links in die Reeperbahn ein. Über eine Ampel gelangen wir in die Silbersackstraße, wo wir auf dem Weg zum Hans-Albers-Platz mit dem „Silbersack" (Abb. 21) eine Traditionskneipe passieren. Der „Silbersack" wurde 1949 eröffnet und schnell zu einer bei Hafenarbeitern und Seeleuten beliebten Kneipe. Das Lokal war für sie eine Art Zuhause, und die Wirtin verwaltete für die Seeleute auch schon mal deren Heuer und Papiere. Auch heute noch mischt sich hier das Publikum: Vom alten St. Paulianer bis zum Prominenten kann man hier alles treffen.

❻ Hans-Albers-Platz

Der Platz wurde 1964 nach Hans Albers benannt und später mit einer Statue der Galionsfigur des „alten" St. Pauli geschmückt (Abb. 22). Hans Albers (1891–1960) wird vor allem als Darsteller draufgängerischer Seebären erinnert, die in die Welt St. Paulis eintauchen. Der Film „Große Freiheit Nr. 7" ist sicher der bekannteste von Albers' Hamburg-Filmen. Allerdings wurden nur wenige Sequenzen tatsächlich auf St. Pauli gedreht.

Der Hans-Albers-Platz steht für den Wandel St. Paulis seit den 1980er Jahren. Inzwischen haben sich hier viele Kneipen jenseits des Rotlichtmilieus etabliert. Zuvor war der Platz recht heruntergekommen und von Treffpunkten der organisierten Kriminalität geprägt.

Gewalt und Kriminalität sind seit vielen Jahrzehnten eine Begleiterscheinung des Amüsements auf St. Pauli. Schon zu Beginn des 20. Jahrhunderts residierten hier Zuhältervereinigungen, und es gab bereits Drogenprobleme. St. Pauli galt als eines der größten Verbrechenszentren Europas mit einschlägigen Ganovenkneipen (vgl. Kriminal-Spaziergang). Seit den 1960er Jahren verstärkten sich die Gewalttätigkeiten, und St. Paulis Ruf litt. Allerdings war Waffengewalt noch verpönt, denn es galt Faustrecht. Um 1980 begann die Gewalt im kriminellen Milieu dann jedoch deutlich zuzunehmen. Der Faustrecht-Ehrenkodex zerbrach, und es kam zu zahlreichen Morden im Milieu. Zeitgleich liefen die Geschäfte schlechter. In der Folge wurden Ludenkartelle zerschlagen und der Nepp bekämpft. In die entstehenden Lücken stießen neue Kneipen- und Clubbetreiber. Das „La Paloma" war hier so ziemlich die erste Kneipe neuen Stils.

Bis heute ist der Hans-Albers-Platz aber auch eine der Straßen, auf denen die Straßenprostitution erlaubt ist. Prostitution hat eine lange Tradition in der ehemaligen Vorstadt St. Pauli. Vor 1900 war die Davidstraße St. Paulis größte Sex-Meile. Dort existierten zahlreiche Tanzlokale, in denen man(n) mit den Frauen in Kontakt kommen konnte.

22 Hans-Albers-Denkmal

23 Sichtblenden vor der Herbertstraße (1934)

Zum Schluss lohnt sich ein Abstecher durch die Gerhardstraße,   Abstechertipp
Erichstraße und Balduinstraße bis zur Bernhard-Nocht-Straße und
an die Hafenkante. Dabei passiert man auch die Herbertstraße, die
1900 als geschlossene Wohnanlage für Prostituierte von der Stadt-
verwaltung aus Gründen der Ordnung und Kontrolle eingerichtet
wurde. Die Sichtblenden wurden jedoch erst 1933 von den Nazis
eingeführt (Abb. 23). In der Nazizeit wurde gegen Prostitution und
Zuhälter streng vorgegangen. Insgesamt wurde auf St. Pauli aber
weiterhin relativ viel geduldet und das Viertel zur „Kraft-durch-
Freude"-Vergnügungsmeile.

    Auf dem Weg Richtung Hafen lässt sich vor allem erleben, wie
St. Pauli sich auf wenigen Metern vom lauten und schrillen Vergnü-
gungsviertel samt Rotlichtmilieu zum Wohnviertel mit Elbblick
wandelt – parallele Welten, die neben- und miteinander existieren
und schon seit langer Zeit den Reiz dieses Stadtteils ausmachen.

Wer mehr über die Geschichte des Vergnügens auf St. Pauli erfahren möchte,
kann dies jeden Donnerstag, Freitag und Samstag um 18 und um 20 Uhr
beim „St. Pauli-Quickie", einem Rundgang quer über den Kiez mit Stattreisen
Hamburg e.V. (www.stattreisen.de).

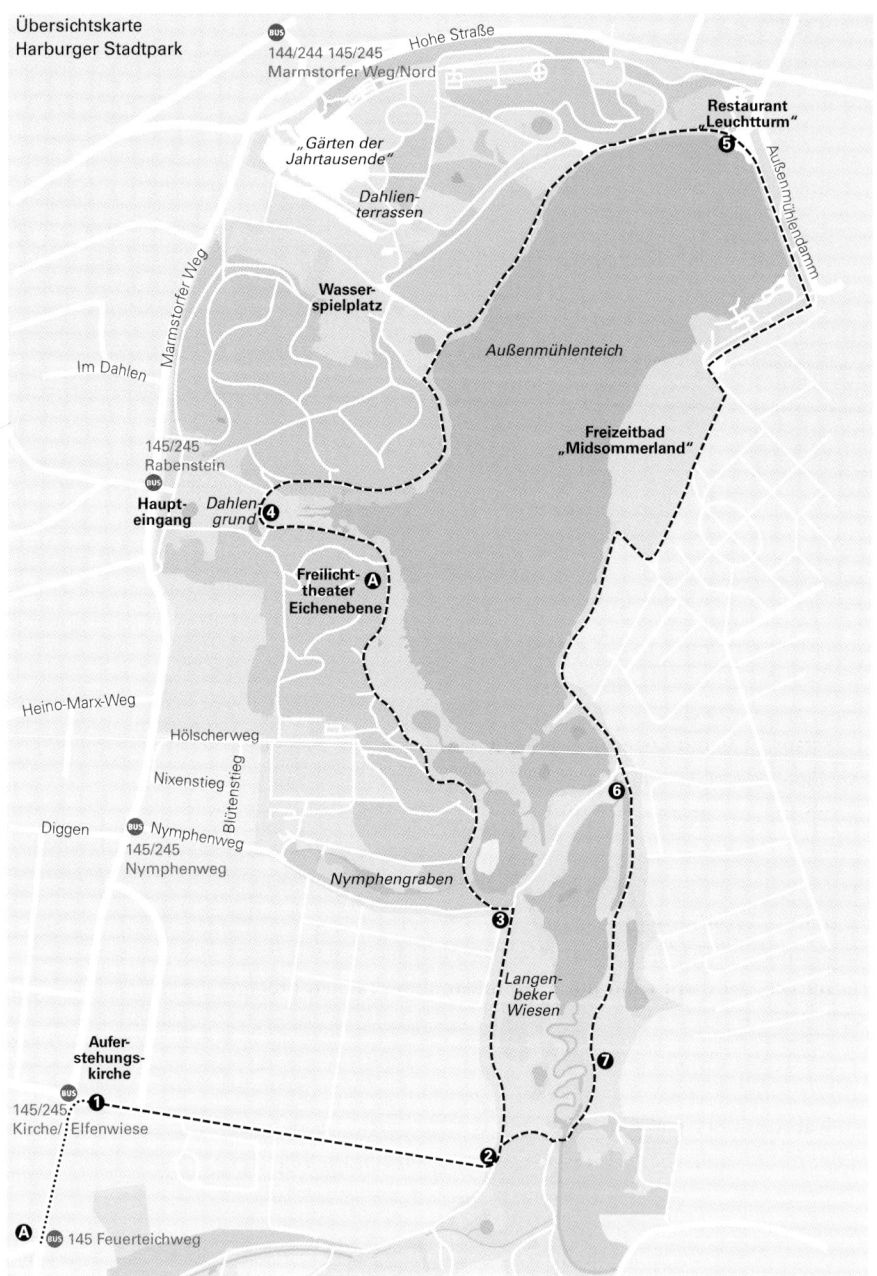

Übersichtskarte
Harburger Stadtpark

144/244 145/245
Marmstorfer Weg/Nord

Hohe Straße

"Gärten der
Jahrtausende"

Dahlien-
terrassen

Restaurant
"Leuchtturm"
❺

Außenmühlendamm

Marmstorfer Weg

Wasser-
spielplatz

Außenmühlenteich

Im Dahlen

Freizeitbad
"Midsommerland"

145/245
Rabenstein

Haupt-
eingang   Dahlen-
grund ❹

Freilicht-
theater
Eichenebene Ⓐ

Heino-Marx-Weg

Hölscherweg

Nixenstieg

Blütenstieg

Diggen   Nymphenweg
145/245
Nymphenweg

Nymphengraben

❻

❸

Langen-
beker
Wiesen

Aufer-
stehungs-
kirche

❼

145/245
Kirche/ Elfenwiese

❶

❷

Ⓐ   145 Feuerteichweg

284

Vogelkundlicher Spaziergang

Uwe Westphal

Start- und Endpunkt: Marmstorfer Kirche
(Haltestelle Marmstorf, Kirche / HVV-Buslinien Nr. 145, 245)
Dauer: ca. 3 Stunden

Hamburg, die grüne Stadt am Wasser, ist nicht nur für ihre menschlichen Bewohner attraktiv. Mehr als 160 Brutvogelarten wurden bisher registriert – mehr als in jeder anderen deutschen Großstadt. Elbe und Alster, Wiesen und Wälder, Gärten, Parks und Friedhöfe, selbst Hafen und City bieten viele unterschiedliche Lebensräume. Neben den hier ansässigen Arten machen auch viele Zugvögel in Hamburg Station, denn die Hansestadt liegt direkt auf der Vogelfluglinie, die von Südschweden aus über die Insel Fehmarn weiter in südwestliche Richtung führt.

Besonders gute Möglichkeiten zur Vogelbeobachtung bietet der Harburger Stadtpark rund um die „Außenmühle", einen großen Stauteich, umgeben von Laubwald, feuchten Wiesen, Teichen und Kleingärten. Diese landschaftliche Vielfalt lockt zahlreiche Vogelarten an: Rund fünfzig Arten brüten hier, andere nutzen den Park zur Nahrungssuche, als Rastplatz oder Winterquartier. Anders als in der freien Landschaft sind viele der im Park lebenden Vögel an die zahlreichen Besucher gewöhnt und daher meist wenig scheu. Selbst in der Stadt sonst seltene Arten wie *Eisvogel*, *Haubentaucher*, *Kuckuck* und *Nachtigall* finden ihr Auskommen in der rund neunzig

Hektar großen „Grünen Lunge" Harburgs zwischen den Stadtteilen Marmstorf und Wilstorf, kaum zwanzig Gehminuten vom Harburger Rathaus entfernt.

Am eindrucksvollsten ist ein Spaziergang im Frühjahr, weil zu dieser Zeit die Vögel singen. Besonders in den Morgen- und Abendstunden ist die Gesangsaktivität sehr ausgeprägt. Doch auch im Winterhalbjahr lohnt sich ein Besuch des Harburger Stadtparks, denn dann kann man neben den Vogelarten, die das ganze Jahr über hierbleiben, interessante gefiederte Durchzügler und Wintergäste beobachten.

❶ Elfenwiese

Mehrere Wege führen in den Stadtpark, einer der reizvollsten beginnt bei der Marmstorfer Auferstehungskirche an der Straße „Elfenwiese" (Bushaltestelle der Linien 145, 245), die gegenüber vom Ernst-Bergeest-Weg von der Hauptstraße „Marmstorfer Weg" abzweigt. Der „Elfenwiese" folgend, passieren wir nach wenigen Metern linker Hand die Kirche, kurz danach geht die Straße in einen schmalen Weg über, der durch eine leicht hügelige, offene Landschaft mit Äckern und Brachflächen führt. In den Büschen und Bäumen entlang des Weges kann man mit etwas Glück die *Goldammer* entdecken – das Männchen besticht durch seine leuchtend goldgelbe Unterseite. Den leicht zu merkenden Gesang beschreibt der Volksmund mit „Wie, wie, wie hab' ich Dich liiieb!" Die Goldammer ist ein typischer Vogel der landwirtschaftlich geprägten Kulturlandschaft mit Hecken und Baumreihen. Ihre Tage hier könnten bald gezählt sein, denn an der Elfenwiese ist ein großes Neubaugebiet geplant. Noch aber kann man hier bunte *Fasanen* und in den frühen Morgenstunden sogar *Rehe* und *Hasen* beobachten. Auch der *Mäusebussard* kreist häufig über dem Gelände und den angrenzenden offenen Wiesenflächen des Parks, den man am Ende des Wegs erreicht.

❷ Langenbeker Wiesen

Dort, wo die „Elfenwiese" auf einen Querweg mündet, wenden wir uns nach links und folgen dem Weg. Rechter Hand erstreckt sich nun eine von Büschen und Baumgruppen durchsetzte Wiesenlandschaft, die sogenannten „Langenbeker Wiesen". Ab Mitte April ist hier ein wehmütig-melancholisch wirkender Gesang zu hören, der von der Melodie her an ein zu Boden schwebendes Blatt erinnert. Es ist der *Fitis*, ein unscheinbar gelblich-grün gefärbter kleiner Singvogel aus der Verwandtschaft der Laubsänger, der um diese Zeit aus seinen Winterquartieren im tropischen Afrika zurückkehrt. Die überwiegende Zahl der Fitisse macht im Harburger Stadtpark nur Station, ein bis zwei Paare brüten hier auch. Sehr viel häufiger als der Fitis ist der nah verwandte *Zilpzalp* (Abb. 1) oder *Weidenlaubsänger*, der im gesamten Park anzutreffen ist. Als sogenannte Zwillingsarten sind Zilpzalp und Fitis äußerlich kaum zu unterscheiden, doch ihr Gesang klingt völlig unterschiedlich: Im Gegensatz zum weich schwebenden Pfeifen des *Fitis* wiederholt der Zilpzalp unablässig seinen Namen: „zilpzalpzilpzalpzilpzalp ..." und ist daher auch für vogelkundliche Laien zweifelsfrei zu erkennen. Er ist recht anspruchslos und ein Charaktervogel städtischer Parks und Gärten. Dasselbe gilt in ganz besonderem Maße für die *Amsel* oder *Schwarzdrossel*, den mit Abstand häufigsten Sänger Hamburgs. Rund 70.000 Reviere ermittelten Vogelkundler bei ihren Zählungen für den „Hamburger Brutvogelatlas" – fast doppelt so viele wie für die zweithäufigste Art, die *Kohlmeise*. Die ebenfalls sehr verbreitete *Blaumeise* ist an ihrem blauen, weiß eingerahmten Scheitel gut von der größeren Kohlmeise zu unterscheiden. Meisen und Amseln sind im gesamten Parkgelände anzutreffen, weit zahlreicher noch aber in den angrenzenden Kleingärten, die unseren Weg linksseitig begrenzen. Die Gründe hierfür sind unterschiedlich: Die Meisen als Höhlenbrüter profitieren von dem großen Angebot an künstlichen Nisthöhlen, von denen auf nahezu jeder Parzelle mehrere hängen. Da sie fleißig Insekten und deren Larven für sich und ihre Brut sammeln, spielen sie eine wichtige Rolle bei der biologischen Schädlingsbekämpfung. Amseln hingegen fressen überwiegend Regenwürmer, und die finden sie vor allem auf kurz gemähten Rasenflächen. Da sie auch hinsichtlich ihres Brutplatzes sehr anpassungsfähig sind und die Nähe des Menschen tolerieren wie kaum ein anderer Vogel, sind Amseln in Gärten inzwischen häufiger anzutreffen als im Wald. Das war jedoch nicht immer so: Noch vor gut zweihundert Jahren war die Amsel ein scheuer Waldbewohner,

1 Zilpzalp

der erst nach und nach die Stadt erobert hat. Dieser Prozess der Verstädterung, der auch bei vielen anderen Arten zu beobachten ist, wurde wesentlich begünstigt durch die Anlage großer Parks und Grünanlagen wie des Harburger Stadtparks, der in den 1920er Jahren als Volkspark angelegt wurde und dem damaligen Zeitgeist entsprechend die umgebende Landschaft mit einbezog. Manche früher scheuen Waldbewohner haben den städtischen Lebensraum erst in den letzten Jahren erobert, wie etwa der *Eichelhäher*, der gut versteckt direkt an der Grenze zum Kleingartengelände brütet – ein Beweis für die erstaunliche Anpassungsfähigkeit vieler Stadtvögel. Häher gehören zu den Rabenvögeln und sind sehr stimmbegabt. Am bekanntesten ist der Warnlaut, ein durchdringendes „Rätsch-ätsch", doch auch miauende Laute, Imitationen anderer Vogelstimmen oder ein bauchrednerisch klingendes Geschwätz gehören zum Repertoire des bunten Vogels, an dem vor allem die himmelblauen Federn an den Flügeln auffallen.

2 Gartenbaumläufer

❸ Nymphengraben

Wo die Kleingärten enden, zweigt links ein Weg ab, dem wir folgen, um wenige Schritte danach wieder rechts abzubiegen. Direkt an der Abzweigung säumen mächtige Eichen den Weg, an deren rissiger Borke ein kleiner, bräunlich gemusterter Vogel nach Nahrung sucht, der *Gartenbaumläufer* (Abb. 2). Wie ein Specht klettert er geschickt an den Stämmen empor und stochert mit seinem gebogenen pinzettenartigen Schnabel in den Rindenritzen nach kleinen Insekten. Trotz dieser Lebensweise gehört er nicht in die Verwandtschaft der Spechte, sondern zählt zu einer eigenen Singvogelfamilie. Auch brütet er nicht in Höhlen, sondern legt sein Nest gut versteckt hinter loser Baumrinde an. Den durch seine Färbung perfekt getarnten Vogel bekommt man nur selten zu Gesicht, viel eher hört man den Gesang, ein hohes „titi-titeroititi". Laute Hackgeräusche oder ein schnelles Trommeln verraten den *Großen Buntspecht* (Abb. 3), von dem mehrere Paare im Park brüten. Das Trommeln wird durch schnelle Schläge auf morsche Äste erzeugt, die als Resonanzkörper dienen. Ähnlich wie der Gesang der Singvögel dient es der Revierverteidigung und der Brautwerbung. Viel weniger auffällig ist der ähnlich schwarz-weiß gefärbte, aber nur gut spatzengroße

3 Buntspecht   4 Kleiber

Kleinspecht, dem allerdings die für seinen großen Verwandten so typische Rotfärbung des Steißes fehlt. Er ist auf Bäume mit weichem Holz wie Weiden und Pappeln angewiesen, um seine Höhlen darin anzulegen. Auch der *Grünspecht* lebt im Harburger Stadtpark, seine markante Stimme, die wie schallendes Gelächter klingt, ist im Frühjahr bald hier, bald dort zu hören. Er ernährt sich vor allem von Ameisen, die er mit seiner zehn Zentimeter langen klebrigen Zunge aus ihren Bodennestern angelt. Spechte spielen in der Natur eine ökologische Schlüsselrolle, denn leer stehende Spechthöhlen werden gern von gefiederten Nachmietern wie Meisen und Kleibern genutzt. Der *Kleiber* (Abb. 4), auch *Spechtmeise* genannt, vermag auch Höhlen mit geräumiger Öffnung für sich zu nutzen: Um größere Konkurrenten fernzuhalten, mauert („kleibt") er das Einflugloch mit einer Mischung aus Lehm und Speichel zu, bis nur noch er selbst hineinpasst. Als einziger Vogel kann der Kleiber auch kopfüber den Stamm herunterklettern. Mit seinem lebhaften Temperament, der bunten Färbung und markanten Stimme zählt dieser Vogel zu den auffälligsten Bewohnern der Waldbestände des Harburger Stadtparks. Schon ab Februar sind seine gellenden Pfif-

5 Rotkehlchen

fe und die charakteristischen „tuit-tuit-tuit"-Strophen weithin zu vernehmen.

Nur wenige Meter nach der erwähnten Abzweigung führt der Weg über eine kleine Brücke. Auch hier lohnt ein kurzer Stopp. Linker Hand erstreckt sich entlang des „Nymphengrabens" eine sumpfige Wildnis aus Gebüsch, Totholz und üppigem Bodenbewuchs – ein ideales Reich für den *Zaunkönig*, dessen lauthals schmetternde Strophe so gar nicht zu seiner winzigen Erscheinung passen will. Zaunkönige lieben es, durch verfilzte Vegetation zu schlüpfen und zwischen Wurzeln, Laub und feinem Geäst nach kleinen Insekten und Spinnen zu suchen. Inmitten von wucherndem Grün oder in Wurzeltellern gefallener Bäume bauen sie ihr kugeliges Nest. Oft legt das Männchen mehrere Nester an verschiedenen Stellen im Rohbau an, von denen das Weibchen dann eines aussucht und mit feinen Haaren, Moos und Federn weich auspolstert. Zaunkönige gehören zu den häufigsten Brutvogelarten im Harburger Stadtpark, denn das Gelände bietet ihnen reichlich geeignete Lebensräume, vor allem im Umfeld der zahlreichen Gewässer. Ähnliche Ansprüche stellt auch das oft etwas pummelig wirkende *Rotkehlchen* (Abb. 5), dessen silbrig perlender Gesang besonders in der Abenddämmerung sehr stimmungsvoll klingt.

Auf der anderen Seite der Brücke mündet der Nymphengraben in einen malerischen, von Quellwassertöpfen gespeisten Teich mit einer baumbestandenen Insel. Unser Weg führt nun am Ufer mehrerer durch schmale Kanäle miteinander verbundener Teiche entlang durch eine ebenso reizvolle wie abwechslungsreiche Landschaft. Linker Hand erheben sich teils recht steile Kuppen, die überwiegend mit Rotbuchen bewachsen sind. Die hügelige Landschaft mit Höhenunterschieden von bis zu dreißig Metern, ein Ausläufer der Harburger Berge, ist eine Hinterlassenschaft der vorletzten Eiszeit. Die Gletscher führten große Mengen Erdreich und Gesteinsschutt mit sich, die hier als mächtige sogenannte Moränen abgelagert wurden. Das heutige abwechslungsreiche Relief entstand durch Erosionsprozesse während der klimatischen Bedingungen der letzten Eiszeit, deren Gletscher den heutigen Hamburger Süden nicht mehr erreichten.

Ganz anders die Landschaft auf der rechten Seite des Weges: Hier bilden dichte Bestände von Weiden, Erlen und anderen Gehölzen eine grüne Kulisse, durch die immer wieder die Wasserfläche des dahinterliegenden Außenmühlenteichs schimmert. Mit etwas Glück lässt sich in diesem Bereich die wohl größte gefiederte Kostbarkeit des Harburger Stadtparks beobachten, der farbenprächtige *Eisvogel* (Abb. 6). Trotz seiner sehr auffal-

lenden Färbung mit türkisblauem Rücken und Scheitel sowie rostroter Unterseite wird er leicht übersehen, wenn er still im Ufergebüsch sitzt. Häufig wird man erst auf den Vogel aufmerksam, wenn er mit schrillen Pfiffen dicht über der Wasseroberfläche dahinfliegt, wobei das blaue Rückengefieder in der Sonne aufblitzt und funkelt wie ein Diamant. Deshalb trägt der Eisvogel auch den Beinamen „Fliegender Edelstein". Mit etwas Glück kann man ihn beim Fischen beobachten. Von einem überhängenden Ast aus hält er Ausschau nach kleinen Fischen und großen Wasserinsekten. Hat der Eisvogel eine geeignete Beute erspäht, stürzt er sich wie ein Pfeil kopfüber ins Wasser, verschwindet für Sekundenbruchteile in den Fluten, um kurz darauf mit einem Fischchen im dolchartigen Schnabel wieder auf seiner Ansitzwarte zu landen. Eisvögel brüten in natürlichen Steilufern am Wasser, in die sie eine bis zu neunzig Zentimeter lange Brutröhre graben, die sich am Ende zu einem Brutkessel erweitert. Da solche Steilufer an den Gewässern des Harburger Stadtparks fehlen, haben Naturschützer künstliche Nistmöglichkeiten für den bunten Vogel geschaffen.

Wer nicht das Glück hat, den Eisvogel zu beobachten, wird durch ein vielfältiges Vogelkonzert in diesem als Vogelschutzgebiet ausgewiesenen Bereich entschädigt. Neben den Schmetterstrophen der zahlreichen Zaunkönige fallen besonders die lautstark vorgetragenen abwechslungsreichen *Gesangsmotive* der *Singdrossel* auf, die – typisch für diese Art – in der Regel zwei- bis dreimal wiederholt werden. Der niederdeutsche Volksmund hat dafür einen einprägsamen Merksatz gefunden:

Kiek Korl, kiek Korl, kiek Korl!
Wat Deerns, wat Deerns, wat Deerns!

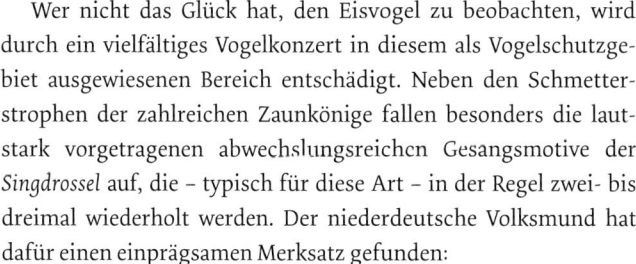

8 Stare

9 Buchfinken

Stücker fief, Stücker fief, Stücker fief!
Küss ehr! Küss ehr! Küss ehr!

Ebenfalls nicht zu überhören ist der melodische Flötengesang der *Mönchsgrasmücke* (Abb. 7), der nach leiserem Beginn in einem orgelnden Überschlag in Sopranstimmlage endet. Der seltsam anmutende Name „Grasmücke" leitet sich vom althochdeutschen „gra smucka" ab, was soviel bedeutet wie „Grauer Schlüpfer", denn diese Vögel halten sich meist in dichtem Gebüsch versteckt, in dem sie geschickt umherschlüpfen. Bei der Mönchsgrasmücke kann man die Geschlechter gut unterscheiden: Die markante Kopfkappe ist beim Männchen schwarz, beim Weibchen braun gefärbt. In den Baumkronen schwätzen *Stare* (Abb. 8), und *Buchfinken* (Abb. 9) lassen den sogenannten Finkenschlag hören, der etwa klingt wie „Ich, ich, ich bin drrrrr Unteroffizihier!". Auch die *Sumpfmeise*, die, anders als ihr Name vermuten lässt, abwechslungsreiche Laubmischwälder bevorzugt, kommt hier vor. Sie ist im Harburger Stadtpark wesentlich seltener anzutreffen als Kohl- und Blaumeisen und wird häufig übersehen. Am ehesten fällt sie durch ihre Stimme auf, ein klapperndes „zjetzjetzjetzjet" und ein scharfes „pistjä" oder „pistjädät", das allerdings auch die Kohlmeise beherrscht. Ein schnurrendes „tschürrrb-tschürrrb" verrät die *Schwanzmeise*,

7 Mönchsgrasmücke

10 Blick auf den Außenmühlenteich

die wegen ihres auffallend langen Schwanzes im Volksmund auch „Pfannenstielchen" genannt wird.

Dahlengrund ❹

Der Weg führt nun weiter am Südzipfel des Außenmühlenteichs entlang. Wer möchte, kann von hier aus einen sehr lohnenswerten Abstecher durch die hügelige Waldlandschaft machen.

Unmittelbar vor einer markanten Rechtskurve des Uferwegs, gegenüber einer Informationstafel mit Vogelsilhouetten und Informationen zum Vogelschutzgebiet (Station 8 des ökologischen Lehrpfads), biegt links ein Pfad in eine kleine Waldlichtung ab, der nach wenigen Metern einen scharfen Rechtsknick macht und über Treppenstufen einen Hügel hinaufführt. Oben angekommen eröffnet sich rechter Hand ein fantastischer Blick über den Außenmühlenteich (Abb. 10) und seine Umgebung, den man von einer Bank aus genießen kann. Auch das unmittelbar benachbarte Freilichttheater lädt zu einer kleinen Rast ein. Wir lassen das malerische Gewässerpanorama hinter uns und gehen geradeaus über eine lang gestreckte, von mächtigen Eichen gesäumte Lichtung, die „Eichenebene". Am Ende dieses grünen Baumdomes stoßen wir auf einen ab hier gepflasterten Wanderweg, dem wir nach rechts folgen.

Abstechertipp

11 Stockenten

12 Haubentaucher

Er führt allmählich bergab, und schon bald sieht man im Tal die Wiesenfläche des „Dahlengrundes" liegen, über die ein Bohlenweg führt. Hier stoßen wir wieder auf den ursprünglichen Weg entlang der Außenmühle.

An dem Bohlenweg, der über eine sumpfige Wiese („Dahlengrund") führt, blüht neben weiteren seltenen Pflanzenarten im Mai das Breitblättrige Knabenkraut, eine heimische Orchidee (vgl. Botanischer Spaziergang). Kurz zuvor passieren wir eine Schautafel der örtlichen Stadtteilgruppe Süd des Naturschutzbundes Deutschland (NABU), die über Besonderheiten von Fauna und Flora informiert. Am Ende des Bohlenwegs halten wir uns rechts und gehen zwischen bewaldeten Hängen und dem Westufer der Außenmühle bis zu einem Aussichtspunkt mit Bänken. Von hier aus hat man einen guten Überblick über das gesamte Gewässer, das im 16. Jahrhundert durch Aufstau der Engelbek für den Betrieb einer Mühle entstand. Die Mühle wurde 1930 abgerissen, nur der Name „Außenmühle" erinnert heute noch daran.

Besonders im Winterhalbjahr tummeln sich oft große Scharen von Wasservögeln auf dem Wasser, neben den bekannten *Stockenten* (Abb. 11) vor allem die auffällig schwarz-weiß gezeichneten *Reiherenten*. Anders als die gründelnden Stockenten suchen sie ihre

13 Lachmöwen

14 Höckerschwäne

Nahrung – Wasserinsekten, Muscheln und Schnecken – tauchend. Ebenfalls geschickte Taucher sind die *Gänsesäger*, die hier vor allem im zeitigen Frühjahr auf dem Weg in die skandinavischen Brutgebiete eine mitunter wochenlange Rast einlegen. Mit ihren fein gezähnten („gesägten") Schnabelkanten können diese fast gänsegroßen Entenvögel die glitschigen Fische, von denen sie sich ausschließlich ernähren, gut festhalten, daher der seltsame Name. Auch *Haubentaucher* (Abb. 12) und einzelne *Kormorane* sind regelmäßig zu beobachten. Der südliche Teil des Außenmühlenteiches, im Sommer von einem dichten Teppich aus Teichrosen bedeckt, wird mit einer Bojenkette zum Schutz der dort brütenden Wasservögel gegen ein Befahren mit Tretbooten abgesperrt.

Außenmühlendamm ❺

Die besten Möglichkeiten, Wasservögel aus der Nähe zu beobachten, bestehen im nordöstlichen Zipfel des Stauteiches, den wir erreichen, indem wir einfach unserem Weg am Ufer entlang folgen. Vor dem im mediterranen Stil erbauten Restaurant „Leuchtturm" am Außenmühlendamm und vor allem auf der gegenüberliegenden Seite, im Bereich der Bootsvermietung, sammeln sich im Winterhalbjahr Hunderte von *Stockenten*, *Blässhühnern* und *Lachmöwen* (Abb. 13), die hier regelmäßig von Tierfreunden gefüttert werden.

Höckerschwäne (Abb. 14) und *Teichhühner* profitieren ebenfalls von dem reichhaltigen Futterangebot, das indes nicht unproblematisch ist, weil nicht gefressenes Brot zu einer Überdüngung des Wassers führt und die hohe Konzentration an Wasservögeln die Übertragung von Krankheitserregern begünstigt. Wer die großen Lachmöwen-Trupps auf den Bootsstegen aufmerksam durchmustert, wird auch die etwas größeren *Sturmmöwen* und einzelne *Silbermöwen* entdecken.

❻ Ententeiche

15 Graureiher

Der Weg führt nun weiter am Freizeitbad Midsommerland vorbei und stößt hinter dem weitläufigen Gelände wieder ans Ufer des Außenmühlenteiches. Von dort lohnt es sich, den Blick über dessen südlichen Teil zum gegenüberliegenden Ufer schweifen zu lassen, an dem oft *Graureiher* (Abb. 15) unbeweglich auf Beute lauern. Bald schon taucht rechter Hand ein von Erlen gesäumtes kleines Gewässer auf, das über eine schmale Öffnung zwischen zwei Landzungen mit dem großen Stauteich verbunden ist. Dahinter zweigt rechts ein Weg ab, der einen guten Blick auf die Gewässerlandschaft zu beiden Seiten ermöglicht. Neben den zahlreichen *Stockenten*, unter denen viele von der Wildform abweichend gefärbte Tiere auffallen, sind hier *Bläss- und Teichhühner* zu finden, die trotz ihres Namens und ihrer Lebensweise weder Hühnervögel noch Enten sind, sondern zur Familie der Rallen zählen. Auch das Brutgeschäft der *Haubentaucher* lässt sich gut beobachten. Ihre wie Frischlinge gestreiften Küken können zwar vom Schlupf an perfekt schwimmen und tauchen, doch benutzen sie häufig ihre Eltern als „Wassertaxi", indem sie auf deren Rücken klettern und sich huckepack tragen lassen.

❼ Entlang der Engelbek

Wir ignorieren den rechts abzweigenden Weg und setzen unseren Spaziergang geradeaus fort. Rechter Hand wird der Weg zunächst von einem schwach fließenden Graben und einem großen Teich gesäumt, und schon bald erreichen wir die „Langenbeker Wiesen", die wir am Anfang unserer Wanderung bereits auf der anderen Seite passiert hatten. Die Engelbek schlängelt sich hier in zahlreichen

Windungen durch das feuchte Gelände, gesäumt von Weidenbüschen und vereinzelten Schilfbeständen. Im Mai kann man dort den abwechslungsreichen Gesang des sehr unscheinbar bräunlich gefärbten *Sumpfrohrsängers* hören, der die Stimmen vieler anderer Vogelarten perfekt imitiert und in seinen Gesang einbaut. Der äußerlich kaum zu unterscheidende *Teichrohrsänger* brütet wohl nicht mehr alljährlich im Harburger Stadtpark, jedenfalls sind seine rhythmischen „tiri-tiri-trek-trek"-Strophen nur noch gelegentlich zu hören. Beide Arten sind bevorzugte Wirtsvögel des *Kuckucks*, dessen allgemein bekannter Ruf im Frühjahr weithin erschallt. Selbst die legendäre *Nachtigall* (Abb. 16) singt gelegentlich in diesem Bereich, meist in der strukturreichen Übergangszone zwischen den Wiesen und dem benachbarten Kleingartengelände.

16 Nachtigall

Vor einem urigen und fast immer nassen Erlenbruchwald, in dem im Winterhalbjahr häufig Trupps von *Erlenzeisigen* (Abb. 17) umherturnen, biegt rechts ein Weg ab, über den wir in wenigen Minuten die „Elfenwiese" erreichen, den Weg, der uns an der Marmstorfer Kirche vorbei wieder zur Bushaltestelle am Marmstorfer Weg führt.

17 Erlenzeisig

Wer noch genügend Lust und Kondition hat, dem sei unbedingt noch ein Abstecher in den alten Ortskern von Marmstorf empfohlen: Von der Einmündung der „Elfenwiese" in den Marmstorfer Weg folgen wir diesem (vom Stadtpark aus gesehen) nach links und biegen nach etwa fünf Minuten Fußweg vor der Gaststätte „Schützenhof" rechts ab in den Feuerteichweg. Nur wenige Schritte entfernt vom stark befahrenen Marmstorfer Weg eröffnet sich unerwartet eine ganz eigene, beschauliche Welt. Kopfsteinpflaster und teils reetgedeckte ehemalige Bauernhäuser unter hohen Eichen erinnern an die dörfliche Vergangenheit dieses Stadtteils. Bis vor wenigen Jahren wurden hier noch freilaufende Hühner gehalten. Dort kann man Vogelarten entdecken, die andernorts in der Großstadt selten geworden sind, wie *Rauchschwalbe*, *Bachstelze* und *Gartenrotschwanz*. Von der nächstgelegenen Bushaltestelle „Feuerteichweg" (Linien 145, 245) können wir den Rückweg antreten.

Abstechertipp

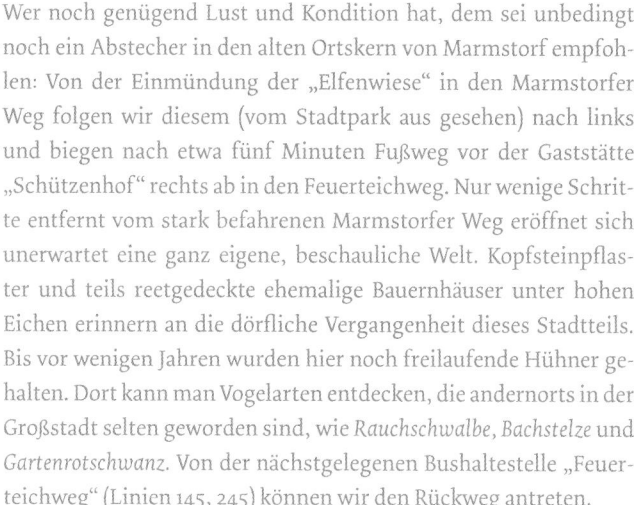

Wohnformen-Spaziergang

Jörn Tietgen

Startpunkt: U-Bahn-Station Hoheluftbrücke (U 3)
Endpunkt: Falkenried (U-Bahn-Station Hoheluftbrücke / U 3)
Dauer: ca. 1,5 Stunden

Übersichtskarte Hoheluft und Harvestehude

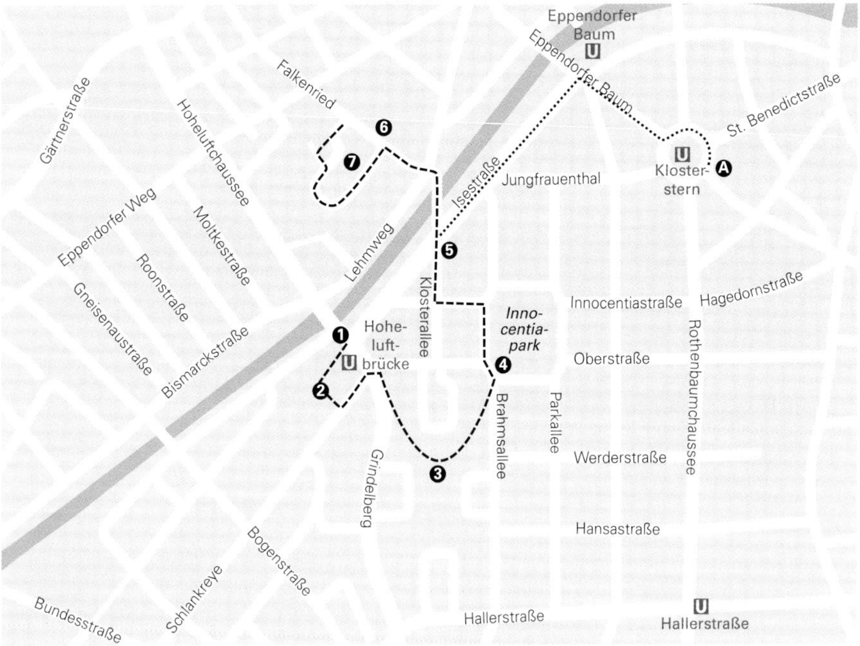

U-Bahn-Station Hoheluftbrücke

Auf dieser Route sind auf relativ engem Raum die unterschiedlichsten Hamburger Wohnformen der letzten 150 Jahre versammelt: großbürgerliche Villen in Harvestehude/Rotherbaum, die
Grindelhochhäuser, gründerzeitliche Etagenwohnhäuser, einfache
Arbeiterquartiere und ein neues Wohn- und Geschäftsviertel auf
einem ehemaligen Industriegelände. Links und rechts des Isebek-
kanals treffen damit sehr unterschiedliche soziale Lagen aufeinander und koexistieren mit- und nebeneinander wie an kaum einer
anderen Ecke der Stadt.

Dabei handelt es sich um eine Gegend, die noch bis weit ins
19. Jahrhundert einige Kilometer außerhalb der Stadt lag und
ländlichen Charakter hatte. Entlang einer der alten Landstra-
ßen von Hamburg in die umliegenden Dörfer vollzog sich ab
der Mitte des 19. Jahrhunderts eine allmähliche Umwandlung
von Ackerland in Wohngebiete. Zwei Gründe waren hierfür ent-
scheidend: Zum einen wurde 1860/61 die Torsperre in Hamburg
abgeschafft. Wohnen vor den Toren der eigentlichen Stadt war
bis dahin wenig attraktiv, wenn man täglich in der Stadt zu tun
hatte, da die Tore bei Dämmerung geschlossen wurden und eine
Sperrgebühr fällig wurde, egal, ob man nach Dunkelheit noch
hinein- oder herauswollte. Zum anderen hatte die Industrialisierung zu einem enormen Bevölkerungswachstum in Hamburg
geführt. Immer mehr Menschen zogen vom Land in die Stadt
und suchten dort Arbeit in den Fabriken oder im Hafen. Als
Folge wurde selbstverständlich neuer städtischer Wohnraum
benötigt.

Der Ort Hoheluft wird zwar im 17. Jahrhundert erstmalig erwähnt. Doch noch Mitte des 19. Jahrhunderts gab es hier lediglich
eine kleine Ansiedlung an der Isebek mit etwa vierzig Bewohnern
an der heutigen Hoheluftchaussee. Anfangs gab es auch in dieser
Gegend Sommerhäuser und Landsitze Hamburger Bürger. Der
Name des Stadtteils leitet sich von der Anhöhe am Ende der Hoheluftchaussee in Richtung Lokstedt ab, die eine windige Gegend
gewesen sein soll. Nach einer anderen Herleitung geht der Name
auf einen Galgen zurück, an dem die verurteilten Delinquenten ihr
Ende in der „hogen lucht" fanden.

Ab 1870 wurde die Hoheluftchaussee mit einer Pferdeeisenbahn erschlossen. Und auch die erste Hamburger U-Bahn, der „Ring", machte hier Halt (vgl. 5. Station). Die Hamburger Stadtgrenze zu Preußen verlief bis 1937 am Ende der Chaussee kurz hinter der Martinistraße und dem Krankenhaus Eppendorf.

Die Hoheluftchaussee einige Meter in linker Richtung gelangt man zum Isebekkanal. Der Isebek war ursprünglich ein kleiner Bach, der in Bahrenfeld entsprang und in die Alster mündete. 1883/84 wurde er kanalisiert. Er diente u.a. als Transportweg für Baumaterial während der Zeit der starken Bautätigkeit in dieser Gegend. Seit einigen Jahren wird der Kanal künstlich mit Sauerstoff versorgt, um ihn als Lebensraum zu erhalten.

❷ Block Hinterhof Schlankreye

Vom Isebekkanal zurück unter dem U-Bahn-Viadukt hindurch gelangt man gleich danach rechts durch einen Torweg in den Hinterhof des Wohnblocks „Klinker" und der Bebauung an der Schlankreye. Der massive Wohnblock aus rotem Klinker (Schlankreye 27–73) wurde Mitte der 1920er Jahre als Hommage an die Hamburger Rotklinkertradition gebaut und auch von Anfang an so benannt. Vom mittelständischen „Gewerbeverein vor dem Dammtor", einer Vereinigung Gewerbetreibender in der Gegend, war er mit 300 Drei- bis Fünf-Zimmerwohnungen für ein eher zahlungskräftiges Publikum noch während der Inflation in Angriff genommen worden. 1926 zogen die ersten Bewohner ein. Nach einigen Zerstörungen im Zweiten Weltkrieg wurde der Block in den 1950er Jahren wiederaufgebaut und steht mittlerweile unter Denkmalschutz. Bekanntester Mieter war bis zu seiner Übersiedlung nach Schweden Herbert Wehner.

Seit 1952 ist in den ehemaligen Vereinsräumen des Gewerbevereins das Holi-Kino (= Hoheluft-Lichtspiele) beheimatet. Achten Sie bei Ihrem nächsten Kinobesuch einmal besonders auf den denkmalgeschützten Vorhang mit Hamburg-Motiven im großen Saal.

Zwischen U-Bahndamm und den Gebäuden der Schlankreye befinden sich gewerbliche Nutzungen und Garagen wie z.B. die alte Tankstellenanlage. Die Schlankreye war früher das sumpfige Ufergebiet des Isebek. Das Gelände wurde aufgehöht und ab 1914 mit geschlossener Blockrandbebauung erschlossen. Hier befinden sich auch viele öffentliche Gebäude, vor allem Schulen. Die Bebauung und Nutzung fügten sich in die stadtplanerischen Konzepte des damaligen Baudirektors Fritz Schumacher.

Nach dem Ersten Weltkrieg herrschte in Hamburg ein hoher Bedarf an Massenwohnraum. Schumacher suchte vor allem nach Lösungen, die den Arbeitern und Angestellten in ihren Quartieren Licht, Luft und Sonne bieten sollten. Hierzu gehörten sowohl verbesserte Wohnverhältnisse, also eine Reform des Wohnens, als auch ausgeprägte Grünzüge in der Stadt wie z.B. die Anlage des Stadtparks als ein „Freilicht-Volkshaus". Dabei propagierte Schumacher urbane Blockbauformen und keine weitreichenden Einzelhaussiedlungen im Umland. Vielmehr wollte er vor allem in der Hauptbauphase von 1924 bis 1929 zwischen Inflation und Wirtschaftskrise einen „Gürtel um Hamburgs alten Leib" schnallen. Von Eimsbüttel über Eppendorf und die Jarrestadt nach Barmbek-Nord, Dulsberg, Hamm, Horn und bis zur Veddel wurden vornehmlich entlang der Ausfallstraßenachsen neue Wohngebiete und zusätzlich viele Grünzüge geschaffen. Dabei folgte Schumacher dem Ideal der kompletten Funktionstrennung innerhalb der Stadt: Hafen, Geschäftscity, Wohnen und Industrie bildeten nun voneinander getrennte Sphären. Der Wohnungsbau wurde weitgehend privat realisiert. Zumeist entstand dabei eine Blockbebauung mit Höfen, später vor allem auch Zeilenbauten quer zu den Straßen. Die architektonische Mischung hatte heimatliche Anklänge und griff auf das traditionelle norddeutsche Baumaterial des roten Backsteins sowie Vorstellungen des „Neuen Bauens" zurück, die sich z.B. in Flachdächern und strengen kubischen Baukörpern artikulierten. Ein Problem der neuen Massenwohnquartiere war allerdings, dass Arbeiter sich die neuen Wohnungen kaum leisten konnten, sondern eine eher (klein-)bürgerliche Klientel in die Neubauten einzog.

Wir gehen nun nach links durch einen Durchlass zur Schlankreye und blicken dort noch einmal die Straße nach rechts entlang, bevor wir uns nach links am Eingang des Holi-Kinos vorbei zur Ecke Grindelberg begeben. Schräg rechts gegenüber ragen bereits die Grindelhochhäuser in den Himmel, unsere nächste Station.

1 Vorkriegsbebauung Grindelberg

2 Baustelle Grindelhochhäuser (1946)

3 Kreuzung Grindel-
berg/Hansastraße 1943

❸ Grindelhochhäuser

Die Grindelhochhäuser sind das berühmteste Hamburger Bau-
projekt der 1940er und 1950er Jahre. Die zwölf acht- bis vierzehn-
stöckigen Hochhäuser wurden zwischen 1946 und 1956 konzipiert
und in Stahlskelettbauweise ausgeführt. Ursprünglich waren sie im
Rahmen des „Hamburg project" für das britische Besatzerpersonal
nach dem Zweiten Weltkrieg gedacht. Die vormalige gründerzeitliche Bebauung (Abb. 1), von der noch das alleinstehende Etagen-
wohnhaus an der Ecke Oberstraße/Grindelberg zeugt, war im Krieg
weitgehend zerstört worden (Abb. 3). Nach dem Krieg verfolgten die
Briten die Idee, eine britische Enklave ohne deutsche Bevölkerung
entstehen zu lassen, die ganz Harvestehude sowie Teile Winterhu-
des und Rotherbaums umfassen sollte. Hamburg sollte die Hauptstadt der britischen Zone mit etwa 30.000 Verwaltungsbeamten
werden. Ab 1946 wurde der Bau unter der Regie der Briten begonnen (Abb. 2), doch bereits 1947 wieder gestoppt, als klar wurde, dass
Frankfurt das Hauptquartier der Besatzungsmächte werden würde.
Zwischen 1949 und 1956 wurden die Häuser dennoch, nun als sozialer Wohnungsbau, vollendet. 1950 sind die ersten zwei Hochhäuser,
1956 dann die Gesamtanlage mit 2.120 Wohnungen unterschiedli-
cher Größe fertiggestellt worden (Abb. 4).

Die Häuser wurden entworfen von einer Gruppe von Architekten (u.a. Ferdinand Streb, Bernhard Hermkes, Rudolf Lodders), die
sich nicht mit den Nazis eingelassen hatten. Sie weisen deutliche

4 Grindelhochhäuser 1950er Jahre

Anleihen zur Moderne der 1920er Jahre bzw. zu futuristischen Stadtkonzepten der Zwischenkriegszeit auf. In der ersten Hälfte der 1950er Jahre lösten sie in Hamburg ein wahres Grindelfieber aus, denn die Häuser waren die ersten Wohnhochhäuser Deutschlands und galten als vorbildlich. Für Stadtplaner aus anderen Städten waren sie vielbesuchtes Anschauungsmaterial und wurden zu einem Symbol des modernen Massenwohnungsbaus. Zu ihrer Zeit waren sie sehr modern ausgestattet – mit Fahrstühlen, Müllschluckern, Einbauküchen oder zentraler Waschküche sowie Zentralheizung, eigener Toilette und Badewanne.

Hinter der Gesamtanlage steht das Konzept der Funktionstrennung, des Massenwohnens im Grüngürtel abseits der Verkehrsadern und getrennt von den Gewerbevierteln, wie es auch an anderer Stelle in Hamburg, z.B. mit dem Projekt „Neu-Altona" verfolgt wurde.

Die Nachfrage nach den Wohnungen war deutlich höher als das Angebot. Anonymität und eine distanzierte Nachbarschaft in einem Hochhaus wurden damals von vielen Menschen durchaus gewünscht. Schließlich war die NS-Zeit mit Überwachung und Bespitzelung noch nicht lange vorbei. Von Anfang an waren die Sozialwohnungen hier aber schon teurer als anderswo und für durchschnittliche Arbeiterfamilien unerschwinglich. Hier lebten deshalb vor allem Angestellte, Beamte und Freiberufler, Schauspieler und Künstler und sogar ein Senator.

Die Aussagen einer Mieterin von 1951 machen deutlich, als wie modern und luxuriös man die neuen Wohnungen empfand:

Jetzt ist es halb zehn (am Vormittag). Mein Haushalt ist fertig. Tag und Nacht heißes Wasser. Überall Linoleum. Der Abfall? Schwupp in die Müllschütte. Keine Staubfänger. Ich bin keine Sklavin meines Haushalts mehr. [...] Das Leben ist einfacher – und billiger geworden. Ich habe noch nie soviel persönliche Freiheit gehabt.

Mittlerweile funktioniert die ursprüngliche Idee mit Geschäften im Erdgeschoss zur Befriedigung der alltäglichen Bedürfnisse nicht mehr. Die Häuser sind saniert und die Mieten eher marktüblich angepasst. Heute leben hier an die 3.000 Menschen.

Tipp An Wochentagen kann man im Bezirksamt Eimsbüttel (Grindelberg 66) im Paternoster nach oben fahren und hat so neben dem Erlebnis einer Fahrt in dieser – auch in der einstigen Paternoster-Hochburg Hamburg aussterbenden – Fahrstuhlart einen schönen Blick über die Stadt.

Wir durchqueren nun die ruhige Grünanlage zwischen den Häusern in Richtung Brahmsallee. Weiter nach links, beim Innocentiapark prallen die urbanen Gegensätze besonders sichtbar aufeinander.

❹ Brahmsallee / Innocentiapark

Noch vor zweihundert Jahren waren die Gebiete vor dem Dammtor, abgesehen von einer kleinen Garten- und Landhaussiedlung, weitgehend unbebaut. Erst ab der Mitte des 19. Jahrhunderts entstanden hier mit Rotherbaum (benannt nach einem alten Schlagbaum am Anfang der heutigen Rothenbaumchaussee) und

5 In Reihe stehende Stadtvillen in der
Innocentiastraße

6 Innocentiapark

Harvestehude (das seinen Namen von einem ehemaligen Kloster in dieser Gegend erhielt) die vornehmsten bürgerlichen Stadterweiterungsgebiete Hamburgs. Die Gegend gehörte mehrere Jahrhunderte zum Kloster Herwardeshude (vgl. Alster-Spaziergang). Ab den 1840er Jahren gab es Gesamterschließungspläne für das sogenannte „Klosterland". Dieses blieb aber Besitz des Ex-Klosters St. Johannis, bis es 1866 an ein privates Konsortium verkauft und von diesem entwickelt und bebaut wurde. Die Erschließung mit großen Gärten im Hofbereich sowie Alleen, öffentlichen Parks und einheitlichen Baulinien ist fast schachbrettartig. Die „Klosterlandbedingungen" regelten, dass hier insbesondere keine Kleinwohnungen und Gewerbebetriebe entstanden. So wurde ein sozialer Oberschichtstatus für die Gegend quasi schon mit den Baubedingungen definiert. 1912 wohnte denn auch die Hälfte der Hamburger Vermögensmillionäre in Rotherbaum und Harvestehude.

Im Endeffekt fand bei der Bebauung viel private Spekulation statt. Wichtigster Haustypus in dieser Gegend sind die in Reihe stehenden Einfamilienhäuser mit zwei bis drei Etagen (Abb. 5). Die Häuser haben zumeist etwa zehn Zimmer und diverse Nebenräume, z.B. fürs Personal. Die Bauart der Häuser entstand ursprünglich in England, wo die bürgerlichen Schichten sich so Stadtwohnhäuser mit Garten leisten konnten. Ähnlich wie früher wegen des Zugangs zum Wasser die Kaufmannshäuser in

305

Hamburg in Reihe am Fleet standen (vgl. Fleet-Spaziergang), stehen sie hier in Reihe an der Straße. In den gleichen Parzellengrößen und in der formalen Einheitlichkeit der Reihen-Stadthäuser kann man eine gewisse Manifestation bürgerlicher Gleichheit erkennen.

Der ehemalige Leiter der Kunsthalle, Alfred Lichtwark, beschrieb die Stadtvillen des Bürgertums folgendermaßen:

> In dem einfachen Hamburger Wohnhause liegen die sämtlichen Wirtschaftsräume und die Wohn-, Schlaf- und Badezimmer der Dienerschaft im Halbkeller, Küche, Aufwaschküche, Waschküche, Feuerungsraum, Plättzimmer u.s.w. Das Erdgeschoss enthält das Empfangszimmer, das nicht weiter bewohnt wird, das Wohnzimmer der Hausfrau, die den Wirtschaftsräumen nahe sein will, den Speisesaal und den Anrichteraum.
>
> Im ersten Stock liegt das Arbeitszimmer des Hausherrn, das Schlafzimmer der Eheleute, daneben ein Badezimmer und nach vorn, neben dem Zimmer des Hausherrn das Morgenzimmer, der Raum, in dem die Familie das erste Frühstück nimmt, während die Zimmer im Erdgeschoss gereinigt werden. Schlaf-, Wohn- und Spielzimmer der Kinder sind im zweiten oder unter Umständen im dritten Stock mit den Fremdenzimmern untergebracht. Dies gilt für die bescheidenen Verhältnisse, wo die Hausfrau nicht den Anspruch macht, ihr besonderes Toilette- und Badezimmer zu haben, und der Hausherr auf besondere Bibliotheks-, Rauch- und Billardzimmer verzichtet. Sobald sich die Ansprüche des einzelnen an persönliche Bequemlichkeit erhöhen, kompliziert sich der Organismus noch beträchtlich, ohne dass von Luxus oder Prunk die Rede wäre. [...] Aber im ganzen Haus ist kein toter Raum. Alles ist durch das tägliche Leben ausgefüllt.

Auch der Innocentiapark gehört zu den Planungen aus der Zeit der Bebauung des „Klosterlandes" (angelegt 1884/85). Er sollte als Erholungsgebiet dienen und den Wohnwert der anliegenden Häuser erhöhen. In der Anlage, die früher einen Teich samt Brücke hatte, ähnelt er einem englischen Stadt-„Square" im Stile eines Landschaftsgartens des 18. Jahrhunderts (Abb. 6).

7 U-Bahn-Viadukt Isestraße

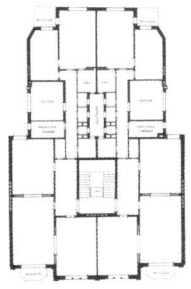

8 Grundriss Wohnungen Isestraße 55 (1912)

Über die Innocentiastraße und die Klosterallee kommt man an der Isestraße erneut an die älteste Hochbahnstrecke Hamburgs – und zu einer weiteren Form bürgerlichen Wohnens.

Die Villa Innocentiastraße 37 wurde von 1935 bis 1939 übrigens von der portugiesisch-jüdischen Gemeinde in Hamburg als Synagoge genutzt.

Isestraße

❺

Die Isestraße entstand um 1905. Ihre bürgerlichen Mietshäuser sind insgesamt sehr repräsentativ und heben sich deutlich von den Mietsquartieren der Arbeiter ab. Ausgestattet mit großzügigen, elegant gestalteten Treppenhäusern, vielfach bereits mit Fahrstühlen sowie Wohnungen von vier und mehr Zimmern (Abb. 8), dienten sie der bürgerlichen Mittelschicht als Wohnort. Oft war selbst in diesen Mietswohnungen noch ein Raum für ein Dienstmädchen vorgesehen. Nach hinten sind die Häuser ganz schlicht als „Schlitzbauten" mit wenig Lichteinfall gestaltet.

Bevor die U-Bahn ihre Trasse durch die Isestraße zog (Abb. 7), verkehrte hier bereits die Straßenbahn. Ab 1912 war dann jedoch

⊙━

die erste U-Bahnstrecke fertiggestellt. Die U-Bahn ist auch ein Ausdruck der enormen Stadtentwicklungsprozesse Hamburgs Ende des 19. und Anfang des 20. Jahrhunderts. Die Stadt war geprägt von massiven Umstrukturierungen, Wachstum und Aufbruchstimmung, Verwerfungen, Beschleunigungen und Adaptionsprozessen, die sich auch in Bauten und technischen Entwicklungen ausdrückten: Ab den 1880er Jahren entstanden verstärkt große neue Wohngebiete an der damaligen Peripherie der Stadt. Für die zigtausend Zugezogenen wurden diese ebenso nötig wie auch für die gut 20.000 Menschen, die für den Bau der 1888 eröffneten Speicherstadt aus ihren Wohnungen vertrieben wurden. Um 1900 begannen ferner die „Sanierung" genannten Abrisse der Gängeviertel in der Innenstadt, jener dichtbesiedelten, sehr einfachen und unhygienischen Arbeiterquartiere, die sich in den Hinterhöfen der Alt- und Neustadt befanden. Für viele hier ebenfalls aus ihren angestammten Quartieren vertriebene Menschen mussten nun an anderer Stelle neue Wohngebiete geschaffen werden, denn vor allem in der Altstadt wurden die alten Wohngebiete durch eine moderne Geschäftsinnenstadt, eine „City" mit Kontorhaus-Neubauten und Kaufhäusern ersetzt (vgl. Kontorhaus-Spaziergang). Zeitgleich kam es zum Siegeszug technischer Verkehrsmittel – Eisenbahn, Straßenbahn, die ersten Autos und Motorräder und auch die U-Bahn – sowie neuer Erfindungen wie Kino, Telefon, Paternoster oder Rohrpost, die eine Beschleunigung des Lebens bedeuteten. Symbole für die neuen technischen Entwicklungen waren in Hamburg z.B. der 1906 fertiggestellte Hauptbahnhof oder der 1911 eröffnete Elbtunnel.

Ende des 19. Jahrhunderts, zur Zeit der Diskussionen um die Hochbahn, lebten in Hamburg ungefähr 900.000 Menschen, allerdings auf einem Drittel der heutigen Fläche. Die bisherigen Verkehrsmittel – Kutschen und Pferdebahnen – wurden dem steigenden Verkehrsaufkommen nicht mehr gerecht. Doch auch die in den 1890er Jahren eingeführten Straßenbahnen, die „rasenden Ungeheuer", die „die Menschen auf der Straße nur ins Unglück stürzen" (mit ihren höchstens zwanzig bis dreißig Stundenkilometern Fahrtgeschwindigkeit), konnten keine wirkliche Abhilfe schaffen. In der Innenstadt bildeten sich verkehrstechnische Nadelöhre, die dazu führten, dass die Straßenbahn dort mit einer Durchschnittsgeschwindigkeit von sechs Stundenkilometern teilweise nicht schneller als ein Fußgänger war. Gerade die immer stärker voranschreitende Trennung von Wohnvierteln und Arbeitsvierteln, vor allem auch durch die Citybildung in der Innenstadt, machte jedoch leistungsfähige öffentliche Verkehrsmittel notwendig, denn die Wege zur Arbeit wurden immer länger. Gerade für ärmere Leute hieß dies, dass Fußwege von einer Stunde und mehr normal wurden, da man das Geld für Straßenbahn oder U-Bahn sparen wollte. Bahnfahren stand für die Arbeiter nicht unbedingt auf dem Tagesplan, auch wenn die U-Bahn durch ihre Viertel fuhr. Die Fahrten waren recht teuer und wurden, wenn möglich, vermieden.

Die U-Bahn stellte so eine weitere extreme Neuerung und Beschleunigung dar, selbst wenn die normale Reisegeschwindigkeit in der Regel nur 28 Stundenkilometer betrug. Insbesondere die Tunnelfahrten wurden als etwas Besonderes und Aufregendes empfunden. Die Zeitung „Hamburgischer Correspondent" schrieb dazu 1912:

> *Dem Wunderwerk des Elbtunnels stellt sich nun unsere Hochbahn würdig zur Seite, die Hochbahn, die ihren Namen nur der Kürze wegen führt und eigentlich Hoch- und Untergrundbahn heißen müsste. Gerade die Unterpflasterstrecken üben ja den geheimnisvollen Reiz aus, der bei Leuten, die eine Fahrt zum ersten Mal machen, zum gelinden Schauer wird. Ohne doch während der unterirdischen Reise das Gefühl irgendwelcher Unsicherheit aufkommen zu lassen.*

Ganz neu war insbesondere die uns heute lächerlich anmutende deutlich höhere Beschleunigung der elektrischen Hochbahn im Vergleich mit den Dampfzügen. Im Heft zur Eröffnungsfahrt hieß es: „Der Zug setzt sich in Bewegung mit einer Beschleunigung von 0,7 m in der Sekunde, d.h. 5 – 10 mal so schnell wie bei Dampfbahnen. Eine noch größere Beschleunigung würde wahrscheinlich unbequem sein."

Die U-Bahn verbindet und durchquert, damals wie heute, vor allem verschiedene soziale Welten. Etwas Spannendes und Neues daran war auch, dass die Fahrgäste bei den Viaduktfahrten für flüchtige voyeuristische Momente Einblicke in fremde Wohnwelten und Leben erhaschen konnten.

Abstechertipp Rechts die Isestraße hinauf lohnt sich ein Abstecher an den Eppendorfer Baum, eine schicke Einkaufsstraße, und von dort über den Klosterstern zur Hauptkirche St. Nikolai.

Diese Tour geht jetzt aber geradeaus weiter über den Isebekkanal, von wo aus man einen Blick auf die Rückseiten der Häuser in der Isestraße hat (Abb. 9), und dann weiter geradeaus in die Straße Falkenried. Nach wenigen Metern gelangt man zu einem größeren Ensemble gründerzeitlicher Wohnhausreihen auf der rechten Straßenseite.

❻ Falkenriedterrassen

Die Falkenriedterrassen wurden zwischen 1890 und 1903 insbesondere für Arbeiter einer gegenüberliegenden Straßenbahnfabrik gebaut. Terrassen sind eine typisch hamburgische, historische Siedlungsform nach englischem Vorbild. Sie sind durch einen Zugang von der Hauptstraße aus zu erreichende, rechtwinklig zur Blockrandbebauung verlaufende sehr einfache Wohnhäuser mit kleinen Wohnungen. Der Raum zwischen den Vorderfronten der Häuser wird im Englischen „Terrace" genannt. Da der Weg zwischen den beiden Häuserzeilen hier nicht in einer Sackgasse endet, sondern Durchlässe zur nächsten Querstraße vorhanden sind, handelt es sich bei den Falkenriedterrassen allerdings, genau genommen, nicht um Terrassen, sondern um Passagen (Abb. 10).

Die Wohnungen sind mit dreißig bis fünfzig Quadratmetern recht klein. Die Mieten waren hier anfangs dennoch deutlich höher als für vergleichbaren Wohnraum. Dies änderte sich erst in den 1930er Jahren, als die Wohnungen bereits recht heruntergekommen waren. Den Krieg überstand die Siedlung fast unbeschadet. Ende der 1960er, Anfang der 1970er Jahre kauften städtische Wohnungsbaugesellschaften die meisten Wohnungen und wollten sie abreißen, um Platz für teure Appartements in dieser ansonsten eher bürgerlichen Lage zu schaffen.

Durch die Aktivitäten einer 1973 gegründeten Mieterinitiative blieben die Häuser nach langjährigen Verhandlungen erhalten und kamen unter Denkmalschutz. Bis in die 1980er Jahre hinein wurde wenig investiert, und die Häuser verfielen, bevor in den 1990er

9 Rückseite der Häuser an der Isestraße zum Isebekkanal

10 Falkenriedterrassen

11 Ehemaliges Pförtnerhäuschen

Jahren umfangreich saniert wurde. Die Wohnungen werden heute größtenteils von den Mietern selbst verwaltet, es gibt aber auch Eigentumswohnungen und zusammengelegte Wohnungen.

In der ehemaligen Straßenbahnfabrik auf der anderen Straßenseite wurden seit 1890 Straßenbahnwagen, später auch andere Fahrzeuge entwickelt, gewartet und gebaut, die auch in viele Länder exportiert wurden. Seit 1918 gehörte das Unternehmen der Hamburger Hochbahn AG und firmiert seit 1968 unter dem Namen Fahrzeugwerkstätten Falkenried GmbH (FFG). 1999 hat es seinen Sitz nach Hummelsbüttel verlegt, mehr als zwanzig Jahre, nachdem die letzte Straßenbahn Hamburgs den Dienst eingestellt hatte.

Was aus dem Gelände geworden ist und wie mit der alten Bausubstanz der Wagenhallen, Verwaltungsgebäude und Fabrikanlagen umgegangen wurde, erschließt sich am besten, wenn man sich entlang des Straßenbahnrings im Uhrzeigersinn durch das Gelände bewegt.

Falkenried Neubebauung ❼

Mit dem Wegzug der FFG fiel das Areal brach. Die zentrale, für Investoren attraktive Lage führte jedoch schnell zu einer umfassenden Neugestaltung, die 2007 weitgehend abgeschlossen war. Im Zuge der Umgestaltung und Neuerschließung blieben einige Gebäude zumindest teilweise erhalten, andere hingegen mussten einer Neubebauung weichen. So entstanden vor allem Wohnraum,

311

12 Appartementhaus von Bolles+Wilson

Büros und Einzelhandel und ein neuer Zugang zum Gelände von der Hoheluftchaussee aus.

Durchstreift man das Gebiet im Uhrzeigersinn, so ergibt sich heute folgendes Bild: Das ehemalige Pförtnerhäuschen wurde zu einem Café umgestaltet (Abb. 11). Rechter Hand liegt sodann die frühere zentrale große Halle, die einst sechsgleisig befahrbar war. Sie wurde vom Pariser Architekturbüro LABFAC für Büros und Einzelhandel umgebaut. Links sind hingegen neue Wohn- und Bürogebäude entstanden, zwischen denen man über einen leicht geschwungenen Weg und vorbei an einem kleinen Innenhof wieder an den Isebekkanal gelangen könnte. Vor allem das vierzehnstöckige Appartement-Hochhaus (Bolles + Wilson Architekten, Abb. 12) war in den Planungen umstritten. Geht man den Straßenbahnring weiter geradeaus, lässt sich der belebte Durchgang zur Hoheluftchaussee erkennen (Abb. 13).

13 Durchgang zur Hoheluftchaussee   14 Reminiszenzen an die frühere Nutzung

Dem Straßenverlauf nach rechts folgend stößt man bald auf eine kleine Stichstraße zu einigen modernen Stadthäusern. Durch den Umbau alter Werkstätten wurden hier moderne Pendants zu den gründerzeitlichen Stadthäusern, beispielsweise rund um den Innocentiapark, geschaffen, wenngleich ohne deren große Gärten. Durch den Erhalt einiger Mauern und Details der alten Fabrikanlage wie Werkstatttore oder Stahlträger sind zumindest Reminiszenzen an die frühere Nutzung erhalten geblieben (Abb. 14).

Auch entlang des Straßenbahnrings sind weitere Stadthäuser parallel zur großen Halle entstanden. Alle Stadthäuser im Gelände wurden von den Hamburger Architekten Spengler Wiescholek entworfen und bieten Wohnflächen zwischen 150 und 180 Quadratmetern. Es lohnt sich jedoch, den parallel zur Straße verlaufenden Weg durch die gemeinschaftliche Grünfläche zu nehmen. Man gelangt so zu einem weiteren Neubau mit Eigentumswohnungen zwischen 66 und 249 Quadratmetern (APB Architekten). Am total entkernten, zu Wohnungen umgebauten ehemaligen Verwaltungsgebäude mit seinem markanten Aufbau (Bothe Richter Teherani) vorbei geht es zurück zur Straße Falkenried.

Mit der Umgestaltung des brachgefallenen Geländes am Falkenried ist vor allem ein attraktives, wenngleich hochpreisiges und luxuriöses Wohngebiet in zentraler Lage entstanden, das seine industrielle Geschichte in schmucken Details bewusst zur Schau stellt.

Literatur- und Hörtipps

Literaturtipps

Bajohr, Frank und Joachim Szodrzynski (Hg.): Hamburg in der NS-Zeit. Ergebnisse neuerer Forschungen, Hamburg 1995.

Bake, Rita und Brita Reimers: So lebten sie! Spaziergänge auf den Wegen von Frauen in Hamburgs Alt- und Neustadt, Hamburg 2003.

Barth, Ariane: Die Reeperbahn. Der Kampf um Hamburgs sündige Meile, Hamburg 1999.

Bauche, Ulrich (Hg.): Die Geschichte der Juden in Hamburg 1590–1990. Bd. 1, Hamburg 1991.

Beck, Jens und Ralf G. Voss: Die Alster – Ein Fluß prägt die Stadt, Hamburg 1999.

Denecke, Axel; Peter Stolt; Hamburger Hafen- und Lagerhaus-AG (Hg.): Das Kirchspiel von St. Katharinen. Der Hafen, die Speicherstadt und die Kirche, Hamburg 2000.

Ebbinghaus, Angelika und Karsten Linne (Hg.): Kein abgeschlossenes Kapitel: Hamburg im „Dritten Reich", Hamburg 1997.

Ellermeyer, Jürgen und Rainer Postel (Hg.): Stadt und Hafen. Hamburger Beiträge zur Geschichte von Handel und Schiffahrt, Hamburg 1986.

Fischmarkt Hamburg-Altona GmbH (Hg.): Butt aus Altona. Vom ersten Elbfischer zum modernen Dienstleister. Die Geschichte des Fischmarktes Hamburg Altona, Hamburg 2009.

Forschungsstelle für Zeitgeschichte in Hamburg (Hg.): Hamburg im „Dritten Reich", Göttingen 2005.

Grundmann, Günther (Hg.): Die Bau- und Kunstdenkmale der Freien und Hansestadt Hamburg, Bd. 2, 2. Auflage, Hamburg 1970.

Hanke, Christian und Reinhard Hentschel: Harvestehude, Rotherbaum im Wandel in alten und neuen Bildern, Hamburg 1993.

Harms, Hans und Dirk Schubert: Wohnen am Hafen. Leben und Arbeiten an der Wasserkante, Hamburg 1993.

Harms, Hans und Dirk Schubert: Wohnen in Hamburg – ein Stadtführer, Hamburg 1989.

Herzig, Arno (Hg.): Die Geschichte der Juden in Hamburg 1590–1990. Bd. 2, Hamburg 1991.

Hipp, Hermann: Freie und Hansestadt Hamburg. Geschichte, Kultur und Stadtbaukunst an Elbe und Alster, 3. Aufl., Köln 1996.

Hipp, Hermann und Hans Meyer-Veden (Fotograf): Hamburger Kontorhäuser, Weinheim 1988.

Hipp, Hermann: Harvestehude, Rotherbaum, Hamburg 1976.

Hipp, Hermann: Wohnstadt Hamburg. Mietshäuser der 1920er Jahre – zwischen Inflation und Weltwirtschaftskrise, Hamburg 1993.

Irlenkäuser, Olaf und Stephan Samtleben: Hamburg. 69 Dichter und ihre Stadt, Hamburg 2006.

Jaacks, Gisela: Hamburg zu Lust und Nutz. Bürgerliches Musikverständnis zwischen Barock und Aufklärung (1660–1760), Hamburg 1997.

Jungwirth, Bernhard: St. Pauli im Wandel in alten und neuen Bildern, Hamburg 1993.

Kiupel, Birgit: Zwischen Krieg, Liebe und Ehe. Studien zur Konstruktion von Geschlecht und Liebe in den Libretti der Hamburger Oper am Gänsemarkt (1678–1738), Kenzingen 2009.

Kiupel, Birgit; Reese, Kirsten; Geissler, Cornelia: Dienstmädchen auf der Opernbühne des 18. Jahrhunderts, MUGI (Musik und gender), Hochschule für Musik und Theater Hamburg 2005, http://mugi.hfmt-hamburg.de/dienstmaedchen/

Kludas, Arnold; Maass, Dieter; Sabisch, Susanne: Hafen Hamburg. Die Geschichte des Hamburger Freihafens von den Anfängen bis zur Gegenwart, Hamburg 1988.

Koch, Wilfried: Baustilkunde, Gütersloh/München 2006.

Koglin, Michael: Spaziergänge durch das jüdische Hamburg, Hamburg 1998.

Krug, Horst: Hamburgs Fleete. Lebensadern einer Stadt im Wandel, Hamburg 1993.

Krüger, Ulf und Ortwin Pelc (Hg.): The Hamburg Sound. Beatles, Beat und Große Freiheit, Hamburg 2006.

Lange, Ralf: Architektur in Hamburg. Der große Architekturführer, Hamburg 2008.

Lange, Ralf: Hamburg – Wiederaufbau und Neuplanung 1943–1963, Königstein/Ts. 1994.

Lange, Ralf: Vom Kontor zum Großraumbüro. Bürohäuser und Geschäftsviertel in Hamburg 1945–1970, Königstein/Ts. 1999.

Lange, Ralf, Michael Batz und Gisela Schütte: Speicherstadt und HafenCity. Zwischen Tradition und Vision, 2. erweiterte und aktualisierte Auflage, Hamburg 2004.

Lorenz, Ina (Hg.): Zerstörte Geschichte. Vierhundert Jahre Jüdisches Leben in Hamburg, Hamburg 2005.

Lüden, Walter: Hamburg. Fotografien 1947–1965, Hamburg 2014

Martin, Michael; Keller, Nicole; Schumacher, Oliver: Hafenbuch Hamburg, Hamburg 2008.

Meng, Alfred: Geschichte der Hamburger Wasserversorgung, Hamburg 1993.

Meyhöfer, Dirk: Hamburg. Der Architekturführer, Berlin 2007.

Mock-Schloemer, Cornelia: Wasser für Hamburg, Hamburg 1998.

Möhle, Heiko (Hg.): Branntwein, Bibeln und Bananen. Hamburg und der deutsche Kolonialismus in Afrika, Hamburg 1999.

Möhle, Heiko; Heyn, Susanne; Lewerenz, Susanne: Zwischen Völkerschau und Kolonialinstitut. AfrikanerInnen im kolonialen Hamburg, Hamburg 2006.

Münch, Markus und Simone Utler: Drehort Hamburg: Wo berühmte Filme entstanden, Berlin 2009.

Neubacher, Jürgen: Georg Philipp Telemanns Hamburger Kirchenmusik und ihre Aufführungsbedingungen (1721–1767). Organisationsstrukturen, Musiker, Besetzungspraktiken, Hildesheim u. a. 2009.

Plagemann, Volker (Hg.): Industriekultur in Hamburg. Des Deutschen Reiches Tor zur Welt, München 1984.

Plagemann, Volker: Kunstgeschichte der Stadt Hamburg, Hamburg 1995.

Rademacher, Henning und Ralf Lange: Der Hafen Hamburg in den Dreißigern. Fotos von Gustav Werbeck und Luftaufnahmen aus der Zeit, herausgegeben von der Hamburger Hafen- und Lagerhaus-AG, Hamburg 1996.

Rademacher, Henning u. a. (Hg.): Der Hafen. Fotografien des Hamburger Hafens 1930–1970, Hamburg 2015.

Rehwagen, Thomas und Thorsten Schmidt: Mach Schau! Die Beatles in Hamburg, Braunschweig 1992.

Reißmann, Volker und Michael Töteberg: Mach' dir ein paar schöne Stunden: Das Hamburger Kinobuch, Bremen 2008.

Schildt, Axel: Die Grindelhochhäuser. Eine Sozialgeschichte der ersten deutschen Wohnhochhausanlage Hamburg-Grindelberg 1945–1956, Hamburg 2007.

Schröder, Dorothea: Zeitgeschichte auf der Opernbühne. Barockes Musiktheater in Hamburg im Dienst von Politik und Diplomatie (1690–1745), Göttingen 1998.

Skrentny, Werner (Hg.): Zu Fuß durch Hamburg, Hamburg 2006.

Stephan, Inge und Hans-Gerd Winter (Hg.): „Heil über Dir Hammonia". Hamburg im 19. Jahrhundert. Kultur, Geschichte, Politik, Hamburg 1992.

Stern, Torsten; Schaefer, Marnie; Krüger, Thomas M.: ArchitekturPlan Hamburg. 1900 Objekte zur Architektur und Landschaftsarchitektur, aufgeführt nach Epochen, Gebäudetypen und Architekten, Hamburg 2009.

Thinius, Carl: Damals in St. Pauli. Lust und Freude in der Vorstadt, Hamburg 1975.

Töteberg, Michael: Filmstadt Hamburg. Von Hans Albers bis Wim Wenders, vom Abaton zu den Zeise-Kinos: Kino-Geschichte(n) einer Großstadt, Hamburg 1997.

Voormann, Klaus: Warum spielst Du Imagine nicht auf dem weißen Klavier, John?, München 2003.

Wamser, Ursula und Wilfried Weinke (Hg.): Eine verschwundene Welt. Jüdisches Leben am Grindel, Springe 2006.

Westphal, Uwe und Günther Helm: Wilde Hamburger – Natur in der Großstadt, Hamburg 2006.

Wetzel, Christoph: Belser Stilgeschichte. 3 Bde., Stuttgart 2004.

Hörtipps

Heer, Hannes; Kesting, Jürgen; Schmidt, Peter: Verstummte Stimmen. Die Vertreibung der Juden aus der Oper 1933–1945. 4 CDs mit 56-seitigem Beiheft, Membran 2006.

Westphal, Uwe: Naturexkursion mit Uwe Westphal. CD mit 32-seitigem Beiheft, Edition AMPLE 2008.

Westphal, Uwe: Vogelexkursion mit Uwe Westphal. CD mit 32-seitigem Beiheft, Edition AMPLE 2007.

ZEIT-Stiftung Ebelin und Gerd Bucerius: Musica sacra Hamburgensis 1600–1800. CD-Reihe, Klassiklabel cpo.

Die Autoren

Horst Bertram, Jahrgang 1936, Biologe; 2. Vorsitzender des Botanischen Vereins zu Hamburg, Verein für Pflanzenkunde, Naturschutz und Landschaftspflege, mit den Tätigkeitsfeldern Umweltbildung für Groß und Klein, Mitwirkung bei Planverfahren, Projekte (Schierlings-Wasserfenchel, Entdeckerstationen in Planten un Blomen), Gebietsbetreuung. *Kontakt*: Op de Elg 19 a, 22393 Hamburg, Tel.: (040) 601 60 53, Horst.F.Bertram@gmx.de, www.botanischerverein.de.

Jörn Dobert, Diplom-Pädagoge, Jahrgang 1969, führt seit 15 Jahren Stadtrundgänge für Stattreisen Hamburg e.V. zu unterschiedlichen Themen durch. Er arbeitet in der politischen Erwachsenenbildung bei *umdenken* Heinrich-Böll-Stiftung Hamburg e.V.

Olaf Irlenkäuser studierte Slawistik, Germanistik und Osteuropäische Geschichte in Trier, Moskau und Köln. Langjähriger Buchhändler und Lektor, heute tätig als Verlagsgeschäftsführer in Kiel / Hamburg. Zahlreiche Publikationen zu norddeutschen Themen, u.a. „Hamburg. 69 Dichter und ihre Stadt" (2006), „Russland in Hamburg" (2007) und „Schlösser und Herrenhäuser in Schleswig-Holstein aus der Luft" (2014).

Ilona Kiss wurde 1962 in Bayern geboren, jedoch verschlug es sie früh an die Elbe. In Hamburg studierte sie und machte ihr Diplom in Soziologie. Nach ca. zehnjähriger Tätigkeit in Print- und Onlinemedien sattelte sie um und machte sich 2002 als Tourguide mit „Landgang St. Pauli" selbstständig. Im Rahmen dieser Tätigkeit entwickelte sie sieben verschiedene Rundgänge für St. Pauli, u.a. „Von Tatort zu Tatort". *Kontakt*: Landgang St. Pauli, Hopfenstraße 22, 20359 Hamburg, Tel.: (0 40) 31 79 49 34, info@stpauli-landgang.de, www.stpauli-landgang.de.

Dr. Birgit Kiupel, promovierte Historikerin, Autorin (u.a. von Radio-Musik-Features für diverse Sender). Außerdem Zeichnerin und Produzentin von Musik-Dia-Clips und Stadtführerin bei Stattreisen Hamburg e.V.

Arne Krasting ist gelernter Historiker und seit 15 Jahren Geschäftsführer des Zeitreisen-Veranstaltungs- und Projektmanagements. Der gebürtige Hamburger hat seiner cineastischen Leidenschaft mit der Entwicklung der VideoBustour, die es in Berlin, München, Leipzig und natürlich auch in Hamburg gibt, eine individuelle Ausdrucksform gegeben. *Kontakt*: VideoBustour, Luisenstraße 41, 10117 Berlin, Tel.: (030) 44 02 44 50, Fax: (030) 44 02 44 48, kontakt@videobustour.de, www.videobustour.de.

Dr. Ralf Lange, geb. 1961, promovierter Kunsthistoriker und Diplom-Soziologe. Wissenschaftlicher Mitarbeiter im Speicherstadtmuseum (Außenstelle des Museums der Arbeit) sowie freier Publizist und Journalist. Zahlreiche Veröffentlichungen und Ausstellungen, insbesondere zur Hamburger Architekturgeschichte.

Heiko Möhle (1962–2010) war nach einem Studium der Geografie, Geschichtswissenschaft, Soziologie und Erziehungswissenschaft in Hamburg und Yaoundé / Kamerun wissenschaftlicher Mitarbeiter am Seminar für Afrikawissenschaften der Humboldt-Universität zu Berlin, bis 2008 Geschäftsführer des Eine Welt Netzwerks Hamburg e.V., Mitglied der „Hafengruppe Hamburg" und Initiator von „Hamburg postkolonial".

KATJA NICKLAUS ist Historikerin (M.A.) und lebt in Hamburg. Seit 1996 führt sie Rundgänge zur Regionalgeschichte mit unterschiedlichen Themen u.a. für Stattreisen Hamburg durch. Veröffentlichungen seit 1997, freie Mitarbeit bei Stattreisen Hamburg e.V. und dem Museum für Kommunikation Hamburg.

MARCEL PIETHE ist Historiker und Gründer der Agentur Zeitreisen (www.zeit-reisen.de). Neben seiner Tätigkeit als Geschäftsführer und Verantwortlicher für die wissenschaftlichen Projekte von Zeitreisen publiziert er zu kulturgeschichtlichen und kulturellen Themen, vor allem zur Landesgeschichte Berlins und Brandenburgs. *Kontakt*: Zeitreisen – Veranstaltungs- und Projektmanagement, Ahornallee 1, 12587 Berlin, Tel.: (030) 64 09 35 66, Fax: (030) 64 09 47 06.

STEFANIE REIMERS ist selbstständige Kunsthistorikerin und arbeitet für Stattreisen Hamburg e.V., die Hamburger Kunsthalle, das Bucerius Kunst Forum und die Deichtorhallen.

DR. JÖRN TIETGEN, geb. 1969, Studium der Politikwissenschaft und Geschichte in Hamburg und Edinburgh, langjähriger Mitarbeiter bei Stattreisen Hamburg e.V. und Autor zahlreicher Publikationen zur Geschichte Hamburgs. *Kontakt*: Stattreisen Hamburg e.V., Kuhberg 2, 20459 Hamburg, Tel.: (040) 870 80 10 - 0, Fax: (040) 870 80 10 - 1, www.stattreisen-hamburg.de.

DR. UWE WESTPHAL, Diplom-Biologe und Fachzeitschriftenredakteur, arbeitet nach langjähriger Tätigkeit im Naturschutz als freiberuflicher Textdienstleister und Autor. Er hat mehrere Bücher und Audio-CDs im Bereich Natur und Umwelt veröffentlicht. Nebenbei leitet er naturkundliche Wanderungen und Seminare und ist einem breiten Publikum als Vogel- und Tierstimmen-Imitator bekannt. *Kontakt*: www.westphal-naturerleben.de, www.westphal-textdienst.de.

Bildnachweis

Alster-Spaziergang
aus: Grobecker, Kurt (Hg.): Wilhelm Dreesen. Die Freie und Hansestadt Hamburg und ihre Umgebung. Norderstedt, 1981: Abb. 1, 14; aus: Meyer-Veden, Hans: Hamburg. Historische Photographien 1842–1914. Berlin, 1995: Abb. 15; Denkmalschutzamt Hamburg Bildarchiv: Abb. 3; Martyn Leder: Abb. 2, 6–12; Staatsarchiv Hamburg: Alster, Abb. 5, 13; Stiftung Historische Museen Hamburg / Museum für Hamburgische Geschichte: Abb. 4

Beatles-Spaziergang
aus: Barth, Ariane: Die Reeperbahn. Der Kampf um Hamburgs sündige Meile. Hamburg, 1999: Abb. 9; Beatlemania Hamburg: Abb. 7; Junius Verlag: Abb. 6; Astrid Kirchherr / K&K: Beatles, Abb. 1; Martyn Leder: Abb. 2–5, 10; Günter Zint / K&K: Abb. 8

Botanischer Spaziergang
Horst Bertram: Abb. 1–9

Elbvororte-Spaziergang
aus: Grundmann, Günther (Hg.): Die Bau- und Kunstdenkmale der Freien und Hansestadt Hamburg, Bd. 2, 2. Auflage, Hamburg 1970: Abb. 2 (Schnitt u. Grundriss), 9 (Schnitt), 15; aus: Lange, Ralf: Architektur in Hamburg. Der große Architekturführer, Hamburg, 2008: Abb. 5 (Grundriss) – Archiv Jan Lubitz: Abb. 13; Klaus Frahm: Abb. 5 (Foto); Hamburgisches Architekturarchiv: Abb. 8; Reinhold Liebermann: Abb. 1, 3, 6, 7, 9 (Foto), 10–12; Henning Rademacher: Abb. 2 (Foto), 4, 14, 16

Film-Spaziergang
Junius Verlag: Abb. 9; Staatsarchiv Hamburg: Abb. 1, 2, 6, 8; VideoBustour / Arne Krasting: Abb. 3, 5, 7, 11, 12; WÜSTE Film, Fotograf: Georges Paul: Abb. 10; Wüste/Corazón, Foto: Kerstin Stelter: Abb. 4

Fleet-Spaziergang
aus: Calendarium Hamburgense März/2003. Ahrensburg: Abb. 6; aus: Grobecker, Kurt (Hg.): Wilhelm Dreesen. Die Freie und Hansestadt Hamburg und ihre Umgebung. Norderstedt, 1981: Abb. 5; aus: Hamburgs Vergangenheit und Gegenwart (1896). Reprint. Hamburg, 1986: Abb. 4, 20; aus: Meng, Alfred: Geschichte der Hamburger Wasserversorgung. Hamburger Wasserwerke GmbH. Hamburg, 1993: Abb. 2, 9, 10; aus: Salomon, Fred (Hg.): Anmut des Nordens. Wilhelm Heuer und sein graphisches Werk. Neumünster, 1996: Abb. 3; aus: Schubert, Dirk und Hans Harms: Wohnen

am Hafen. Leben und Arbeiten an der Wasserkante. Hamburg, 1993: Abb. 11; Foto-Verlag HISTORIA: Abb. 18; Martyn Leder: Abb. 1, 7, 8, 13–15, 19; Sammlung Horst Krug: Abb. 17; Staatsarchiv Hamburg: Abb. 12, 16, 21

Friedhofsspaziergang
Archiv Ralf Lange: Abb. 4; Klaus Frahm: Abb. 3; Junius Verlag: Abb. 2, 5–8, 10, 11; LMZ RP / Fotograf unbekannt: Abb. 1; Henning Rademacher: Abb. 9

Hafen-Spaziergang
aus: Müller, Rolf: Zwischen Binnenalster und Baumwall. Das alte Hamburg im Spiegel der Photographie 1855–1888. 2. Aufl. Hamburg, 1957: Abb. 1; aus: Spörhase, Rolf: Bauverein zu Hamburg Aktiengesellschaft. Hamburg, 1940: Abb. 14; aus: Uka, Walter (Hg.): Johann Hamann. Hamburg um die Jahrhundertwende. Berlin, 1987: Abb. 15; Hamburger Hafen und Logistik AG: Abb. 2, 4–6, 8–10; Martyn Leder: Abb. 3, 7, 11, 13, 16; Staatsarchiv Hamburg: Abb. 17; Stiftung Historische Museen Hamburg / Altonaer Museum: Abb. 12

Hafencity-Spaziergang
www.hamburg-bildarchiv.de: Abb. 1; Junius Verlag: Abb. 5–7, 9–11, 15–17, 19, 22; Staatsarchiv Hamburg: Abb. 4; Jörn Tietgen: Abb. 2, 3, 8, 12–14, 18, 20, 21

Hausfassaden-Spaziergang
aus: Lachmund, Fritz und Rolf Müller: Hamburg seinerzeit zur Kaiserzeit. Photographische Aktualitäten von damals. Hamburg 1962: Abb. 1; aus: Lachmund, Fritz: Alt-Hamburg durch die Camera. Photographische Bilddokumentationen aus dem alten Hamburg 1850–1910. 2. Aufl. Hamburg, 1970: Abb. 8; Denkmalschutzamt Hamburg Bildarchiv: Abb. 10; Martyn Leder: Abb. 2–7, 9, 11

Jüdischer Spaziergang
aus: Architekten- und Ingenieur-Verein zu Hamburg (Hg.): Hamburg und seine Bauten, unter Berücksichtigung der Nachbarstädte Altona und Wandsbeck. Bd. 1, Hamburg, 1914: Abb. 6; aus: Huckeriede, Jens und Angela Müller: An de Eck steiht'n Jung mit'n Tüdelband. Gebrüder Wolf. Hamburg, 2003: Abb. 7; aus: Wamser, Ursula und Wilfried Weinke (Hg.): Ehemals in Hamburg zu Hause: Jüdisches Leben am Grindel. Hamburg, 1991: Abb. 8; Martyn Leder: Abb. 1, 9; Staatsarchiv Hamburg: Abb. 2–5, 11, 12; Stiftung Historische Museen Hamburg / Museum für Hamburgische Geschichte: Abb. 10

Kolonial-Spaziergang
Lena Blosat: Abb. 9; Heiko Möhle: Abb. 1, 2, 7;
Sammlung Heiko Möhle: Abb. 3–6, 8, 10, 11

Kontorhaus-Spaziergang
aus: Grobecker, Kurt (Hg.): Wilhelm Dreesen. Die Freie
und Hansestadt Hamburg und ihre Umgebung. Norderstedt, 1981: Abb. 3; Denkmalschutzamt Hamburg
Bildarchiv: Abb. 2; Martyn Leder: Abb. 4–12, 14; Staatsarchiv Hamburg: Abb. 1, 13, 16, 17; Stiftung Historische Museen Hamburg / Museum für Hamburgische
Geschichte: Abb. 15

Kriminal-Spaziergang
aus: Hamburgs Vergangenheit und Gegenwart (1896).
Reprint. Hamburg, 1986: Abb. 1; aus: Jürgens, Ludwig:
St. Pauli. Bilder aus einer fröhlichen Welt. Hamburg,
1930: Abb. 5, 9; Junius Verlag: Abb. 2, 6–8, 10; St. Pauli-
Archiv: Abb. 3, 4

Literatur-Spaziergang
aus: Appel, Rolf: Lessing am Gänsemarkt. Die
Geschichte eines Denkmals. Hamburg, 2004: Abb. 1;
aus: Freitag, Hans Günther und Hans-Werner Engels:
Altona. Hamburgs schöne Schwester. Geschichte
und Geschichten. Hamburg, 1982: Abb. 4; Hebbel-Mu-
seum, Wesselburen: Abb. 17; Heinrich-Heine-Institut,
Düsseldorf: Abb. 6; Olaf Irlenkäuser: Abb. 2, 3, 7–9,
11–16; Staatsarchiv Hamburg: Abb. 5, 10

Musik-Spaziergang
aus: Dirksen, Victor (Hg.): Ein Jahrhundert Hamburg
1800–1900. München, 1926: Abb. 2, 6; aus: Heckmann,
Hermann: Barock und Rokoko in Hamburg. Stuttgart,
1990: Abb. 1; aus: Pabel, Reinhold: Hamburger Kultur-
Karussel zwischen Barock und Aufklärung. Neumünster, 1996: Abb. 4; Birgit Kiupel: Abb. 10; Martyn Leder:
Abb. 5, 7, 9, 11; Staatsarchiv Hamburg: Abb. 3, 8

NS-Zeit-Spaziergang
aus: Museum für Hamburgische Geschichte (Hg.):
Ehemals in Hamburg zu Hause: Jüdisches Leben am
Grindel. Hamburg Porträt, Heft 22: Abb. 1; Junius
Verlag: Abb. 3; Martyn Leder: Abb. 2, 4–7, 9; Staatsar-
chiv Hamburg: Abb. 8

Vergnügungsviertel-Spaziergang
aus: Hamburgs Vergangenheit und Gegenwart (1896).
Reprint. Hamburg, 1986: Abb. 3, 4, 9, 10; aus: Thinius,
Carl: Damals in St. Pauli. Lust und Freude in der
Vorstadt. Hamburg, 1975: Abb. 2, 11, 12, 16, 17;
Denkmalschutzamt Hamburg Bildarchiv: Abb. 8;
Hagenbeck-Archiv, Hamburg: Abb. 14, 15;
www.hamburg-bildarchiv.de: Abb. 7, 18; Junius Verlag:
Abb. 6, 22; Martyn Leder: Abb. 13, 20–21; PANFO-
TO / Günter Zint: Abb. 19, 23; Staatsarchiv Hamburg:
Abb. 1, 5

Vogelkundlicher Spaziergang
HW Grömping: Abb. 1, 2, 7, 17; Günter Helm: Abb.
15; Andreas Schulze: Abb. 3–6, 8, 9, 12; Jürgen Stahl:
Abb. 16; Uwe Westphal: Abb. 10, 11, 13, 14

Wohnformen-Spaziergang
aus: Spörhase, Rolf: Bauverein zu Hamburg Aktiengesellschaft. Hamburg, 1940: Abb. 8; Denkmalschutzamt Hamburg Bildarchiv: Abb. 3; Martyn Leder:
Abb. 5–7, 9–14; Staatsarchiv Hamburg: Abb. 1, 2, 4

Junius Verlag GmbH
Stresemannstraße 375
22761 Hamburg
www.junius-verlag.de

© 2009 by Junius Verlag GmbH
Alle Rechte vorbehalten.

Gestaltung: www.qart.de
Satz: Junius Verlag GmbH

Printed in the EU
ISBN 978-3-88506-438-1
6. Auflage 2023

Bibliografische Information der Deutschen Nationalbibliothek: Die Deutsche Nationalbibliothek verzeichnet diese Publikation in der Deutschen National-
bibliografie; detaillierte bibliografische Daten
sind im Internet über http://dnb.dnb.de abrufbar.